Betriebs- und verkehrswirtschaftliche Forschungen
Herausgeber:
Prof. Dr. Konrad Mellerowicz, Berlin; Prof. Dr. Paul Deutsch, Leipzig;
Prof. Dr. jur. Dr. phil. Walter Rohrbeck, Berlin
Heft 5

Die Marktordnung der deutschen Automobilwirtschaft

Ihre markt- und betriebswirtschaftlichen Voraussetzungen und ihre Durchführung

Von
Dr. rer. pol. J. Hassinger
Diplom-Kaufmann

Walter de Gruyter & Co.
vormals G. J. Göschen'sche Verlagshandlung — J. Guttentag, Verlagsbuchhandlung — Georg Reimer — Karl J. Trübner — Veit & Comp.
Berlin 1939

Archiv-Nr. 131 539

Druck von Buch- und Kunstdruckerei Wilhelm Postberg, Bottrop in Westfalen.
Printed in Germany
B 20

Inhaltsverzeichnis.

Vorwort.

Die Wirtschaft dient dem Verbrauch. Sie hat dem Volke die besten Lebensbedingungen zu schaffen und den Staat wirtschaftlich zu sichern. Die Erfüllung dieser Aufgaben erfolgt im Bereich der gewerblichen Wirtschaft am zweckmäßigsten unter möglichster Entfaltung privater Initiative. Diese wird dem Leistungsprinzip, dem einen nationalsozialistischen Grundprinzip der wirtschaftlichen Gestaltung, am besten gerecht. Neben dem Leistungsprinzip aber, als Voraussetzung zu seiner erfolreichen Durchführung, steht das Ordnungsprinzip. Eine Wirtschaft ohne Ordnung kann weder ihre Aufgaben erfüllen noch überhaupt auf die Dauer bestehen, obschon eine Ordnung in der gewerblichen Wirtschaft nicht notwendig Marktbindungen und Marktorganisationen verlangt. Die Art der Ordnung hängt vielmehr von dem Zustande des einzelnen Marktes, der Marktform, ab.

Auf dem Automobilmarkt hatte sich in den Jahren der freien Wirtschaft ein Kampf aller gegen alle entwickelt, mit der Wirkung der Schädigung aller: der Industrie, des Handels und des Verbrauchers. Aber die Motorisierung ist für Wehr und Wirtschaft zu wichtig, als daß sie dem Verfall ausgesetzt werden könnte, dem die ungebundene Automobilwirtschaft bereits nahe genug war. Zur Gesundung und Gesunderhaltung ist eben nicht nur eine technisch vollkommene Produktion notwendig, sondern auch eine fortgeschrittene, der Eigenart dieses Spezialmarktes angepaßte und die Belange der Verbraucherschaft erfüllende Markttechnik. Darum war eine der Marktform der Automobilwirtschaft angepaßte Marktordnung fällig.

Zur Schaffung einer guten Marktordnung, d. h. einer Sonderregelung auf einem speziellen Markte, ist zunächst die Kenntnis und die Berücksichtigung der Eigenart dieses Marktes unentbehrlich. Die Eigenart der Automobilwirtschaft ergibt sich aus:

der Eigenschaft des Automobils als Markenartikel,

der Eigentümlichkeit des Automobilhandels als markengebundenem Handel,

der Besonderheit des Altwagenhandels als Spezialmarkt und als Mittel und Bestandteil des Neuwagenabsatzes, dem besonderen Risiko (hoher Wert, häufig das einzige Sicherungsobjekt bei Kauf auf Kredit, insbesondere bei Lastwagen), das mit dem Automobilhandel verbunden ist,

der besonderen Betreuung, die dem Handel auch nach dem Verkauf obliegt (Kundendienst — Reparaturwerkstätten), und nicht zuletzt

aus den besonders zahlreichen Möglichkeiten unlauterer Konkurrenz durch indirekte Preisunterbietung.

Von der Marktordnung der deutschen Automobilwirtschaft kann man nun wohl sagen, daß sie in allen ihren Einzelheiten auf die spezifischen Störungen und die Eigenarten dieses Marktes abgestellt ist. Das ist das erste Kriterium für die Beurteilung der Brauchbarkeit der Marktordnung für die Automobilwirtschaft. Hinzu kommen noch zwei andere:

ihre Eingliederung in den großen Rahmen nationalsozialistischer Wirtschaftsgestaltung und

ihre Wirkung auf alle Marktbeteiligten: Automobilindustrie, -handel und Verbraucherschaft.

Daß die Marktordnung für die Automobilwirtschaft nationalsozialistischen Geist atmet, erweisen die Ideen, von denen sie getragen ist. Das sind die grundlegenden Prinzipien nationalsozialistischer Wirtschaftsweise: die Prinzipien der Leistung und der Ordnung. Aus ihnen beiden ergibt sich das Prinzip echten Leistungswettbewerbes, ohne den die Erfüllung des Ordnungsprinzips bei gleichzeitiger Erfüllung des Prinzips der Leistung unmöglich wäre.

Für das Ordnungswerk der Automobilwirtschaft ist es nun besonders charakteristisch, daß aus ihm ein echter Leistungswettbewerb zwangsläufig hervorgeht.

Zur Sicherung des Leistungswettbewerbes war in der Marktordnung die Frage zu lösen, welcher Art die hierzu notwendige Bindung sein und wie weit sie gehen sollte. Zwangskartell oder freiwillige Vereinbarung? Und wenn die richtige Form gefunden worden war, ergab sich die weitere Frage, worauf sich die Regelung im einzelnen erstrecken sollte. Es war ein weiter Weg, ehe die organische Lösung gefunden war.

Die nunmhr geltende Marktordnung für die Automobilwirtschaft stellt einen freiwilligen Zusammenschluß dar. Dieser ist aber — ein weiteres charakteristisches Merkmal — kein Kartell vergangener Zeit mit der Aufgabe, den Preis hochzuhalten, sondern eine Institution zur Erhaltung gesunder Verhältnisse in der Automobilwirtschaft, ein Akt wirtschaftlicher Selbsthilfe mit dem Ziele echten Leistungswettbewerbes zu Nutz und Frommen aller.

Er besitzt noch eine weitere bemerkenswerte Eigenschaft:

In der Marktordnung für die Automobilwirtschaft haben sich zum erstenmal zwei Wirtschaftsstufen: Automobilindustrie und -handel, zusammengefunden. In klarer Erkenntnis ihrer Verantwortung gegenüber der Allgemeinheit und in voller Würdigung ihrer gemeinschaftsgebundenen Aufgabe haben beide Wirtschaftszweige eine Marktordnung geschaffen, deren oberstes Ziel die Förderung des Gemeinwohles ist. Die Regelungen im einzelnen zeigen vor allem das Bestreben, allen Beteiligten gerecht zu werden: der Industrie, dem Handel und der Verbraucherschaft; die private Initiative und den Ansporn zur Bestleistung zu erhalten, in der Bindung also gerade so weit zu gehen wie es nötig ist und die Grenzen gerade so eng zu ziehen, daß ein unlauterer Wettbewerb unmöglich gemacht wird.

Die Regelungen sind so erschöpfend, daß alle praktisch möglichen Fälle erfaßt werden.

In bezug auf das dritte Kriterium zur Beurteilung der Leistungsfähigkeit der Marktordnung für die Automobilwirtschaft, die Wirkung dieser Ordnung auf die Marktbeteiligten, muß festgestellt werden, daß sie unbestreitbar günstig ist, und zwar für alle Beteiligten:

die Industrie erhält einen geregelten, leistungsfähigen Markt, der nicht mehr durch direkte und indirekte Preisunterbietung in ständiger Unruhe gehalten wird. Technischer Fortschritt und Qualitätssteigerung bei gleichzeitiger Preissenkung waren die günstigen Folgen, zu denen die Marktordnung ohne Zweifel das ihre beigetragen hat. Dabei ist die Industrie in ihrer Preisbildung völlig frei, natürlich innerhalb der gesetzlichen Bestimmungen;

der Handel erhält gleichfalls gesunde Grundlagen: unbedingte Preistreue, fairen Wettbewerb und auskömmliche Handelsspanne, wobei aber der privaten Initiative und besonderen Leistung ausreichende Betätigung gelassen ist. Die Einbeziehung des Gebrauchtwagenhandels in die Marktordnung durch die besondere Regelung auch dieses, bisher allzu freien Marktes, verschließt die letzte Tür unlauteren Wettbewerbes;

der Verbraucher endlich findet auf dem Automobilmarkt geregelte Verhältnisse: Preisklarheit, Preiswahrheit und gleiche Behandlung aller, sowohl im Neu- als auch im Altwagengeschäft. Leistungswettbewerb auf allen Stufen sichern ihm billigste Preise und höchsten Gegenwert. Ein Übervorteiltwerden, auch im Altwagengeschäft, ist nahezu unmöglich gemacht.

So stellt die Marktordnung für die Automobilwirtschaft ein Musterbeispiel einer Marktordnung dar:

von Partei und Staat in ihrer volkswirtschaftlichen Bedeutung anerkannt,

vom Inland längst als unentbehrliche Grundlage einer gesunden Automobilwirtschaft angesehen,

vom Ausland, das heute noch am Zustande des ungeregelten Wettbewerbes leidet, als Ziel eigener Bemühungen erstrebt.

Die Marktordnung verlangt aber auch, daß sie getreu, mit vollem Verständnis aller Einzelregelungen, im Geiste ihrer Schöpfer und im Bewußtsein ihrer wirtschaftlichen und ethischen Grundlagen durchgeführt wird.

Das hierzu notwendige Verständnis mit schaffen zu helfen, ist Aufgabe der vorliegenden Arbeit von Dr. J. Hassinger. Mit feinem Verständnis für die Besonderheit der Automobilwirtschaft und ihre Marktordnung wird hier eine tiefe Analyse und Begründung des Ordnungswerkes gegeben. Die Marktordnung für die Automobilwirtschaft wird aus dem Geiste und den Prinzipien nationalsozialistischer Wirtschaftsordnung erfaßt und die Notwendigkeit der getroffenen Regelungen dargelegt. Die einzelnen Bestimmungen der Marktordnung werden eingehend erläutert, so daß dieser Teil des Werkes den Charakter eines Kommentars besitzt. Auch der Gebrauchtwagenhandel, der durch die VO. vom 29. April 1939 geregelt worden ist, wird in der Arbeit ausführlich behandelt.

So bilden die Ausführungen von Dr. J. Hassinger eine erschöpfende Darstellung der Marktordnung der Automobilwirtschaft, die sicherlich ihre Aufgaben erfüllen wird: Verständnis für diese Marktordnung zu wecken und ein zuverlässiger Ratgeber in allen auftretenden Fragen auf diesem Gebiete zu sein.

Konrad Mellerowicz.

I. Die Marktformen und ihre Bedeutung für die Marktordnung.

Ordnung in der Wirtschaft ist Voraussetzung für die gedeihliche Entwicklung sowohl der ganzen Volkswirtschaft, als auch ihrer einzelnen Glieder, der Einzelwirtschaften. Wo es an der notwendigen Ordnung fehlt, wird der Erfolg der Wirtschaft in Frage gestellt: das allgemeinwirtschaftliche Ziel möglichst vollkommener Bedarfsdeckung zu angemessenen Preisen wird nicht erreicht, und die Einzelwirtschaften werden notleidend.

Früher hatte man geglaubt, daß eine dauernde Unordnung in der Wirtschaft nicht entstehen könne, sondern daß ihr Kräfte innewohnen, die die Ordnung immer wieder von selbst herstellen. Die Erfahrung hat gelehrt, daß diese Annahme, die für die frühkapitalistische Wirtschaft mit ihren besonders einfachen Produktionsbedingungen vielleicht zutraf, für die moderne Wirtschaft nicht gilt. Die automatische Ordnung, an die die liberalen Wirtschaftstheoretiker glaubten, hat nämlich eine Voraussetzung: sie stellt sich nur auf Märkten mit vollständiger Konkurrenz ein. Und diese Voraussetzung fehlt bei der modernen Wirtschaftsweise auf einer großen Anzahl von Märkten.

Zu Beginn der Industrialisierung und vor Aufkommen der Schutzzölle hat es einmal einen kurzen Zeitraum gegeben, wo auf den meisten und vor allem auf den volkswirtschaftlich wichtigsten Märkten vollständige Konkurrenz herrschte. Damals sind jene Lehren aufgestellt worden, die forderten: Laßt die Wirtschaft laufen, wie sie läuft, so wird das Allen zum Besten gereichen!

Inzwischen ist aber die technische und wirtschaftliche Entwicklung weitergeschritten und hat dazu geführt, daß sich neben der „Marktform“ der vollständigen Konkurrenz andere Marktformen entwickelten, denen die Tendenz zur zwangsläufigen Ordnung fehlt. Auf diesen Märkten, auf denen sich die Ordnung nicht von allein einstellt, muß sie bewußt herbeigeführt werden. Unter neuzeitlichen Produktionsverhältnissen und bei autoritärer Staatsführung erfolgt das Ordnen der Märkte nicht durch die Wirtschaft selbst, sondern durch den Staat oder unter seiner Aufsicht.

Entscheidend für das Verfahren, das dabei zur Anwendung kommt, ist, welche „F o r m“ der zu ordnende Markt hat, d. h. die Art, wie sich der Wettbewerb zwischen den Marktparteien vollzieht. Das Ziel jeder

Marktordnung ist die Beseitigung von Wettbewerbsauswüchsen und die Wiederherstellung eines reinen Leistungswettbewerbes. Das Mittel zur Erreichung dieses Zieles kann sein:

1. Wiederherstellung der vollständigen Konkurrenz, wo es die Marktverhältnisse erlauben,
2. Einführung des gebundenen oder geregelten Wettbewerbes, wo die Unvollständigkeit der Konkurrenz nicht beseitigt werden kann. Beim gebundenen Wettbewerb bestimmt der Staat (z. B. Reichsnährstand), beim geregelten die Wirtschaft selbst unter Aufsicht des Staates (z. B. graphisches Gewerbe, Automobilwirtschaft) die Bedingungen des Wettbewerbes. Diese sollen so gefaßt sein, daß den einzelnen Unternehmern kein anderes wettbewerbliches Verhalten als das einer reinen Leistungskonkurrenz übrigbleibt.
3. Ausschaltung des Wettbewerbes und unmittelbare staatliche Lenkung.

Welche der drei Methoden des Ordnens zur Anwendung kommt, ist eine Frage der Marktform. Die Wissenschaft unterscheidet zahlreiche Marktformen[1]), die sich aber alle zu drei großen Gruppen zusammenfassen lassen:

1. Märkte mit vollständiger Konkurrenz,
2. Märkte mit unvollständiger Konkurrenz,
3. Märkte mit fehlender (ausgeschalteter) Konkurrenz.

Vollständige Konkurrenz ist dann gegeben, wenn eine Vielzahl von Erzeugern einer Vielzahl von Verbrauchern so isoliert gegenübersteht, daß der einzelne die Höhe des Preises nicht beeinflussen kann. Die Preisbildung vollzieht sich dann nach dem Gesetz von Angebot und Nachfrage. Marktwirksam wird bei vollständiger Konkurrenz nur die Güte der Leistung, die in der Qualität des Erzeugnisses und in der Höhe der Preisforderung zum Ausdruck kommt. Bei vollständiger Konkurrenz ist der Wettbewerb zwangsläufig ein reiner Leistungwettbewerb. Methoden des Nichtleistungswettbewerbes (z. B. Preisschleuderei durch Verkauf unter Selbstkosten) bleiben, wenigstens auf die Dauer, unwirksam, weil die Einzelnachfrage oder das Einzelangebot die allgemeine Markttendenz nicht zu beeinflussen vermögen. Jeder Nichtleistungswettbewerb erweist sich als marktunrichtiges Verhalten, dessen Folgen in der Form von Verlusten automatisch auf den falsch handelnden Betrieb zurückfallen und sich selbst korrigieren. Der Leistungswett-

[1]) L. Miksch, Wettbewerb als Aufgabe, S. 23.

bewerb ist durch die Form der vollständigen Konkurrenz unbedingt gesichert.

Bei unvollständiger Konkurrenz ist die Unbeeinflußbarkeit von Angebot oder Nachfrage durch den einzelnen so weit aufgehoben, daß eine der Marktparteien das Marktgeschehen, insbesondere die Preisbildung, bewußt beeinflussen kann. Damit ist die Ohnmacht gegenüber dem Markt, die den wirkungsvollsten Schutz des Leistungswettbewerbes bildet, aufgehoben, und Methoden des Nicht-Leistungswettbewerbes können mit Erfolg zur Anwendung gebracht werden. Die hinter den marktbeherrschenden Gruppen stehende Kapitalmacht verleiht ihren Maßnahmen eine nachhaltige Wirkung. Durch Kapitalwettbewerb und unter Einsatz wirtschaftlicher Macht wird der Markt nach den Wünschen der herrschenden Gruppe geregelt. Bei unvollständiger Konkurrenz besteht kein reiner Leistungswettbewerb mehr.

Was von der unvollständigen Konkurrenz gesagt wurde, gilt in erhöhtem Maße von der Marktform der fehlenden Konkurrenz, dem Monopol. Es kann als besonders extremer Fall der unvollständigen Konkurrenz angesehen werden, bei der die Herrschaft der einen Marktpartei so weit geht, daß sie den Markt autoritär gestalten und den Preis nach eigenem Ermessen festsetzen kann. Beim Monopol ist die Konkurrenz völlig oder doch in einem sehr hohen Grade ausgeschaltet. Sie muß durch unmittelbare staatliche Lenkung ersetzt werden.

In Anbetracht dieser verschiedenen Marktformen erhebt sich die Frage, wie und in welchem Ausmaß der Wettbewerb geregelt werden soll. Sie spitzt sich zu dem Problem der optimalen Marktverfassung zu.

Das Ordnungsziel wird nur dann erreicht, wenn jeder Markt die seiner Form entsprechende Verfassung erhält. Marktform und Marktverfassung müssen aufeinander abgestimmt sein.

Den drei Konkurrenzformen entsprechen drei durchaus verschiedene Wettbewerbsordnungen:

der vollständigen Konkurrenz	der freie Wettbewerb,
der unvollständigen Konkurrenz	der gebundene (geregelte) Wettbewerb,
der fehlenden Konkurrenz	die autoritäre Lenkung.

Die Regelung des Wettbewerbes und seine Anpassung an die herrschenden Marktverhältnisse ist Aufgabe des Wettbewerbsrechtes.

Unter dem Blickpunkt des Wettbewerbsrechtes ist der freie Wettbewerb dadurch charakterisiert, daß die Regelung alles Marktgeschehens durch ein einheitliches, allgemeines Wettbewerbsrecht erfolgt.

Das Kennzeichen des gebundenen (geregelten) Wettbewerbes ist die Ergänzung des allgemeinen durch ein spezielles Wettbewerbsrecht. Es hat die Aufgabe, unter Berücksichtigung der besonderen Gegebenheiten des zu regelnden Marktes die Bedingungen des Wettbewerbskampfes so eng zu fassen, daß, trotz der unvollständigen Konkurrenz, den einzelnen Unternehmern kein anderes Verhalten als echter Leistungswettbewerb übrigbleibt. Das spezielle Wettbewerbsrecht nimmt häufig die Form der Marktordnung an.

Die Marktordnung enthält Sonderregeln für das Wettbewerbsverhalten auf einem bestimmten Markt. Sie hat die Aufgabe, die im allgemeinen Wettbewerbsrecht und in der Wirtschaftsverfassung aufgestellten Grundsätze des Wettbewerbsverhaltens unter den besonderen Bedingungen eines einzelnen Marktes in die Tat umzusetzen. Sie enthält demnach ein wettbewerbliches Sonderrecht, das den besonderen Voraussetzungen des einzelnen Marktes angepaßt ist.

II. Der Kraftfahrzeugmarkt als Markt mit unvollständiger Konkurrenz.

1. Die Entstehung von Märkten mit unvollständiger Konkurrenz.

Wie kommt es aber zur Entstehung von Märkten mit unvollständiger Konkurrenz, die dann zur Aufrechterhaltung des Leistungswettbewerbes einer besonderen Marktordnung bedürfen?

Grundsätzlich sind zwei große Ursachengruppen zu unterscheiden: *natürliche* und *wirtschaftliche Ursachen*.

Natürliche Ursachen, die die vollständige Konkurrenz verhindern, sind

1. die *absolute Seltenheit des Erzeugnisses*. Das beschränkte Vorkommen gewisser Rohstoffe verleiht manchen Abbau- und den nachgelagerten Verarbeitungsbetrieben ein natürliches Monopol, das je nach dem Grad der Seltenheit und der Marktorganisation ein vollständiges oder ein unvollständiges sein kann.

Natürliche Monopole haben die Tendenz, sich zum Vollmonopol zu entwickeln. Sie sind deshalb für das System des Wettbewerbes, in welcher Form auch immer, *ungeeignet, sondern bedürfen der autoritären staatlichen Regelung und Führung.*

2. die *Technik*. Sie ist heute die weitaus häufigste Ursache des Entstehens von Märkten mit unvollständiger Konkurrenz. Wenn die Erzeugung an die Kenntnis geheimer oder patentgeschützter Verfahren gebunden ist, wenn große kapitalintensive Anlagen erforderlich und das Produktionsrisiko groß ist, oder wenn Schienen, Draht- oder Röhrenleitungen und andere technische Einrichtungen notwendig sind, die nicht von jedermann errichtet werden können, so werden nicht genügend Betriebe errichtet, um den Tatbestand der vollständigen Konkurrenz zu schaffen. Die unvollständige Konkurrenz erwächst hier aus der *technisch bedingten kleinen Zahl der Betriebe*.

In der modernen Wirtschaft sind aber auch rein *wirtschaftliche Momente* Ursache des Entstehens von Märkten mit unvollständiger Konkurrenz (wenngleich auch diese manchmal technische Wurzeln haben). So vielfältig ihre Erscheinungsformen auch sein mögen, so sind sie doch alle auf eine Grundursache zurückzuführen: die Kapital- und Kostenstruktur der modernen Betriebe. Diese sind kapital- und fixkostenintensiv: sie benötigen ein großes Anlagekapital, das für die oft recht lange Lebensdauer der Anlagen an eine bestimmte Verwendung gebunden ist, und aus der Anlagekapitalintensität erwächst die Fixkostenintensität, das Überwiegen der festen, vom Beschäftigungsgrad unabhängigen Kosten.

Fixkosten- und Fixkapitalintensität sind aber wiederum Ursache für Marktstörungen verschiedener Art:

1. für die Beschränkung der Zahl der Anbieter. Anlageintensive Produktionsprozesse tendieren zum Großbetrieb: hohe Mindestkapazität, lange Anlaufzeiten, Schwierigkeit der Kapitalbeschaffung und hohes Risiko führen dazu, daß zahlenmäßig wenig Betriebe gegründet und daß die vorhandenen Betriebe leicht zusammengeschlossen werden können. Der Tatbestand der unvollständigen Konkurrenz entsteht dann aus der geringen Zahl der Erzeuger (evtl. in Verbindung mit ihrem Zusammenschluß zu Kartellen),
2. für die Durchbrechung des Leistungsprinzips, vor allem durch Anwendung der Teilkostenkalkulation. Feste Kosten müssen von den Betrieben grundsätzlich „à fonds perdu" aufgewendet werden. Wenngleich alle Betriebe das Bestreben haben, in den Preisen Vollkostendeckung für feste und veränderliche Kosten zu erlangen, so können sie sich doch im Preiskampf mit Preisen begnügen, die außer den veränderlichen nur einen Teil der festen Kosten decken. Auch solche Preise bringen noch „relativen Gewinn". Jedoch führen Preise auf der Basis von Teilkosten zwangsläufig zur langsamen Aufzehrung der Substanz. Im Wettbewerb wird jener Betrieb unterliegen, der weniger kapitalkräftig ist, und zwar auch dann, wenn er in technisch-wirtschaftlicher Beziehung der leistungsfähigere und damit der marktwürdigere, volkswirtschaftlich wertvollere war. So bedeutet die Teilkostenkalkulation immer eine Verschiebung des Wettbewerbes von der Leistung zum Kapital.
3. die geringe Elastizität der Betriebskapazität. Das Vorhandensein von Fixkapital, von zweckgebundenen Anlagen, macht die Anpassung an kurz- und langfristige Beschäftigungsschwankungen fast unmöglich oder erschwert sie zumindest ganz wesentlich. Feste Anlagen können an kurzfristige Beschäftigungsschwankungen nicht, an langfristige aber nur ganz allmählich angepaßt werden, vor allem dann, wenn die vorhandenen Anlagen anderen Verwendungszwecken nicht zugeführt werden können (Spezialmaschinen, stationäre Anlagen). Hierdurch entsteht eine Störung des Marktmechanismus — das Ausscheiden der über-

flüssigen Betriebe erfolgt nicht sofort, sondern nur im Tempo der Abnutzung ihrer Anlagen. In der Zwischenzeit übt das Zuviel an Angebot, zumal es vorwiegend zu Teilkostenpreisen auf den Markt kommt, einen unnatürlichen Druck auf die Preise aus und gefährdet auch die Existenz der marktnotwendigen Betriebe. Selbst bei vollständiger Konkurrenz kann in anlageintensiven Wirtschaftszweigen aus diesen Gründen ein Nicht-Leistungswettbewerb in der Form von Preisschleuderei entstehen. Ist die Zahl der überzähligen Betriebe sehr groß (z. B. bei einem plötzlichen Modewechsel oder bei einem Strukturwandel des Marktes), dann sinken die Preise für die Dauer des Ausscheidungsprozesses unter das Normalkostenniveau, und es ist keine Gewähr dafür gegeben, daß nur die wirtschaftlich leistungsfähigsten Betriebe erhalten bleiben. Oft überdauern auch die technisch rückständigen, aber kapitalkräftigen Betriebe die Krise. Das ist ein Nachteil jeder anlageintensiven Wirtschaftsweise. Die natürliche Folge derartiger destruktiver Wettbewerbsverhältnisse ist der Versuch der Betroffenen, durch *Zusammenschluß eine freiwillige Beschränkung der Konkurrenz und eine Regelung des Wettbewerbes herbeizuführen*. Dies geschah früher zumeist durch Zusammenschluß zu einem Kartell. Die ersten Erzeugerzusammenschlüsse waren der Idee nach Marktordnungsvereinigungen zur Wiederherstellung geordneter Wettbewerbsverhältnisse. Auch die Wettbewerbsbeschränkungen dienten zunächst nur diesem Ziel, und Monopoltendenzen waren ihnen fremd. Die Entwicklung nahm allerdings sehr schnell einen anderen, durchaus unerwünschten Verlauf: die Kartelle entwickelten sich zu Monopolorganisationen, deren Zweck nicht mehr Marktordnung, sondern Marktbeherrschung war. Sie dienten nicht mehr der Gemeinschaft, sondern verfolgten gruppenegoistische Ziele. Das stellt aber bereits liberalistische Entartung der Kartelle dar, denn der Monopolgedanke ist den Kartellen durchaus nicht immanent. Das beweist am besten ihr Einsatz zur Marktordnung im nationalsozialistischen Staat. Es war eine der ersten Aufgaben nationalsozialistischer Wirtschaftspolitik, die Kartelle und verwandten Organisationen ihrer ursprünglichen Aufgabe wieder zuzuführen.

Zweifellos war der Zusammenschluß zu Kartellen eine der häufigsten und zugleich wirkungsvollsten Formen der Wettbewerbsbeeinflussung. Es wurden aber auch Wege gefunden, um *ohne Zusammengehen mit anderen, durch isolierte Maßnahmen eines Einzelbetriebes, ein Produkt dem Wettbewerb weitgehend zu entziehen*, und auf Grund dieser Sonderstellung eine mehr oder weniger autonome Preispolitik zu betreiben. Das Mittel hierzu ist der *Markenartikel*.

Unter einem *Markenartikel* versteht man ein Gut, das unter einem bestimmten Namen oder einem anderen Kennzeichen in immer gleichbleibender Aufmachung in den Handel kommt. Durch diese äußerlichen Merkmale, die durch lebhafte Reklame dem Publikum vertraut gemacht werden, wird die Ware aus dem Kreis ihrer anonymen Wettbewerber herausgehoben und nimmt am Markt eine Sonderstellung ein.

Unter Wettbewerbsgesichtspunkten führt der Markenartikel *zur Auflösung des einheitlichen Marktes einer Ware in eine Anzahl von Teilmärkten, auf denen unvollständige Konkurrenz herrscht.* Anonyme Ware und die verschiedenen Markenartikel treten nur bedingt in Wettbewerb, da sie vom Verbraucher nicht als gleiche Güter empfunden werden, und ein Preisvergleich daher unterbleibt. Lediglich der sachverständige Handel sieht durch den Schleier des Markennamens hindurch und wertet das tatsächliche Gut, darum ist es für die Beschränkung der Konkurrenz entscheidend, ob es gelingt, *den Handel aus der Verteilung oder zumindest aus der Preisbildung auszuschließen.* Dadurch wird der Wettbewerb auf der Stufe des Handels stark beschränkt, ein Preiswettbewerb unmöglich gemacht.

Auf der Stufe der Erzeuger herrscht dagegen noch ein gewisser Wettbewerb, da die Markenartikelpreise für Waren gleicher Verwendung einander einigermaßen entsprechen, aufeinander abgestimmt sein müssen. Aber echte Konkurrenzpreise sind sie trotz allem nicht, da der unmittelbare Preisvergleich mit Waren gleicher Art nur bedingt möglich ist.

Der Mangel dieser Marktorganisation liegt in der *Unvollkommenheit der Preisbildung.* Vor allem bietet die beschränkte Konkurrenz keinen Schutz vor überhöhten Preisen. Wie alle Monopol- und monopolähnlichen Preise folgen erfahrungsgemäß die Markenartikelpreise der allgemeinen Preistendenz nur zögernd. Bei den staatlichen Preissenkungsaktionen vor und nach 1933 mußten für die Markenartikelpreise mehrmals Sonderregelungen getroffen werden, da sie sich vom allgemeinen Preistrend ausschlossen (generelle Senkung der Markenartikelpreise um 10 % 1932 durch Brüning, verschiedene Einzelmaßnahmen des Preiskommissars seit 1933).

Der Markt der echten Markenartikel kann heute durch das geltende Recht und durch die von den beteiligten Parteien geschaffene Marktorganisation (autonomes, lückenloses Reverssystem mit Überwachung durch Markenschutzverbände) als geregelt gelten. Ein Nicht-Leistungswettbewerb ist, vor allem auf der Stufe des Handels, ausgeschlossen. Die Preisstellung durch die Erzeuger wird im Rahmen der allgemeinen Preisüberwachung vom Staate kontrolliert.

Neben diesen bewußt geschaffenen und entsprechend organisierten sogenannten „echten Markenartikeln" mit feststehenden Verbraucherpreisen gibt es noch eine ganze Reihe von Waren, die ohne eigentlich Markenartikel zu sein, vom Markte als solche empfunden werden. Das ist vor allem dann der Fall, wenn irgendein Gegenstand auf Grund seiner äußeren Beschaffenheit, seiner Konstruktion oder anderer äußerer Kennzeichen vom Käufer sofort als das Erzeugnis eines bestimmten Herstellers erkannt, und dieser Tatsache eine wirtschaftliche Bedeutung zugemessen wird, was z. B. auf dem weiten Gebiet der technischen Artikel der Fall ist. Hierdurch entsteht eine ganz ähnliche Situation wie beim Markenartikel. Die Produkte verschiedener Erzeuger werden nicht als „gleiche Ware" im markttechnischen Sinne angesehen, sondern das *Gesamtangebot* beginnt sich in *Spezialangebote* und der *Gesamtmarkt* in *Teilmärkte* aufzulösen, was zwangsläufig zu unvollständiger Konkurrenz führen muß.

Diese „geborenen" Markenartikel erfordern, ebenso wie die bewußt und gewollt geschaffenen, eine besondere Marktorganisation. Auch sie müssen vor allem vor Preisschleuderei in den nachgelagerten Wirtschaftsstufen bewahrt werden, da die durch den Markenartikelcharakter hervorgerufene unvollständige Konkurrenz keine Gewähr für eine ordnungsmäßige Preisbildung bietet. Diese notwendige Marktorganisation fehlt aber diesen geborenen Markenartikeln häufig, was unausweichlich zu schweren Marktstörungen führt.

Vor allem gelten für sie in der Regel *keine festen Verbraucherpreise*. In Verkennung oder Ablehnung des Markenartikelcharakters überlassen die Erzeuger die Bildung der Verbraucherpreise dem Handel und liefern damit ihr Produkt einem *hemmungslosen Preiswettbewerb* aus. Noch unerquicklicher ist die Lage dann, wenn die Hersteller zwar Verbraucherpreise (zumeist in der Form von Listenpreisen) aufstellen, ihre Einhaltung aber nicht kontrollieren. Dann artet der Wettbewerb zwangsläufig in Preisschleuderei mit Preisunterbietung aus. Da bei diesen leicht zu identifizierenden Waren der Preisvergleich besonders leicht ist, erhofft der Handel von diesen niedrigen Preisen eine besondere Werbewirkung für das ganze Geschäft und nimmt aus diesem Grunde sogar für eine gewisse Zeit Verlustpreise in Kauf. *Die Preissenkung erfolgt zu Lasten der Handelsspanne.* Bei langanhaltenden Preiskämpfen sinkt diese bis zur oder gar unter die Kostengrenze.

Die *Wirkung ungenügender Handelsspannen* auf die Lage des betroffenen Handelszweiges ist ganz verschieden, je nachdem der Vertrieb durch einen *Spezialhandel* oder *im Rahmen eines größeren Sortimentes* erfolgt. Im letzten Fall ist die Höhe der einzelnen Handelsspanne nicht so entscheidend, denn der Handel kann innerhalb des Sortimentes einen kalkulatorischen Ausgleich finden. Er wird den umkämpften Artikel führen, so lange er einen, wenn auch nur geringen Beitrag zur Deckung der festen Kosten erbringt, ja er kann ihn aus Wettbewerbsgründen sogar beibehalten, wenn er einen absoluten Verlust ergibt. Die Verluste an derartigen „Lockartikeln" werden als Reklamekosten behandelt.

Von weit größerer Bedeutung ist die Höhe der Handelsspanne für den Spezialhandel. Für ihn ist eine ausreichende Handelsspanne Existenzvoraussetzung, denn ihm fehlt die Möglichkeit zum kalkulatorischen Ausgleich mit anderen Waren. Für ihn bedeutet ein Preiskampf, der die Handelsspanne unter das kostenbedingte Niveau drückt, eine unmittelbare Existenzbedrohung. Ein Schulbeispiel hierfür sind die Vorgänge, die sich seit Kriegsende auf dem Kraftwagenmarkt des In- und Auslandes abspielten.

2. Der Kraftwagen als Markenartikel.

Der Kraftwagen ist ein geborener Markenartikel, der durch einen Spezialhandel vertrieben wird. Aus diesen beiden Gründen bedarf er einer besonders sorgfältigen Marktorganisation, die vor allem den reinen Leistungswettbewerb zu sichern hat. An einer solchen Marktorganisation hat es vor 1933 überall gefehlt. Die Folge war hemmungsloser, existenzvernichtender Preiskampf zwischen den Händlern, der nicht nur den Handel selbst, sondern auch die Automobilindustrie und ihre zahlreichen Hilfsindustrien schwer geschädigt und an den Rand des Abgrundes gebracht hat.

Die Besonderheiten des Kraftwagenmarktes ergeben sich aus den eigenartig gelagerten Wettbewerbsverhältnissen, die wiederum durch die Marktstruktur bedingt sind.

Bei der Analyse des Kraftwagenmarktes muß man zwei Bereiche unterscheiden: die Erzeuger- und die Verteilersphäre. Nach der Struktur von Angebot und Nachfrage herrscht in der Erzeugersphäre vollständige Konkurrenz. In Deutschland gab es 1937 sechzehn Kraftwagenfabriken, zwischen denen keinerlei Preisabreden bestanden. Dazu kommt die ausländische Konkurrenz, die, obgleich sie zur Zeit ohne Einfluß ist, marktpolitisch mit in Rechnung gestellt werden muß. Die Erzeugerpreise für Kraftwagen sind echte Konkurrenzpreise. Sie werden von den Automobilerzeugern auf Grund der Selbstkosten und unter Berücksichtigung der Marktlage festgesetzt. Infolge des Wettbewerbes zwischen den verschiedenen Fabriken haben sich, trotz der Schwierigkeit des Preisvergleiches, die Preise so ausbalanciert, daß heute für Waren gleicher Leistungsfähigkeit, Qualität und Ausrüstung annähernd die gleichen Preise gelten. Trotzdem ist aber der Kraftwagen kein vertretbares Gut mit einheitlichem Marktpreis, sondern das Erzeugnis jeder Fabrik, jede „Marke", wird im Markt für sich gewertet.

Hieraus erwachsen die besonderen Schwierigkeiten in der Sphäre des Handels. Seiner technischen Natur entsprechend wird der Kraftwagen niemals zu einem anonymen Erzeugnis werden. Schon der Laie kann an der Karosserieform, den technischen Eigenarten des Motors und der Ausrüstung den Erzeuger erkennen, was durch die allgemein übliche Fabrikmarke noch erleichtert wird. Vom Markt wird aber der Tatsache, wer der Erzeuger ist, gerade beim Kraftwagen allergrößte Bedeutung zugemessen. Das ist durch die konstruktive Entwicklung des Kraftwagens bedingt, bei der die einzelnen Kraftwagenfabriken ganz verschiedene Wege gingen, die auch heute noch ihren Wagen das besondere technische Gepräge geben.

Wenngleich im Laufe der Entwicklung, durch Normung und Typisierung, durch Lizenzerwerb und auf dem Wege der Fusion eine größere Vereinheitlichung der Automobilkonstruktionen erreicht worden ist, so hat die Marke doch nichts von ihrer Bedeutung verloren.

Der Kraftwagen ist ein „geborener Markenartikel". Die Industrie hat ihn nicht geschaffen, sondern er ist im Marktverkehr entstanden. Die Industrie hat sich sogar jahrelang dagegen gewehrt, den Markencharakter des Kraftwagens anzuerkennen und eine entsprechende Marktpolitik zu treiben. Aber der Verkehr hat den Kraftwagen stets als Markenartikel behandelt. Er nahm zunächst einfach die Firmennamen als Markennamen (die bekanntesten Automobilmarken sind Eigen- bzw. Firmennamen: Horch, Opel, BMW., NSU., Wanderer), erst später ging die Industrie dazu über, bewußt Markennamen zu schaffen und schützen zu lassen. Nicht von Anbeginn an war der Kraftwagen in markttechnischem Sinne ein Markenartikel. Diese Entwicklung setzte erst beim Übergang zur Serienfabrikation, etwa nach dem Kriege, ein. In der Periode der Einzelfertigung war der Kraftwagen, trotz der Bedeutung der Marke für die Werbung, kein Markenartikel, denn ihm fehlten zwei wesentliche Eigenschaften: die Einheitlichkeit des Produktes und der vergleichbare Preis. Das Automobil wurde damals unter weitgehender Berücksichtigung aller Kundenwünsche gebaut. Außerdem ergaben sich aus der Tatsache, daß sich der Kraftwagen noch im Stadium allererster Entwicklung befand, die Notwendigkeit zu häufigen konstruktiven Änderungen. Kaum zwei Wagen waren einander gleich[2]). Die Preisstellung war individuell, der Preisvergleich spielte keine große Rolle. Der Markt baute sich bei seinem geringen Umfang auf persönliche Beziehungen, Vertrauen und unmittelbaren Kontakt zwischen Automobilkäufer und Automobilfabrikanten auf.

---

[2]) Daß die Automobilindustrie bis zum Kriege den Charakter einer Bestellungsindustrie hatte, ergibt sich auch aus den Produktionsziffern. Es wurden erzeugt:

Das wurde anders beim Übergang von der Einzel- zur Serienfertigung. Schon vor dem Kriege machte Opel, gestützt auf seine Erfahrungen in der Fahrradproduktion, den Versuch, serienmäßig hergestellte Wagen auf den Markt zu bringen. Er scheiterte aber zunächst an dem Widerstand des Publikums. Der Kraftwagenbesitz war damals noch das Privileg der besonders begüterten Kreise, die keine Serienwagen zu fahren wünschten. Während und kurz nach dem Kriege ging das Ausland allgemein zur Serienproduktion über. Auch in Deutschland war der Kraftwagen langsam vom Luxus- zum Gebrauchsgut geworden, und so wagte Opel 1924 noch einmal den Versuch, einen serienmäßig hergestellten Wagen herauszubringen. Diesmal mit vollem Erfolg. Ende 1924 stellte Opel den ganzen Betrieb auf Serienfabrikation um. In Kürze folgten dem Opelschen Beispiel andere führende Automobilfabriken, und heute ist Serienproduktion die typische Produktionsweise der Automobilindustrie.

Durch Schaffung des Serienwagens erhielt der Kraftwagenmarkt ein ganz verändertes Gefüge:

1. der Kraftwagenmarkt wuchs in die Tiefe und in die Breite und verlangte andere Methoden der Werbung und des Vertriebes;
2. der Preis der Wagen bestimmte mehr und mehr die Kaufentschließungen der Käufer. Er wurde zu einem wichtigen Wettbewerbsfaktor;
3. durch die Serienfabrikation entstand eine größere Menge einheitlicher Objekte, die einen Preisvergleich zuließen.

In diesem Augenblick hatte es den Anschein, als würde sich der Kraftwagenmarkt zu einem Markt mit vollständiger Konkurrenz entwickeln, zumal der Kraftwagenabsatz in immer stärkerem Maße an den Handel überging. Auch die fabrikeigenen Verkaufsstellen, die damals in größerer Zahl errichtet wurden, waren reine Handelsabteilungen mit oft nur sehr losen Bindungen an das Stammhaus. Von entscheidender Bedeutung

---

	1909	1910	1911	1912	1913
Zahl der Betriebe	121	114	131	124	109
Krafträder	3 703	3 822	3 901	4 984	3 571
Dreiräder		936	1 079	1 540	1 533
Personenkraftwagen	6 682	8 578	10 319	14 296	12 400
Lastwagen und Omnibusse	636	790	1 373	1 782	1 851

(Tatsachen und Zahlen aus der Kraftfahrzeugindustrie. 1927.) Der Betriebsgröße nach waren damals die Kraftwagenfabriken ausgesprochene Mittelbetriebe. Die durchschnittliche Belegschaft betrug: 1901 = 73,7; 1903 = 80,6; 1909 = 124,4; 1910 = 167,3; 1911 = 201,6 und 1912 = 267,9 Personen. (Dungs: Die Entwicklung der amerikanischen und der führenden europäischen Automobilindustrie. Köln 1925.)

für die künftige Entwicklung war das *Festhalten der Industrie an dem System der Listenpreise.* Die Verbraucherpreise wurden nach wie vor von den Erzeugern festgesetzt, ein Vorgehen, das bei dem technischen Charakter des Objektes durchaus berechtigt war. Leider war es damals der Industrie nicht möglich, den bei diesem Preissystem unerläßlichen Kontrollapparat zu schaffen und die Einhaltung der Listenpreise zu überwachen. Diese Tatsache wurde zur Ursache späterer schwerer Marktstörungen und heftiger Krisen in der gesamten Automobilwirtschaft. Erst der Erlaß einer der unvollständigen Konkurrenz und dem Markenartikelcharakter des Kraftwagens angepaßten Marktordnung hat hier Wandel geschafft und Besserung gebracht. Die serienmäßige Herstellung der Kraftwagen in Verbindung mit festen Verbraucherpreisen hat den Markenartikelcharakter des Automobils stark gefördert. Der Kraftwagenmarkt löste sich in eine ganze Reihe von Teilmärkten auf. Für jede Marke bildete sich, insbesondere im Bereich des Handels, ein Teilmarkt, zwischen denen zwar ein gewisser Wettbewerb bestand, der aber nicht ausreichte, um den Tatbestand der vollständigen Konkurrenz zu erfüllen.

Die unvollständige Konkurrenz ergibt sich auf dem Kraftfahrzeugmarkt vor allem aus 3 Ursachenkomplexen:

1. dem *Markenartikelcharakter des Handelsobjektes,*
2. der *beschränkten Teilnahme des Handels an der Preisbildung,* infolge von Aufstellen von *Verbraucher-Listenpreisen* durch die Erzeuger,
3. der *Bindung der einzelnen Händler an eine oder eine beschränkte Anzahl von Lieferfirmen.*

Auf dem Kraftwagenmarkt waren also alle Voraussetzungen erfüllt, die erfahrungsgemäß zu destruktiven Preiskämpfen zwischen den Händlern führen. Da ein so organisierter Markt ohne eine besondere Regelung des Wettbewerbes nicht funktionieren kann, ist es kein Wunder, daß auch auf dem Kraftfahrzeugmarkt die unvollständige Konkurrenz zu Marktstörungen und krisenhaften Erscheinungen geführt hat, die erst durch Aufstellen einer den besonderen Marktverhältnissen entsprechenden Marktordnung beseitigt werden konnten.

3. Die Organisation des Kraftfahrzeugabsatzes.

Träger des Automobilabsatzes sind:

1. der *Kraftfahrzeughandel,*
2. die *Fabrikverkaufsstellen der Automobilindustrie.*

Beide Vertriebsformen sind miteinander verkoppelt: die Automobilindustrie unterhält eigene Verkaufsstellen und setzt daneben ihre Erzeugnisse durch den Fachhandel ab. Das ist eine durchaus ungewöhnliche Organisation, denn im allgemeinen gilt der Grundsatz: entweder Direktvertrieb oder Absatz durch den Handel.

Der Handel lehnt in der Regel den Vertrieb von Waren ab, die vom Erzeuger auch unmittelbar an den Verbraucher verkauft werden. Das geschieht aus Selbsterhaltungstrieb und ist, wie die Erfahrung lehrt, das wirksamste Mittel, um das Eindringen der Erzeuger in die Sphäre des Handels zu verhindern. Kommt es einmal vor, daß von einem Betriebe beide Methoden gleichzeitig angewendet werden, dann wird sicherlich eine gebietliche Trennung vorgenommen: in einem Teil des Landes Direktvertrieb, in einem anderen Händlerabsatz. Für das unmittelbare Nebeneinander zwischen Fabrikverkaufsstelle und Händler, wie es in der Kraftwagenwirtschaft üblich ist, findet sich kaum ein weiteres Beispiel.

In der Automobilwirtschaft stehen Fabrikverkaufsstelle und markengebundener Händler in unmittelbarem Wettbewerb.

Das gilt vor allem für die Großstädte, die von den Fabrikverkaufsstellen bevorzugt werden. Von 149 Fabrikverkaufsstellen befanden sich 1937 136 (= 91,3 %) in Städten mit mehr als 100 000 Einwohnern, der Rest in größeren Mittelstädten.

Wie es zu dieser eigenartigen Organisation gekommen ist, läßt sich heute kaum feststellen. Die Automobilindustrie hat in kurzer Zeit mehrere Entwicklungsstadien durchlaufen, denen immer eine andere Absatzorganisation angemessen war. Aus dieser Aufeinanderfolge sind jeweils Reste übriggeblieben, die einen völligen Ausgleich noch nicht gefunden haben, vor allem weil die schwierige Lage der Gesamtindustrie zu Kompromissen leicht geneigt machte.

Der augenblickliche Zustand ist im wesentlichen historisch bedingt, sowohl das Nebeneinander von Fabrikverkaufsstellen und Fachhandel, als auch das eigenartige Verhältnis des Handels zur Industrie.

Die ursprüngliche Vertriebsform in der Automobilindustrie war der „Fabrikvertreter", der die Verkäufe im Namen und für Rechnung seines Werkes durchführte. Sie war die natürliche Vertriebsform, solange sich die Automobilindustrie im Stadium der „Bestellungsindustrie" befand, und ein unmittelbarer Kontakt zwischen Erzeuger und Kunde unerläßlich war. Beim Übergang zur Marktproduktion wurde die Einschaltung des selbständigen Handels möglich. Der Industrie war diese Entwicklung durchaus erwünscht, denn ihre Kräfte waren durch die Umstellung der Produktion aufs äußerste angespannt, und sie hätte eine Entlastung von den Kosten und Risiken des Direktvertriebes nur begrüßt. Auch drängten viele gerade der tüchtigsten Vertreter nach einer selbständigen Existenz. Hier hätte also der Systemwechsel vollzogen werden können, wenn nicht andere Kräfte dem entgegengewirkt und eine Kompromißlösung erzwungen hätten.

Zeitlich fällt die Umstellung der Automobilindustrie auf Serienproduktion in die ersten Nachinflationsjahre, also in eine *Periode allergrößten Kapitalmangels.* Der Automobilhandel erfordert aber, wenn er wirklich als selbständiger Eigenhandel unter Übernahme aller Handelsfunktionen (insbes. auch der Lagerhaltung und der Absatzfinanzierung) betrieben werden soll, ein verhältnismäßig hohes Betriebskapital. Damals fehlte es in der Wirtschaft an dem notwendigen Kapital, um einen selbständigen Automobilhandel größeren Umfanges aufzubauen. Das ist die eine Wurzel für die heute noch bestehende Abhängigkeit des Kraftwagenhandels von der Industrie.

Eine zweite Wurzel dieser Vertriebsorganisation ist in dem *Charakter des Kraftwagens als Markenartikel* zu sehen, der mit dem Übergang zur Serienfabrikation in Erscheinung trat. Der Vertrieb durch einen völlig unabhängigen Handel hätte dem Markenartikel angepaßte Marktorganisation zur Voraussetzung gehabt, gegen die sich die Industrie aus Abneigung gegen kollektives Vorgehen und aus Unterschätzung des Markenartikelcharakters der Kraftwagen sträubte. Sie hat statt dessen versucht, den Handel in engster Bindung und damit unter der Kontrolle der Erzeuger zu halten. Dem Handel wurde eine *dem alten Fabrikvertreter sehr ähnliche Stellung* zugewiesen, und die Industrie hat auch auf den Direktvertrieb durch eigene Verkaufsstellen nicht endgültig verzichtet.

Allerdings darf nicht übersehen werden, daß gerade in der Periode der Herausbildung eines selbständigen Kraftwagenhandels für die Industrie aus einem ganz anderen Grunde der Anreiz oder sogar das Bedürfnis erwuchs, eigene Verkaufsstellen zu errichten: im Zusammenhang mit der Frage der *Reparaturwerkstätten.* Mit fortschreitender Motorisierung wurde das Problem leistungsfähiger Reparaturwerkstätten akut. Der Schlosser, Klempner oder gar Schmied waren allein auf Grund ihrer handwerklichen Ausbildung nicht geeignet, Reparaturen an den empfindlichen Motoren vorzunehmen. Sie richteten häufig durch unsachgemäßes Vorgehen größeren Schaden an, als sie behoben. Für das Problem boten sich natürlicherweise 3 Lösungsmöglichkeiten:

1. Entwicklung eines selbständigen Reparaturgewerbes als Spezialhandwerk;
2. Errichtung von Reparaturwerkstätten durch die Automobilindustrie;
3. Angliederung von Reparaturwerkstätten an die Handelsbetriebe.

Die erste Lösung hätte den Verhältnissen in verwandten Wirtschaftszweigen entsprochen. Kleinere Reparaturen in örtlichen Spezialwerkstätten, große Überholungen unmittelbar in der Fabrik.

Daß die Entwicklung erst anders gelaufen ist, lag an den Zeitumständen: die Motorisierung war noch nicht so weit fortgeschritten, daß für das neue Handwerk Beschäftigung gesichert gewesen wäre. Die weitschauende Voraussicht der kommenden Entwicklung fehlte. Auch machte das Ersatzteilproblem große Schwierigkeiten (geringe Normung der Einzelteile, große Zahl der in Verkehr befindlichen Typen, schneller Wechsel der Modelle und das damit verbundene große Risiko). Hinzu kam, daß es auch im Handwerk damals an Kapital fehlte. So kam die Entwicklung eines selbständigen Reparaturgewerbes (von wenigen Ausnahmen in Großstädten abgesehen) über Ansätze zunächst nicht hinaus. Ein Reparaturgewerbe als selbständiges Handwerk ist an einen ziemlich hohen Motorisierungsgrad gebunden, der damals noch nicht erreicht war[3]).

Die Angliederung des Reparaturgewerbes an den Handel wurde ebenfalls versucht; bei den größeren Betrieben mit gutem, bei den kleineren mit geringerem Erfolg. Aber der Handel war seinerzeit noch zu sehr im Aufbau begriffen, um die Lösung des Problems selbst in Angriff nehmen zu können. Erst später hat er die Bedeutung der Reparaturwerkstätten für Kundendienst und Kundenwerbung erkannt, und heute ist der Handel einer der wesentlichsten Träger des Reparaturgeschäftes. Etwa 91 % der Händler haben eigene Reparaturwerkstätten[4]) mit oft recht erheblichen Umsätzen.

In den Jahren 1924/25 lagen die Verhältnisse noch ganz anders. Die Automobilindustrie sah sich gezwungen, die Lösung des Problems der Reparaturwerkstätten selbst in Angriff zu nehmen. Sie errichtete, zum Teil unter dem Einfluß der ausländischen Konkurrenz, fabrikeigene Reparaturwerkstätten und verband mit ihnen aus Zweckmäßigkeitsgründen Verkaufsstellen, wobei die Reparaturwerkstätten die Funktion der Kundendienstabteilung übernahmen. Schrittmacher war hierbei zunächst die ausländische Industrie, deren Bedürfnis nach eigenen Reparaturwerkstätten bei schwierigen Reparaturen wegen der großen Entfernung von den Fabriken besonders dringend war.

Durch das Vorhandensein fabrikeigener Reparaturwerkstätten ergab sich später die Möglichkeit, Garantiereparaturen nicht mehr unmittelbar durch die Fabrik, sondern durch die Werkstätte der Verkaufsstelle ausführen zu lassen. Diese Dezentralisierung war auch für den Kunden bequemer, so daß man auch das Einfahren der Wagen immer mehr dem Käufer überlassen konnte. Das Ergebnis dieser Entwicklung war das allen Kraftwagenkäufern heute bekannte „Scheckheft", das zur kostenlosen Inanspruchnahme der Fabrikreparaturwerkstatt für bestimmte Kontrollen und Garantie-

---

[3]) Bestand an Personen- und Lastwagen ausschließl. der vorübergehend aus dem Verkehr gezogenen: 1923: rd. 152 000; 1924: 192 000; 1925: 255 000; 1926: 296 500; 1927: 368 500; 1928: 473 000; 1929: 577 000; 1930: 658 500; 1931: 684 000; 1932: 649 600; 1933: 677 500; 1934: 776 000.

[4]) Geschäftsbericht der D.A.T. 1937.

reparaturen während der Anlaufszeit berechtigt. Zwischen der Errichtung fabrikeigener Reparaturwerkstätten und Verkaufsstellen bestand eine Wechselwirkung: der Bedarf an Reparaturwerkstätten führte zur Errichtung von Verkaufsstellen, andererseits hatte die Gründung fabrikeigener Verkaufsstellen die Angliederung von Reparaturwerkstätten zur Folge.

Die Entwicklung ging jedenfalls dahin, daß die Fabriken heute auch vom Händler ganz allgemein die Unterhaltung einer leistungsfähigen Reparaturwerkstatt bzw. einen Vertrag mit einer solchen verlangen, da sie anders den üblichen Garantieverpflichtungen nicht nachkommen können. Also auch hier wieder eine ausgesprochene Kompromißlösung, die in der Periode vor der Marktordnung zu großen Unzuträglichkeiten geführt hat.

Das dürften wohl die Hauptgründe sein, die zu dem ungewöhnlichen und zeitweise auch unzuträglichen Nebeneinander von Fabrikverkaufsstellen (deren verschiedene Organisations- und Rechtsformen interessieren in diesem Zusammenhang nicht) und selbständigem Handel geführt haben.

Die Absatzorganisation bei den einzelnen Automobilfabriken ist durchaus verschieden: bei einigen liegt das Schwergewicht bei den eigenen Verkaufsstellen, so bei Daimler-Benz, die etwa bis zu 80 % des Gesamtabsatzes durch die eigene Vertriebsorganisation tätigen, andere dagegen arbeiten vorwiegend mit dem selbständigen Handel, wie z. B. die Opel-Werke, die nur eine beschränkte Anzahl von Muster-Verkaufsstellen unterhalten, die mehr der allgemeinen Werbung als dem tatsächlichen Vertrieb dienen. Einige deutsche und vor allem die ausländischen Firmen arbeiten sogar ausschließlich mit dem Handel. Die absolute Zahl von zur Zeit 140 Fabrikverkaufsstellen besagt wenig über ihre tatsächliche Bedeutung für den Markt. Diese ist weit größer als dem Zahlenverhältnis entspricht, nach Betriebsgröße (Zahl der Untervertreter und Angestellten), Güte des Standortes (vorwiegend in Groß- und großen Mittelstädten), Kapitalausstattung und allgemeiner Stoßkraft dem durchschnittlichen Handelsbetrieb weit überlegen. In der geschilderten Entwicklung liegt auch der Schlüssel zu der ganz eigenartigen Arbeitsteilung zwischen Automobilindustrie und Handel. Entwicklungsmäßig ist der Kraftwagenhandel aus dem Fabrikvertreter hervorgegangen. Diese Herkunft ist auch heute noch, fast zwei Jahrzehnte nach der Verselbständigung zum Fachhandel, deutlich spürbar. Unter der Ungunst der Verhältnisse ist es dem Handel nie gelungen, die alten Bindungen völlig zu lösen; er stellt auch heute noch, von einigen Handelsgroßbetrieben abgesehen, eine Zwischenform zwischen selbständigem Handel und Fabrikvertreter dar.

Bei Ausgliederung des Vertriebes aus der Industrie hatte es zunächst den Anschein, als würde sich ein wirklich selbständiger Kraftwagenhandel entwickeln, der unabhängig sämtliche Handelsfunktionen übernehmen könnte. Die ersten großen Handelsfirmen haben dies auch versucht: sie haben auf eigenes Risiko und auf eigene Kosten ein Lager an Kraftwagen verschiedener Marken gehalten, sie haben den Absatz aus eigener Kraft finanziert und nach Verkauf der Wagen die Kunden weitestgehend betreut. Wäre die Entwicklung wie in anderen Ländern, z. B. England, in dieser Richtung weitergegangen, so hätten wir zweifellos einen unabhängigen Kraftwagenhandel erhalten, sie ist aber aus verschiedenen Gründen anders verlaufen, und der Handel hat nur einen Teil der Handelsfunktionen übernommen. Er ist von seinen Bindungen an die Industrie nie frei geworden und in seiner Zwitterstellung zwischen Vertreter und selbständigem Händler verblieben. Hierzu haben vor allem folgende Umstände geführt:

1. Es fehlte an genügend kapitalstarken Händlern, die das relativ hohe Betriebskapital für die Übernahme aller Handelsfunktionen aufbringen konnten;

2. das Risiko der Lagerhaltung war im damaligen Entwicklungsstadium der Automobilwirtschaft außerordentlich groß: einmal wegen der häufigen und schnell aufeinander folgenden Änderung der Kraftwagenmodelle infolge der noch ziemlich in Fluß befindlichen technischen Entwicklung, zum anderen aber auch wegen der von der Industrie verfolgten Preispolitik. Die Industrie setzte Listenpreise fest, die den Charakter von Höchstpreisen hatten. Ihre Realisierung war von den Markt-, insbesondere den Wettbewerbsverhältnissen abhängig.

   Dieses Preisrisiko wäre für den Handel noch allenfalls tragbar gewesen. Es wurde aber ganz wesentlich erhöht durch die häufigen Preissenkungen, die von der Industrie vorgenommen wurden. Jede Senkung der Listenpreise bedeutete für den Handel eine entsprechende Entwertung seiner Lagerbestände, denn die vorhandenen Wagen waren nur noch zu den gesenkten Listenpreisen verkäuflich. Dieses Preisrisiko ging über das allgemeine Marktpreisrisiko, das jeder Handelsbetrieb tragen muß, weit hinaus, denn die Preisänderungen waren durchaus nicht immer marktbedingt, sondern wurden von der Industrie vielfach aus betriebspolitischen Erwägungen vorgenommen. Sie konnten vom Handel weder vorausgesehen noch in den Betriebsdispositionen berücksichtigt werden und waren für ihn deshalb besonders schwer tragbar. Die später eingeführten Rückvergütungen brachten nur eine teilweise Entlastung, da sie stets nur auf kürzlich bezogene Wagen gewährt wurden.

3. Die Industrie wünschte die unmittelbare Konkurrenz ihrer Wagen mit den Fabrikaten anderer Erzeuger bei einem Händler zu vermeiden und

bevorzugte Händler, die sich auf eine Marke zu spezialisieren bereit waren. Die Entwicklung des Automobilhandels zum „Markenvertreter" ist in der Öffentlichkeit und auch in Fachkreisen heftigster Kritik ausgesetzt gewesen, und es hat Zeiten gegeben, wo man in dieser Spezialisierung eine der Hauptursachen für die Krise im Kraftwagenhandel sah. Zweifellos kann ein Handel, der in seinem Einkauf nicht frei und in seinem Warensortiment auf die Produkte eines Erzeugers angewiesen ist, seine treuhänderischen Funktionen dem Kunden gegenüber nicht restlos erfüllen. Vertritt ein Automobilhändler nur eine Marke, so wird er versuchen, jedem Interessenten einen Wagen dieser seiner Marke zu verkaufen, ohne Rücksicht darauf, ob gerade dieser Typ der für den Kunden bestgeeignete ist. Diese Gefahr ist verhältnismäßig gering, wenn das Produktionsprogramm der vertretenen Firma vielgestaltig ist; sie wächst mit wachsender Spezialisierung der Industrie.

Aber wer garantiert dafür, daß bei anderer Organisation des Kraftwagenhandels die Belange des Käufers besser gewahrt werden und der Händler den Kaufentschluß des Kunden nicht gleichermaßen in seinem Interesse lenkt — auf den Wagen, den er zuerst verkaufen möchte?

Bei der Größe der Objekte ist zweifellos der Händler viel stärker als in anderen Branchen daran interessiert, nicht nur daß der Kunde kauft, sondern was er kauft. Er wird daher niemals ein vollkommen neutraler Treuhänder des Kunden sein. Und schließlich ist es besser, der Käufer weiß, daß der Händler ihm eine bestimmte Marke verkaufen will, weil er nur diese vertritt, und stellt sich entsprechend ein, als daß er im Glauben lebt, er wird vom „neutralen" Handel völlig vorurteilslos beraten. Beide Organisationsformen haben ihre Vor- und Nachteile.

Die Erfahrungen der vergangenen zwanzig Jahre erwecken den Anschein, als ob der Vertrieb durch einen fabrikunabhängigen Kraftwagen-Vollhandel die weniger geeignete Vertriebsform sei, denn sie hat sich, wenigstens in Deutschland, nicht restlos durchsetzen können. Die Erfahrung ist aber in diesem Fall nicht ganz beweiskräftig, denn die ganze Entwicklung hat sich in einer Periode allerschwerster wirtschaftlicher Krisen und Störungen vollzogen. Die Erfahrungen im Ausland sprechen sogar für den selbständigen Handel. England, das Land mit der krisenfestesten Automobilwirtschaft, hat einen völlig unabhängigen Kraftwagenhandel und hier wurden auch sehr zeitig, wenn auch wenig erfolgreiche Marktordnungsversuche durchgeführt.

In Deutschland waren die alten Firmen nach der langdauernden Wirtschaftskrise finanziell stark geschwächt, die neuen aber meist finanziell zu schwach fundiert, um ihre selbständige Händlerposition aufrechtzuerhalten. So fielen denn Lagerhaltung und Absatzfinanzierung mehr und mehr auf die Industrie zurück. Dieser war es dann ein leichtes, die Entwicklung in ihrem Sinn zu lenken und dem System des fabrikgebundenen Händlers zum Durchbruch zu verhelfen. Heute gibt es in Deutschland keinen völlig unabhängigen Automobilhandel mehr. Die Händler sind alle Verteiler bestimmter Automobilmarken und in ihrer Handlungsfreiheit mehr oder weniger stark beengt. 1937 vertraten 63 % der Händler jeweils nur eine Marke, 21,2 % zwei und nur wenige drei und mehr Marken. Die Verträge sind alle so gehalten, daß grundsätzlich von einem Händler nicht zwei konkurrierende Marken vertreten werden können, sondern nur solche, die im Sortiment aneinander anschließen: der Vertreter eines billigen Serienfabrikates kann daneben einen besonders hochwertigen Wagen, der sich an ganz andere Käuferschichten wendet, führen, aber niemals zwei Wagen, die in unmittelbarem Wettbewerb miteinander stehen. Durch die Wahl der Vertreter schließt die Industrie die Konkurrenz gleichwertiger Wagen bei einem Händler systematisch aus. Der Handel ist offenbar mit dieser Spezialisierung einverstanden, darauf deutet wenigstens die geringe Zahl der Händler mit mehreren Vertretungen hin. Sie kommt der im Handel allgemein verbreiteten Tendenz der Spezialisierung auf einen bestimmten Kundenkreis entgegen. Auch ist das Produktionsprogramm der meisten Werke so vielgestaltig, daß eine Ergänzung durch eine zweite Vertretung gar nicht erforderlich ist.

Nachdem die Entscheidung für den fabrikabhängigen Handel endgültig gefallen ist, ist in der Industrie die Tendenz zu beobachten, das Produktionsprogramm in Richtung auf ein „vollständiges Sortiment" zu erweitern. Hieraus ergibt sich ein gewisser Konflikt zwischen technischen und wirtschaftlichen Interessen: unter technischen Gesichtspunkten wäre eine stärkere Spezialisierung der Produktion erwünscht (bei vielen Typen sind heute die Serien noch so klein, daß sie fast auf der Grenze der Einzelfertigung liegen), mit Rücksicht auf den fabrikgebundenen Handel muß aber das Produktionsprogramm vielgestaltig gehalten werden. Das ist ein weiterer und sehr schwerwiegender Nachteil der augenblicklichen Organisation. Ob hier die von der Staatsführung angestrebte Typenverringerung und weitere Spezialisierung der Industrie Änderungen nach sich ziehen werden, ist noch nicht zu übersehen. Die vorläufige Entscheidung über die Organisation des Kraftwagenhandels hat die Marktordnung gefällt. Sie setzt einen fabrikabhängigen Handel voraus und macht das Vorliegen eines Händlervertrages mit einer Automobilfabrik zur Voraussetzung für die Zuerkennung der Händlereigenschaft.

Wir haben die Entwicklung des Handels hier so ausführlich behandelt, weil sie das Verständnis für die Marktordnung, insbesondere für einzelne Durchführungsbestimmungen, erschließt. Nur wenn die Entwicklung und die mit ihr verbundenen Krisenerscheinungen bekannt sind, kann die Marktordnung richtig gewürdigt werden.

4. Die Betriebsstruktur des Kraftfahrzeughandels.

Zum Verständnis der Marktstörungen und zugleich zum besseren Verständnis der Marktordnung ist es ferner erforderlich, kurz auf die Betriebs- und Kostenstruktur der Handelsbetriebe einzugehen, denn auch in ihnen liegen wesentliche Gründe für das Versagen der Marktorganisation und für die schlimmen Wettbewerbsauswüchse, die dann zur Marktordnung geführt haben.

Die Tätigkeit des Kraftfahrzeughandels erstreckt sich normalerweise auf vier Gebiete:

1. Verkauf von Neuwagen,
2. An- und Verkauf von Gebrauchtwagen,
3. Vertrieb von Zubehör- und Ersatzteilen, Treibstoffen, Ölen usw.,
4. Ausführung von Kraftwagenreparaturen.

Angegliedert sind manchmal Garagenbetriebe, Fahrschulen, Fuhr- und Vermietungsunternehmungen, in ganz kleinen Orten auch der Handel mit Motor- und Fahrrädern, Näh- und landwirtschaftlichen Maschinen. Doch sind diese Gemischtbetriebe selten und immer mehr im Rückgang begriffen. Sie waren eine Erscheinung jener Periode ungeregelten Wettbewerbes, als die Industrie glaubte, daß die Zahl der Händler für den Markterfolg entscheidend sei. Die unausbleibliche Folge war eine Übersetzung des Handels mit all ihren Wirkungen auf Umsatzhöhe, Kosten, Wirtschaftlichkeit und Rentabilität der Handelsbetriebe. Der Aufgabenbereich des Kraftfahrzeughandels ist weiter als sonst im Handel üblich. Es sind aber Tendenzen vorhanden, ihn einzuengen: Teilaufgaben an Spezialgewerbe abzutreten.

Besonders in der Großstadt ist die Spezialisierung weiter fortgeschritten. Hier hat sich z. B. bereits ein Spezialhandel für Gebrauchtwagen und ein solcher für Kraftwagenzubehör und Betriebsstoffe gebildet, ohne daß allerdings die Ausgliederung dieser Aufgaben aus dem allgemeinen Kraftwagenhandel schon in vollem Umfang erfolgt wäre. Wenn in den meisten Betrieben die vier Teilgebiete beibehalten werden, so ist dies durch den organischen Zusammenhang bestimmt, der zwischen ihnen besteht. Sie werden zusammengehalten durch „die komplementäre Nachfrage", die Nachfrage nach einer Gruppe von Gütern und Leistungen, die alle der Befriedigung eines Bedürfnisses dienen. Die komplementäre Nachfrage ist einer der wichtigsten Faktoren für die Branchenbildung im Einzelhandel und für die Bestimmung des Warensortimentes.

Eine sachliche Spezialisierung ist auch im Kraftwagenhandel erfolgt: Personen- und Lastkraftwagen werden zumeist durch

Spezialhändler vertrieben. Nur in den Fällen, in denen beim Hersteller Personen- und Lastkraftwagenbau zusammenfallen, findet sich, aber durchaus nicht immer, auch beim Handel eine Zusammenfassung. Der Opel Blitz, ein Leichtlastwagen, wird z. B. in der Regel vom Personenwagenhandel mit vertreten, bei Mercedes-Benz dagegen ist die Trennung von Personen- und Lastwagenvertrieb im Handel, wenigstens in den großen Städten, teilweise durchgeführt. Nachstehende Tabelle gibt einen Überblick über die von den einzelnen Kraftwagenfabriken beschäftigten Händlerfirmen[5]):

Opel	1700	
DKW	1300	
Adler	650	
Hansa-Lloyd	525	
Daimler-Benz	455	(rd. 140 Fabrikfilialen, 15 Großhändler, 300 Untervertreter)
Hanomag	450	
Ford	450	
BMW	300	
Wanderer	250	
Büssing	200	
Magirus	200	
MAN	195	(rd. 20 eigene Filialen, die mit Vermittlern [175] arbeiten)
Horch	100	
Audi	100	
Henschel	70	
Vomag	50	

Die Betriebsstruktur des Kraftwagenhandels war lange Zeit problematisch, vor allem die Verbindung von Neu- und Altwagenhandel. Tatsächlich findet diese Kombination in der Wirtschaft nicht ihresgleichen. Zwar kommt auch in anderen Branchen gelegentlich Inzahlungnahme gebrauchter Gegenstände vor, z. B. bei Staubsaugern, Schreibmaschinen, Nähmaschinen, Rundfunkapparaten (hier besonders oft). Auch hierbei handelt es sich um Ausnahme-, nicht um Regelfälle, während im Kraftwagenhandel diese Verbindung die Norm darstellt. Der Altwagenabteilung kommt in den meisten Betrieben eine recht erhebliche Bedeutung zu.

In der Periode vor der Marktordnung hatte es allerdings den Anschein, als sei diese Verkoppelung eine Fehlentwicklung, denn die Verluste aus dem Altwagengeschäft und der Druck auf die Neuwagenpreise waren ungewöhnlich groß. Aber die Störungen entsprangen in Wirklichkeit nicht

---

[5]) Kraftverkehrswirtschaft 1936/32.

einem unorganischen Betriebsaufbau, sondern einer unzweckmäßigen Handhabung dieses Geschäftszweiges infolge Fehlens einer entsprechenden Marktordnung. Auf das Altwagenproblem werden wir noch ausführlich zu sprechen kommen, hier interessiert es nur insoweit, als es die Betriebsstruktur des Kraftwagenhandels berührt.

Der Handel mit Gebrauchtwagen stellt eine wichtige Ergänzung des Neuwagengeschäftes dar:

1. zur besseren Ausnutzung der Betriebskapazität. Die Kapazität eines Kraftwagenhandelsbetriebes ist in der Regel allein mit dem Neuwagengeschäft nicht voll auszunutzen, deshalb bildet das Altwagengeschäft eine willkommene Ergänzung und ein Mittel zur Senkung der festen Kosten;
2. zur Erleichterung des Neuwagenabsatzes. Die Verwertung der Gebrauchtwagen ist (abgesehen von den Erstkäufern) häufig Voraussetzung für das Zustandekommen eines Neuwagengeschäftes, so daß das Gebrauchtwagengeschäft zur zwangsläufigen Begleiterscheinung des Neuwagenabsatzes wird;
3. zur Erschließung neuer Käuferschichten. Der gebrauchte Wagen ist auch heute noch der Pionier des Neuwagens. Mit dem Altwagen dringt der Händler in Käuferschichten ein, die wegen ihrer geringen Kaufkraft dem Neuwagenabsatz verschlossen sind, und hofft dabei, daß ein gewisser Prozentsatz der Altwagenkäufer mit der Zeit in die Schicht der Neuwagenkäufer hineinwächst und ihm dann zufällt. Tatsächlich soll die Kundentreue dieser Kreise recht beachtlich und daher der Erfolg dieser Politik ein guter sein;
4. zum Risikoausgleich. Das Altwagengeschäft folgt erfahrungsgemäß einem anderen Rhythmus als das Neuwagengeschäft, erleidet vor allem geringere konjunkturelle Rückschläge. Es bietet dadurch dem Gesamtabsatz eine wertvolle Stütze. Bei ansteigender Konjunktur wird der Umsatz an Gebrauchtwagen belebt, einmal durch das Ansteigen der Kaufkraft der unteren Käuferschichten, zum anderen durch das steigende Angebot an gebrauchten Wagen, die durch neue ersetzt werden. Und auch bei rückläufiger Konjunktur ist der Gebrauchtwagenumsatz relativ lebhaft: Anbieter sind Wagenbesitzer, die ihre Wagen nicht mehr halten können, die Nachfrage wird gestützt durch das Abwandern von Neuwagennachfrage auf den billigeren gebrauchten Wagen.

Während der Krise 1932 machte der Umsatz an Altwagen 70—80 % des Wagenumsatzes aus, wie nachstehende Erhebung des Instituts für Konjunkturforschung zeigt:[6])

---

[6]) Institut für Konjunkturforschung, Vierteljahreshefte 1933 / Heft 4 B, S. 166.

Kraftwagenabsatz arbeitstäglich 1932:

	Altwagen	Neuwagen
Januar	282,5 Stück	57,6 Stück
Februar	326,0 „	82,2 „
März	444,2 „	125,9 „
April	493,6 „	148,3 „
Mai	741,3 „	203,3 „
Juni	525,6 „	188,6 „
Juli	482,7 „	181,4 „
August	391,6 „	140,2 „
September	387,6 „	137,2 „
Oktober	358,7 „	131,6 „
November	324,6 „	117,5 „

In den Jahren nach 1933 überwiegt dagegen der Neuwagenabsatz. Nach Ermittlungen der Forschungsstelle für den Handel entfielen in den letzten Jahren im Kraftfahrzeughandel nur durchschnittlich 8 % des Gesamtumsatzes auf gebrauchte Wagen (stückzahlmäßig etwa 25 %).

Die Kombination beider Handelszweige ist demnach aus Gründen des Beschäftigungsausgleiches durchaus erwünscht, und zwar nicht nur für die Handels-, sondern zum Teil auch für die Reparaturabteilung.

Auf die Bedeutung der Reparaturwerkstätten für den Handel haben wir in anderem Zusammenhang schon hingewiesen. Sie sind wegen der üblichen Garantiereparaturen aus dem Kraftfahrzeughandel nicht mehr wegzudenken und erweisen sich auch mehr und mehr als wichtiges Bindeglied zwischen Händler und Kraftwagenbesitzer.

Auch die Reparaturwerkstatt ist in gewissem Umfang geeignet, Umsatzschwankungen auszugleichen: sie zeigt weniger starke jahreszeitliche und auch konjunkturelle Beschäftigungsschwankungen. Die Beschäftigung ist vielmehr abhängig vom durchschnittlichen Lebensalter der Wagen im Bezirk: je älter der Durchschnittsbestand, desto besser die Beschäftigung der Reparaturwerkstätten. Charakteristischerweise sank ihre Beschäftigung, die 1930, 1931 noch ganz leidlich gewesen war, bis etwa Herbst 1934 und begann erst dann langsam wiederanzusteigen, als sich an den 1933 gekauften Wagen die ersten Reparaturnotwendigkeiten zeigten. Bei den gewaltigen Fortschritten, die die Motorisierung Deutschlands in den letzten Jahren gemacht hat, ist in den nächsten Jahren mit einer guten Beschäftigung der Reparaturabteilungen zu rechnen.

Diese Drei- bzw. Vierteilung der Betriebe des Kraftfahrzeughandels in drei nebeneinander geschaltete Geschäftszweige ist eines der charakteristischsten Strukturmerkmale dieses Wirtschaftszweiges.

Im übrigen sind Betriebs- und Kostenstruktur, wie in allen Betrieben, funktionenbedingt. Je einheitlicher die Funktionen eines Wirtschaftszweiges sind, desto einheitlicher ist der Aufbau der Betriebe und die Struktur ihrer Kosten.

Für die dem Handel vom Markt gestellten Aufgaben gibt es stets eine Vielzahl von Lösungsmöglichkeiten, deshalb ist hier die Betriebsstruktur sehr uneinheitlich — sowohl was den Handel als Ganzes, als auch die Betriebe der einzelnen Handelszweige anbetrifft. Ein Grund hierfür ist die Möglichkeit der Ausgliederung von Handelsfunktionen und ihre Überwälzung auf die vor-, seltener die nachgelagerte Wirtschaftsstufe. Dieser Prozeß hat, wie schon mehrfach erwähnt, auch das Gesicht des Kraftfahrzeughandels dauernd gewandelt.

Die normalen Funktionen des Handels sind: Einkauf, Lagerhaltung, Verkauf, Absatzfinanzierung und Kundenwerbung. In der Periode der Entstehung eines selbständigen Automobilhandels übernahm ein Teil desselben alle fünf Funktionen, wenn auch bei den verschiedenen Firmen die Verhältnisse sehr verschieden waren. Er kaufte auf eigene Rechnung und nach eigenen Dispositionen ein, unterhielt ein Lager an neuen und gebrauchten Wagen und Ersatzteilen, finanzierte den Absatz aus eigenen Mitteln oder mit Hilfe eigener Bankverbindungen, warb Kunden und verkaufte an sie. Diese Periode des „Voll-Handels" gab es nur bei einigen Betrieben. Sie war kurz und fand durch die Wirtschaftskrise von 1930/33 ein schnelles Ende. Seitdem ist unter dem Druck der Verhältnisse die bereits geschilderte Entwicklung des Kraftwagenhandels zu einem industriegebundenen Handelszweig erfolgt. Dieser Vorgang wurde teilweise durch Entwicklungen in der Sphäre der Produktion begünstigt.

Diese Entwicklung hat indessen niemals dazu führen können, daß der Handel die Ausübung einer seiner Funktionen vollkommen aufgegeben hätte. Die Funktionen werden naturgemäß von den einzelnen Betrieben verschieden wahrgenommen. Dies ergibt sich mit Notwendigkeit aus dem unterschiedlichen Volumen der einzelnen Betriebe. Bei den kleinen Untervertretungen kommt beispielsweise eine Lagerhaltung und eine selbständige Finanzierung kaum in Betracht. Aber auch diese kleinen Händler sind — wenigstens im Altreich — bei der Finanzierung deshalb sehr wichtig, weil ihr Name auf den Kundenwechseln steht und damit die Finanzierung erleichtert, in vielen Fällen erst ermöglicht wird. Die Lagerhaltung des Automobilhandels ist in erheblichem Maße von der Kapitalausstattung des einzelnen Betriebes abhängig. Sie schwankt außerdem saison- und konjunkturmäßig. In den jüngsten Zeiten der Warenknappheit war an eine Lagerhaltung nicht zu denken, da große Lieferfristen bestanden und Vorräte sich wegen des großen Bedarfs der Kundschaft nicht ansammeln konnten. In der Vergangenheit war jedoch die Händlerlagerhaltung von großer Wichtigkeit, und zwar besonders da, wo die Fließfabrikation der Fabriken eine beständige gleichmäßige Aufnahme der Erzeugnisse durch den Handel notwendig machte.

Eine eigene Stellung unter den Funktionen des Handels nimmt die Kundenwerbung ein. Sie wird nämlich zu einem nicht unerheblichen Teil von der Industrie durchgeführt. Sache des Handels ist die unmittelbare Kaufwerbung, aber die vorbereitende Werbung allgemeiner Art durch Inserat und ähnliche Reklamemittel liegt bei der Industrie. Diese Arbeitsteilung ist typisch für die Markenartikelindustrie. Hierin zeigt sich der Markencharakter des Kraftwagens.

Damit soll aber nicht gesagt sein, daß der Werbung des Handels keine Bedeutung zukäme, oder daß die Kosten der Reklame allein von der Industrie getragen würden. Das ist durchaus nicht der Fall. Aber die Werbung des Handels wendet sich zumeist unmittelbar an einen voraussichtlichen Käufer und beruht auf persönlicher Kundenbearbeitung. Daher ist es schwer zu sagen, wo die Werbung aufhört und der eigentliche Verkauf anfängt. Werbekosten und Vertriebskosten gehen beim Handel so stark ineinander über, daß sie reinlich voneinander nicht zu scheiden sind.

Den wichtigsten Faktor der Reklamekosten bilden die Vorführwagen. Werbekosten sind ferner enthalten in den Personal-, Raum- und Lichtkosten, in Drucksachen und Büromaterial, Treibstoffen und sonstigen Unkosten. Als eine besondere, eindeutig zu erkennende Kostenart treten sie nur in wenigen Fällen auf. Die innige Verbundenheit der einzelnen Handelsfunktionen, die die funktionelle Kostenrechnung im Handel so sehr erschwert, tritt auch hier störend auf.

Die Industrie dagegen hat recht erhebliche Reklamekosten-Etats. Sie treibt mit den allgemein üblichen Reklamemitteln eine lebhafte Markenreklame, versorgt den Handel (teils kostenlos, teils unter Berechnung anteiliger Kosten) mit Reklamematerial und wirbt ferner durch Beteiligung an Ausstellungen, Messen und Rennen.

Als eigentümliche Funktion verbleiben demnach im Neuwagengeschäft dem Kraftwagenhandel der Verkauf und die Absatzfinanzierung. Dieser kommt bei der Größe der Objekte eine besondere Bedeutung zu, die allerdings nach der Wirtschaftslage schwankt. Je günstiger die Konjunktur, desto höher die Quote der bar bezahlten Wagenumsätze, je ungünstiger die Wirtschaftslage, desto geringer die Zahl der Bargeschäfte, desto kleiner die Anzahlungsquoten und desto länger die Zahlungsfristen.

Nach Beobachtungen der „Allgemeinen Finanzierungsgesellschaft, Rüsselsheim", die zum Opel-Konzern gehört, belief sich die Quote der auf

Kredit gekauften Wagen 1930 auf etwa 60—65 %, sie fiel 1933/34 auf 40—45 %, um dann 1936/37 (infolge stärkerer Erfassung der Kreise mit kleineren Einkommen) wieder auf 50 % anzusteigen. Etwa die Hälfte der Kredite hatte in den letzten Jahren eine Laufzeit von nur 4 Monaten, weitere 30 % von 4—12 Monaten und der Rest bis 18 Monate.

Wenngleich die Zahl der Abzahlungskäufe mit steigendem Wagenwert sinkt, bei den Händlern mit hochwertigen Wagen die Barzahlungsquote also etwas höher liegt, so spielt doch die Absatzfinanzierung im Kraftfahrzeughandel eine ganz entscheidende Rolle. Nur die wenigsten Händler sind in der Lage, die Absatzfinanzierung aus eigenen Mitteln durchzuführen. Das typische Finanzierungsmittel ist der Wechsel, der durch Diskontierung bei Banken oder Spezialkreditinstituten (z. B. die oben genannte Allgemeine Finanzierungsgesellschaft, Rüsselsheim, die Kreditanstalt für Verkehrsmittel A.-G., Berlin, die Citag und andere) refinanziert wird. Als Kostenfaktor fällt die Absatzfinanzierung heute nicht mehr sehr ins Gewicht, da die direkten Kreditkosten von den Käufern getragen werden. Aber auch das ist erst ein Ergebnis der Marktordnung. Jahrelang ist um die Verteilung der Kosten der Absatzfinanzierung ein heftiger Kampf geführt worden. Die Übernahme der Kreditkosten und die Gewährung ungewöhnlich langer Zahlungsziele war eine der beliebtesten Formen der mittelbaren Preisunterbietung. Je ungünstiger die Absatzlage, desto stärker war die Belastung des Handels durch die Kosten der Absatzfinanzierung. Sie haben zu den Verlusten des Handels während der Krisenjahre ganz erheblich beigetragen.

Wesentlich schwerer als die direkten Finanzierungskosten in Form von Diskont und Spesen wog allerdings das Kreditrisiko, das auch heute noch vom Handel getragen werden muß.

Bei der Finanzierung des Absatzes auf dem Weg des Wechseldiskontes wird der Händler der Bank oder dem Finanzierungsinstitut durch sein Giro wechselmäßig mitverhaftet und muß einspringen, falls der Kunde mit der Zahlung in Verzug gerät. Hierin liegt neben der absoluten Kapitalverlustgefahr das große Risiko. Der Handel, der finanziell im allgemeinen nicht sehr stark ist, kann an solchen unerwarteten dringenden Zahlungsverpflichtungen leicht scheitern. Kreditverluste waren in den Jahren 1930—1933 eine der Hauptursachen für den Zusammenbruch von Kraftfahrzeughandelsbetrieben. Über die Höhe der Kreditverluste beim Handel liegen aus jenen Jahren keine Angaben vor. In der Industrie sind nach Feststellungen des Statistischen Reichsamtes[7]) in den letzten Jahren folgende „sonstigen Abschreibungen",

---

[7]) Wirtschaft und Statistik 1937/3 und 1938/3.

die im wesentlichen Abschreibungen auf Außenstände enthalten, gemacht worden:

1932	10,2 Mill. RM.
1933	16,1 Mill. RM.
1934	5,9 Mill. RM.
1935	7,2 Mill. RM.
1936	8,2 Mill. RM.
1939	1,6 Mill. RM.

Diese Beträge sind, insbesondere 1932 und 1933, gemessen an den damaligen Umsätzen, außerordentlich hoch. Die Abschreibungen von 1933 in Höhe von 16,1 Mill. RM. beziehen sich vorwiegend auf Kredite aus dem Jahr 1932. Damals betrug die Gesamtproduktion der deutschen Automobilindustrie rd. 296 Mill. RM., davon wurden exportiert 32 Mill., rd. 40 % des Umsatzes war Barumsatz und auf die auf Abzahlung gekauften Wagen wurde durchschnittlich ein Drittel angezahlt, so daß ungefähr ein Kreditbetrag von 100 Mill. RM. bleibt. Es ergibt sich also für 1933 bei der Industrie ein Abschreibungssatz für Außenstände von annähernd 16 % der Kredite, wobei noch zu berücksichtigen ist, daß die Industrie nur jene Ausfälle getroffen haben, für die auch der Handel nicht mehr einstehen konnte. Augenblicklich liegen die Verhältnisse wesentlich günstiger, denn die 7,2 Mill. RM. Abschreibungen 1935 beziehen sich im wesentlichen auf den Umsatz von 1934 in Höhe von 750 Mill. RM., die Abschreibungen 1936 sogar auf einen Umsatz von rd. 1 Mrd. Hinzu kommt, daß in Jahren guter Erträge die Abschreibungen immer relativ hoch bemessen werden, um Reserven zu schaffen. Das Kreditrisiko ist heute also ganz wesentlich geringer als in den Krisenjahren, nicht zuletzt auch infolge der unter dem Schutze der Marktordnung fortschreitenden Gesundung des Kraftfahrzeughandels.

In den am Betriebsvergleich der Forschungsstelle für den Handel beteiligten Handelsbetrieben (es handelt sich dabei fast ausschließlich um größere, besonders gut geleitete Betriebe mit besonders günstigen Kostenverhältnissen) wurde für 1936 eine durchschnittliche Abschreibungsquote von 0,7 % der Außenstände festgestellt; die Streuung bewegte sich allerdings zwischen 0,1 und 2,6 %.

Die außerordentlichen Kreditverluste 1930—1933 sind nicht zuletzt eine Folge der gestörten Marktordnung. Die Kreditgewährung wurde zum Mittel des Wettbewerbes, und im Kampf um den Käufer wurde seine Kreditwürdigkeit nicht mehr ausreichend geprüft. Die bitteren Erfahrungen jener Periode sollten auch in Zukunft unvergessen bleiben! Es ist immer falsch, bei rückläufiger Konjunktur einen stockenden Absatz durch Lockerung der Kreditbedingungen beleben zu wollen. Der Rückschlag wird nicht ausbleiben, denn bei rückläufiger Konjunktur steigen die Ausfälle normalerweise, doppelt jedoch, wenn die Kreditauslese eine weniger strenge ist. Die Kreditbedingungen hat die Marktordnung geregelt, die Kreditauslese ist Sache des Handels. Er sollte, auch wenn die Absatzverhältnisse einmal wieder schwieriger werden, darauf bedacht bleiben, durch strenge Prüfung der Kreditwürdigkeit das Risiko niedrig zu halten, denn bei der Höhe der Objekte genügt eine geringe Anzahl von Ausfällen, um den Ertrag des Jahres aufzuzehren.

Das bisher über die Funktionen des Kraftfahrzeughandels Gesagte gilt vorwiegend für das Neuwagengeschäft. Im Gebrauchtwagenhandel liegen die Verhältnisse etwas anders. Hier ist der Kraftwagenhandel stärker auf sich allein gestellt und übernimmt alle Handelsfunktionen auf eigenes Risiko und eigene Kosten. Das gilt vor allen Dingen auch von Einkauf und Lagerhaltung.

Im Gebrauchtwagenhandel kann das Lager nicht entbehrt werden. Hier erfolgt der Verkauf nur auf Grund von Inaugenscheinnahme und persönlicher Prüfung, denn der gebrauchte Wagen ist nicht mehr wie der neue ein vertretbares Gut, sondern in höchstem Maße individuell.

Das Lager ist aber nicht nur für den Verkauf unentbehrlich. Die Lagernotwendigkeit ergibt sich auch von der Einkaufsseite her: der Angebotsfluß ist kein stetiger, die gebrauchten Wagen müssen aufgenommen werden, wenn sie sich bieten, selbst auf die Gefahr hin, daß eine längere Lagerzeit notwendig wird. Das gilt vor allem für Altwagenkäufe in Verbindung mit Neuwagengeschäften, die beim Kraftwagenhandel überwiegen (eine Ausnahme macht der reine Gebrauchtwagenhandel). Hier ist der Händler völlig von den Zufälligkeiten des Angebotes abhängig: Art und Zahl der hereinzunehmenden Type, ihr Zustand und der Zeitpunkt der Übernahme werden ihm durch das damit verbundene Neuwagengeschäft aufgezwungen Es gehört ein besonderer Weitblick, viel Takt und Geschicklichkeit dazu, unter solchen Voraussetzungen das Altwagengeschäft so zu führen, daß die Belange des eigenen Betriebes und der Kunden in gleichem Maße gewahrt bleiben. Die meisten Händler haben diese Kunst nicht verstanden, das hat die Krise gelehrt.

Auch in der Finanzierung des Altwagenabsatzes ist der Kraftwagenhandel stärker auf sich selbst gestellt, da ihm hierbei die Industrie keine Hilfe leiht und auch die gewerbsmäßigen Finanzierungsinstitute sich größere Zurückhaltung auferlegen. Hierzu kommt, daß mit dem Altwagenhandel noch Risiken besonderer Art verbunden sind: die Wagen müssen vor dem Verkauf repariert werden — die Reparaturkosten sind im voraus nur schwer sicher zu veranschlagen; der erzielbare Preis und die Lagerdauer sind ungewiß, das Kreditrisiko ist bei Altwagenkäufern höher, u. a. m. Die Kostenstruktur des Kraftwagenhandels erfährt durch das Altwagengeschäft eine gewisse Veränderung, die sich sowohl beim Betriebs- als auch beim Zeitvergleich bemerkbar macht, je nachdem, welcher Teil des Geschäftes stärker ins Gewicht fällt. Doch darf das Risiko im Altwagengeschäft auch nicht überschätzt werden. Gute Betriebsführung ist auch hier entscheidend.

Die sonstigen mit dem Kraftwagenhandel verbundenen Geschäfte interessieren in Zusammenhang mit unserem Thema weniger. Zu ihnen ist der Vollständigkeit halber nur folgendes zu sagen:

Der Zubehörhandel, der allerdings nicht von allen Händlern in gleichem Umfang betrieben wird, fügt sich organisch in das Gesamtgeschäft ein und trägt für seinen Teil zur besseren Ausnutzung der Betriebskapazität bei. Besonders wertvoll ist er zur Aufrechterhaltung des Kontaktes zwischen Kunde und Händler. Umsatzmäßig beträgt der Anteil der Handelsnebenabteilungen etwa 10—15 %, doch sind hier von Betrieb zu Betrieb und auch jahreszeitlich starke Streuungen zu beobachten.

Der Handel mit Ersatzteilen stellt einen wesentlichen Bestandteil des Kraftwagengeschäftes dar, denn die Bereitstellung der notwendigen Ersatzteile gehört mit zu den natürlichen Funktionen des Handelszweiges. Er ist vor allem dann unerläßlich, wenn dem Handelsbetrieb eine Reparaturwerkstatt angegliedert ist, was als Regel angesehen werden kann. Vom Umsatz der Reparaturwerkstatt entfallen rd. 37—40 % auf Ersatzteile.

Problematisch ist beim Ersatzteilgeschäft vor allem die Lagerhaltung. Die Industrie verlangt vom Handel die Unterhaltung von Mindestlägern. Die Bemessung erfolgt in der Regel nach der Zahl der im Vertreterbezirk laufenden Wagen oder nach ähnlichen Schlüsseln. Diese Mindestläger sind ziemlich hoch und binden relativ viel Kapital. Der Handel hält die Anforderungen der Industrie für zu weitgehend und glaubt vielfach, mit wesentlich geringeren Lägern auskommen zu können. Vor allem wendet er sich gegen den Zwang zu einer proportionalen Erhöhung der Bestände mit zunehmender Wagenzahl, da dadurch niemals eine wirtschaftliche Ausnutzung der recht großen Kapazität eines solchen Lagers möglich wird.

Früher war mit dem Ersatzteillager ein recht erhebliches Risiko verbunden, da bei dem häufigen Wechsel der Typen und Konstruktionen die Läger der Gefahr der Überalterung unterlagen. Diese ist mit fortschreitender Normung und Typisierung geringer geworden. Das Ersatzteillager, früher ein heiß umstrittenes Problem, ist heute zum organischen Bestandteil des Kraftwagenhandelsbetriebes geworden.

5. Die Kapitalstruktur des Kraftfahrzeughandels.

Aus diesem Geschäftsaufbau ergibt sich zwangsläufig die Kapitalstruktur der Betriebe.

An der Kapitalausstattung gemessen ist der Kraftwagenhandel ein ausgesprochen mittelständisches Gewerbe. Als

Mindestkapital rechnet man für einen Betrieb ohne Reparaturwerkstatt (heute praktisch nur noch in der Großstadt möglich) 10 000,— RM., für einen solchen mit Reparaturwerkstatt 20 000,— bis 25 000,— RM. Tatsächlich ist der Betrieb mit 20 000—40 000,— RM. Kapital der am häufigsten vorkommende Typ (etwa 2000 Betriebe), doch finden sich auch, allerdings ganz wenig und angesichts des Wertes der gehandelten Ware und des Risikos zu Unrecht, Kleinbetriebe mit 3000—4000,— RM., während Großbetriebe selten sind. Es gibt nur 12 Betriebe der Kapitalklasse 200 000—500 000,— RM. und nur fünf mit mehr als einer halben Million Kapital. Gemessen an anderen Einzelhandelszweigen ist der Kapitalbedarf des Kraftfahrzeughandels nur gering und der Kapitalumschlag hoch, was vor allem durch das Fehlen der Lagerhaltungsfunktion bedingt ist. Nach Feststellungen des Statistischen Reichsamtes[8]) betrug das **Durchschnittskapital** der Betriebe 1935 bei einem Umsatz von

100 000—500 000 RM.	46 052 RM.
500 000—1 000 000 RM.	108 954 RM.
1 000 000—5 000 000 RM.	233 786 RM.

Folgende Kapital- und Lagerumschlagshäufigkeiten wurden erreicht:

Umsatz	Umschlagshäufigkeit des Kapitals	Lagers
5 000— 20 000	2,64	8,4
20 000— 50 000	3,00	10,6
50 000— 100 000	3,90	13,8
100 000— 500 000	5,30	16,7
500 000—1 000 000	6,7	18,8
1 000 000—5 000 000	6,7	19,8

Bei den von der Forschungsstelle für den Handel beobachteten Betrieben macht das Lager an neuen und gebrauchten Wagen nur etwa 6 % des Umsatzes aus. In den geringen Lager- und hohen Umschlagsziffern kommt besonders deutlich die Zwischenstellung zum Ausdruck, die der Kraftwagenhandel zwischen dem echten Handel und dem Vermittler bzw. Agenten einnimmt.

Investiert ist das Kapital vor allem in **Forderungen, Lager und Anlagen**. Die Bedeutung der drei Aktivposten verschiebt sich mit wachsender Betriebsgröße: in Kleinbetrieben entfällt ein ziemlich hoher Anteil auf Anlagen, vor allem auf die Reparaturwerkstatt, bei den größeren Betrieben erfordert dagegen die Absatzfinanzierung, dem höheren Umsatz entsprechend, den größeren Kapitalteil.

---

[8]) Sonderbeilage zu Wirtschaft und Statistik, 18. Jahrg. 1938 Nr. 3 und 1939 Nr. 3.

Die starke Kapitalbelastung der Kleinbetriebe durch die Reparaturwerkstatt ist durchaus erklärlich: die Reparaturwerkstatt bedarf einer maschinellen Mindestausstattung, deren Kapazität so hoch ist, daß sie auch den Bedürfnissen eines Mittelbetriebes noch genügen würde. Aus technischen Gründen müssen Klein- und Mittelbetriebe fast das gleiche Kapital in Reparaturwerkstätten investieren, mit der Folge, daß beim Kleinbetrieb die Kapazität nur ungenügend genutzt ist, was wiederum ungünstig auf die Kosten wirkt. Der Anteil der Anlagen am investierten Kapital sinkt von 21,1 % bei den Kleinst- auf nur 4,1 % bei den Großbetrieben (s. Tabelle S. 40.)

Umgekehrt verhält es sich mit den Forderungen. Diese steigen mit zunehmender Betriebsgröße nicht nur absolut, sondern auch relativ. Eine Ausnahme machen nur die Großbetriebe mit mehr als 5 Mill. RM. Umsatz. Doch ist dies u. E. eine Täuschung. Infolge der bei den Großbetrieben zur Anwendung kommenden mittelbaren Finanzierungsmethoden erscheinen die Forderungen nicht in den Bilanzen der Handelsbetriebe, sondern bei den ihnen angegliederten Finanzierungsgesellschaften oder Hausbanken.

Verhältnismäßig gleichmäßig ist der Anteil des Lagers am Gesamtvermögen. Er zeigt steigende Tendenz vom Klein- zum Mittel- und sinkende vom Mittel- zum Großbetrieb. Die Kleinbetriebe arbeiten ausschließlich mit Vorführwagen. Die Mittelbetriebe halten ein Lager an verkaufsbereiten Wagen, das aber weniger schnell umgeschlagen wird als bei den Großbetrieben mit Millionenumsatz.

Unter den deutschen Automobilhändlern sind etwa ein Viertel Eigenhändler in dem Sinn, daß sie auch ein Lager an Wagen unterhalten. Diese befinden sich alle in der Gruppe der Mittel- und Großbetriebe. Daher rührt hier der zunächst steigende und dann wieder degressiv verlaufende Lageranteil. Hierbei wirkt ferner der größere Bestand an Gebrauchtwagen mit, der bei den kleineren Betrieben ebenfalls keine erhebliche Rolle spielen dürfte.

Nachstehende Tabelle zeigt die Kapitalstruktur von 400 Betrieben, wie sie 1937 durch das Statistische Reichsamt ermittelt wurde. Da sich in der Zwischenzeit die Struktur des Kraftfahrzeughandels nicht wesentlich geändert hat, dürften die Zahlen auch heute noch ungefähr zutreffen[9]):

---

[9]) Wirtschaft und Statistik, 1939/3.

Umsatzklasse	Anlagen	Lager	Forderungen	Eigenkapital	Liefer.-Kredite	Dauerschulden	Lfd. Schulden
	in % der Aktiva			in % der Passiva			
20 000 — 50 000 RM.	18.2	30.7	29.2	37.8	24.4	19.9	19.5
50 000 — 100 000 RM.	14.3	32.9	31.2	38.8	27.2	17.1	11.1
100 000 — 500 000 RM.	8.5	37.7	34.0	39.7	26.5	15.9	12.0
500 000 — 1 000 000 RM.	6.7	41.3	32.4	40.2	28.2	12.0	12 8
1 000 000 — 5 000 000 RM	5.7	43.9	30.2	41.1	29.6	10.2	12.1
5 000 000 — 10 000 000 RM.	2.3	30.0	19.1	51.2	13.2	5.0	8.8

Der Kraftwagenhandel bedarf, wie alle Handelsbetriebe, in erster Linie Betriebs-, dagegen nur verhältnismäßig wenig Anlagekapital. Dem entspricht auch die Kapitalstruktur, die durch den sehr großen Anteil des Fremdkapitals auffällt. Vom Kapitalmarkt her gesehen scheint die starke Fremdfinanzierung berechtigt zu sein, denn die Kredite sind meist durch die Forderungen und das Lager gedeckt. Trotzdem muß festgestellt werden, daß die Ausrüstung mit Eigenkapital bei vielen Betrieben recht unzureichend ist, denn das Eigenkapital hat die wichtige Funktion, Störungen vom Betrieb fernzuhalten, die durch Absatzstockungen, Verluste usw. eintreten können. Das Bedürfnis nach Rücklagen für Krisenzeiten ist der zweite Bestimmungsgrund für die Höhe des Eigenkapitals. Es ist um so größer, je starrer das Kostengefüge und je stärker die Umsatzschwankungen sind. Eines größeren Eigenkapitals bedürfen vor allem auch jene Betriebe, die auf einen zeitlichen kalkulatorischen Ausgleich angewiesen sind: bei denen Perioden nicht vollgedeckter Kosten, in denen der Betrieb für die laufenden Zahlungen in Vorlage treten muß, mit solchen hoher Reinerträge wechseln. Beide Voraussetzungen treffen im Kraftfahrzeughandel zu: er ist konjunktur- und auch stark saisonempfindlich, und es kommen jedes Jahr Monate, in denen die laufenden Unkosten nicht aus den Umsätzen gedeckt werden können. Aus diesen Gründen erscheint die Eigenkapitalausrüstung vieler Betriebe als unzureichend, insbesondere was die absolute Höhe der vorhandenen Mittel betrifft. Der gute Geschäftsgang der letzten Jahre hat zweifellos zu verstärkter Kapitalbildung geführt, was ein Vergleich der Zahlen von 1935 und 1937 bestätigt. Bisher hat sich aber in Krisenzeiten immer ergeben, daß das Eigenkapitalpolster der Betriebe zu gering war, um längere Verlustperioden zu überstehen. Daher auch die ungewöhnlich hohe Konkursquote in diesem Handelszweig, insbesondere während der letzten Krise.

6. Die Kostenstruktur des Kraftfahrzeughandels.

Von entscheidender Bedeutung für die Krisenfestigkeit eines Wirtschaftszweiges und für den Ablauf einer Krise ist die Kostenstruktur der Betriebe. Je elastischer die Kosten, um so geringer die Wirkungen von Umsatzschwankungen auf Betrieb und Markt; je starrer das Kostengefüge, desto größer die Störungen, die durch rückläufigen Umsatz ausgelöst werden. Darum interessiert uns in diesem Zusammenhang die Kostenstruktur des Kraftfahrzeughandels nur, soweit in ihr die Ursachen zu sehen sind für die Störungen des Marktgeschehens, insbesondere die destruktive Konkurrenz, die später zum Erlaß der Marktordnung geführt haben.

Kostenuntersuchungen auf dem Gebiete des Kraftfahrzeughandels stoßen zur Zeit noch auf erhebliche Schwierigkeiten, da es an den notwendigen Unterlagen fehlt. Das Rechnungswesen des Einzelhandels, insbesondere seine Kostenrechnung, ist noch im Ausbau begriffen, und in den meisten Betrieben zur Zeit noch recht mangelhaft. Das gilt ganz besonders für einen Handelszweig wie den Kraftfahrzeughandel, der so stark auf der Grenze des Vermittlergewerbes steht, und der nicht einmal für Zwecke der Kalkulation einer ordnungsmäßigen Kostenrechnung bedarf, da er an der Preisbildung nicht beteiligt ist. Jedenfalls sind aus der Zeit vor 1933, die uns hier besonders interessiert, die Unterlagen sehr mangelhaft, und auch die später durchgeführten Erhebungen sind für unsere Zwecke nur wenig ergiebig. Als Quellen kommen vor allem in Frage:

1. eine Untersuchung des Statistischen Reichsamtes über Betriebsstruktur und Kostengestaltung im Kraftfahrzeuggewerbe, die 1935 und 1937 rd. 400 Betrieben durchgeführt wurde und
2. der Betriebsvergleich der Forschungsstelle für den Handel beim Reichskuratorium für Wirtschaftlichkeit.

Das Material beider Stellen hat den großen Mangel, daß es Untersuchungen über den Kostenverlauf während einer längeren Periode mit wechselnden Umsätzen kaum zuläßt. Bei der Untersuchung des Statistischen Reichsamtes handelt es sich um einmalige Erhebungen. Bei der Forschungsstelle für den Handel schwankt die Zahl der am Betriebsvergleich beteiligten Firmen sehr stark. Auch haben die untersuchten Betriebe so häufig gewechselt (viele Firmen sind eingegangen, andere haben die Berichterstattung während der Krise ganz oder teilweise eingestellt), daß die ermittelten Werte höchstens als Anhaltspunkte benutzt werden können.

Die Kostenstruktur eines Wirtschaftszweiges ist funktionenbedingt. Aus den Funktionen ergeben sich Art und Elastizität der einzelnen Kostenelemente. Schon bei der Untersuchung der Betriebsstruktur haben wir darauf hingewiesen, daß der Kraftfahrzeughandel nur einen Teil der üblichen Handelsfunktionen ausübt, vor allem: Verkauf, Werbung, Absatzfinanzierung, eine sehr begrenzte Lagerhaltung und als Zusatzfunktion die Durchführung von Reparaturen. Die Reparaturwerkstatt als Trägerin jener Zusatzfunktion sollte rechnungsmäßig von der Handelsabteilung getrennt gehalten werden, denn bei ihr unterliegen sowohl Beschäftigungs- als auch Kostenverlauf ganz anderen Einflüssen. Leider ist dies in der Mehrzahl der Betriebe nicht der Fall, so daß sich die

Kosten der Handelsfunktionen nicht ausgliedern lassen. Aus diesem Grunde sind z. B. die von der Forschungsstelle für den Handel und die vom Statistischen Reichsamt ermittelten Kostenzahlen nicht vergleichbar, da die Forschungsstelle für den Handel Handels- und Reparaturabteilung richtigerweise trennt, während das durch das Statistische Reichsamt verarbeitete Material eine solche Scheidung offenbar nicht zugelassen hat.

Entsprechend der geringen Zahl von Funktionen, die dem Kraftfahrzeughandel obliegen, sind *seine Kosten, gemessen am Umsatz, gering*, jedenfalls weitaus geringer als in allen anderen Einzelhandelszweigen. Sie bewegen sich nach Feststellungen der Forschungsstelle für den Handel bei normalen Beschäftigungsverhältnissen, wie wir sie etwa 1929 hatten und seit 1934 wieder haben, um 8—10 % vom Umsatz. Im übrigen Einzelhandel liegen sie, von wenigen Branchen mit sehr schnellem Lagerumschlag abgesehen, bei 20—30 % vom Umsatz. Nach Kostenhöhe und Kostenzusammensetzung zeigt der Kraftfahrzeughandel große Ähnlichkeit mit dem Großhandel. Doch wäre es trotzdem falsch, ihn dem Großhandel zuzurechnen, denn nach seiner Stellung in der Stufenfolge der Wirtschaft (er vertreibt Güter an letzte Verbraucher) ist er Einzelhandel.

(Die Kosten scheinen im Verhältnis zum Umsatz gering, im Verhältnis zur Handelsspanne sind sie aber doch recht hoch, so daß ein Nettoverdienst von nur 2 bis 2½ % verbleibt.)

Eine Analyse der Gesamtkosten nach *Kostenarten* ergibt für die Handelsabteilung etwa folgendes Bild (branchetypische Richtzahlen, von der Forschungsstelle für den Handel 1928 ermittelt, die aber, wie Nachprüfungen ergeben haben, nach Wiedereintritt normaler Absatzverhältnisse auch heute wieder typisch anzusehen sind):

Kostenarten in % der Gesamtkosten.

Löhne und Gehälter	33,3
Provisionen	5,6
Miete und Mietwert eigener Räume	7,5
Frachten, Porti, Transportspesen, die nicht rückvergütet werden	5,5
Licht, Kraft, Heizung	2,2
Steuern und Versicherung	6,4
Zinsen für Fremdkapital	7,6
Verluste an schlechten Zahlern	2,0
Unkosten aus Garantieverpflichtungen, die nicht rückvergütet werden	3,5
Reklame jeder Art	2,8
Vorführwagen	8,5
Sonstige Kosten	15,1
	100,00 %

Der entscheidende Kostenfaktor sind, entsprechend der überragenden Bedeutung der Verkaufstätigkeit, die Personalkosten, die etwa 40 % der Gesamtkosten ausmachen. Auch in der Reparaturwerkstatt liegt das entscheidende Gewicht bei den Arbeitskosten. Etwa 50 % der Gesamtkosten entfallen hier auf Löhne und Gehälter, weitere 37 % auf bezogene Ersatzteile, der Rest auf sonstige Kosten.

Weitere Kosten von einiger Bedeutung sind: Miete, die Kosten der Vorführwagen und Zinsen für Fremdkapital. Die Mietkosten sind, besonders in Großstädten, oft relativ hoch, da die Fabriken vom Handel die Unterhaltung ansehnlicher Ausstellungsräume in guter Lage verlangen. Das Handelsobjekt erfordert große Räume mit großen Schaufenstern, für die oft recht beträchtliche Mieten gezahlt werden müssen. In Klein- und Mittelstädten ist dagegen die Ausstattung der Verkaufsräume wesentlich bescheidener, was sich auf die Raumkosten günstig auswirkt.

Die Kosten der Vorführwagen, die hier mit 8½% der Gesamtkosten angegeben sind, vereinigen in sich verschiedene Elemente: sie sind ihrer Verursachung nach teils Reklamekosten, teils ersetzen sie die Kosten der Lagerhaltung, teils dienen sie der unmittelbaren Kundenwerbung. Es liegt hier ein typischer Fall der Kostensubstitution, des Ersatzes einer Kostenart durch eine andere vor, wie sie im Handel häufig zu finden ist.

Die Zinsen für das Fremdkapital, die die Richtzahlen mit 7,6 % der Gesamtkosten angeben, werden heute von der Forschungsstelle für den Handel nicht mehr gesondert erfaßt. Das Statistische Reichsamt kommt für 1935 zu wesentlich niedrigeren Ziffern, was einmal auf den gesunkenen Zinsfuß, zum anderen aber auch darauf zurückzuführen ist, daß bei seinen Untersuchungen die Reparaturwerkstätten, die wenig Fremdkapital benötigen, nicht ausgegliedert sind. Als Kostenelement spielen die Fremdkapitalzinsen heute keine entscheidende Rolle mehr, da sie im wesentlichen einen durchlaufenden Posten bilden. Die Zinsen der Kundenkredite werden nach der Marktordnung vom Käufer getragen. Vordem war es anders, da waren die Kreditkosten einer jener Posten, die beim Kampf um den Kunden besonders gern in die Waagschale geworfen wurden. Es hat Perioden gegeben, wo der Handel die damals sehr hohen Zinsen für langlaufende Abzahlungskredite in voller Höhe übernehmen mußte. Berücksichtigt man ferner die hohen Kosten, die dem Handel aus nicht rückvergüteten Transportspesen und Garantieverpflichtungen erwuchsen (zusammen 9 % der Gesamtkosten), so ersieht man allein aus diesen Zahlen, wie ungünstig seine Lage vor der Marktregelung auch bei normalen Absatzverhältnissen war.

So wichtig die absolute Höhe der Kosten eines Wirtschaftszweiges und ihre Zusammensetzung nach Kostenarten auch sein mag, für den einzelnen Betrieb sind zwei Dinge viel bedeutsamer:

1. die Höhe der eigenen Kosten im Vergleich mit dem branchetypischen Durchschnitt bzw. mit den Kosten der unmittelbaren Konkurrenz, soweit diese bekannt sind. Sie kennzeichnen die Stellung des Betriebes im Markt. Diese Frage interessiert uns in diesem Zusammenhang nicht;

2. die Elastizität der Kosten bei wechselnder Beschäftigung bzw. schwankendem Umsatz. Diese ist entscheidend für die marktwirtschaftliche Anpassungsfähigkeit der Betriebe und damit ihre Krisenfestigkeit.

Die Elastizität der Kosten ist abhängig 1. von der Zusammensetzung der Gesamtkosten nach Kostenarten. Aber die Elastizität der einzelnen Kostenarten ist durchaus keine absolute Eigenschaft der Art, sondern abhängig von den im Betrieb gegebenen Bedingungen, insbesondere 2. vom Zweck des Kosteneinsatzes und 3. von der Betriebsgröße.

Kosten, die ihrem Wesen nach veränderlich sind, bekommen den Charakter von festen Kosten, sobald die Funktion, zu deren Erfüllung sie aufgewendet werden, beschäftigungs- bzw. umsatzunabhängig ist, also auch bei rückläufiger Beschäftigung unvermindert aufrecht erhalten werden muß. Ein gutes Beispiel hierfür sind die Reklamekosten, die ihrer Zusammensetzung nach durchaus veränderlich sind, die aber trotzdem dem Umsatz nicht angepaßt werden können, da die Werbung unabhängig von der augenblicklichen Beschäftigungslage durchgeführt werden muß. Ist die funktionale Kostengruppe, der eine Kostenart angehört, unelastisch, dann verliert auch die Kostenart ihren veränderlichen Charakter und wirkt wie ein starres Kostenelement.

In ganz ähnlicher Weise kann die Betriebsgröße wirksam werden. Ein Betrieb, der sich der Mindestgröße nähert, hat ein unelastisches Kostengefüge, weil er bereits mit den kleinsten einsetzbaren Kosteneinheiten arbeitet, die auch bei rückläufiger Beschäftigung nicht mehr verringert werden können. In einem Ein-Mann-Betrieb z. B. können Personalkosten nicht mehr eingespart werden, weil ein Mann die Personal-Mindestbesetzung darstellt. So verhält es sich mit vielen Kosten im Kleinbetrieb. Sie sind in kleinsten Einheiten eingesetzt und können daher nicht weiter gesenkt werden.

Beide Voraussetzungen treffen im Kraftfahrzeughandel, wie überhaupt im Handel, in hohem Maße zu. Sie verleihen dem Kostengefüge eine Starrheit, wie man sie allein auf Grund der Kostenzusammensetzung nicht erwartet hätte. Den Beweis hierfür liefern die Kostenentwicklung seit 1931[10]) und das Beispiel auf S. 47.

Kostenentwicklung im Kraftfahrzeughandel.
(Ohne Reparaturwerkstätten.)

Jahr	Umsatz 1933=100	Gesamtkosten 1933=100	Gesamtkosten in % v. Umsatz
1931	—	134.6	20.15
1932	59	103.7	rd. 22.0
1933	100	100	10.7
1934	145	105/115	9.1
1935	175/185	115/125	8.8
1936	200 210	126/137	10.5*
1937	220/230	138/150	

*) Zunahme der berichtenden Betriebe.

Ursache der besonders großen Kostenstarrheit ist zunächst die geringe Größe der meisten Betriebe, die einen nachhaltigen Kostenabbau bei Rückgang des Umsatzes unmöglich macht. Die Mehrzahl der Betriebe bewegt sich an der Grenze der Mindestbetriebsgröße. Ein Betrieb, in dem der Inhaber mit einer Schreibkraft, einem Reparaturschlosser und einem Lehrling arbeitet, kann praktisch nicht mehr verkleinert werden. Seine Kosten sind, ganz gleich, wie der Umsatz sich gestaltet, fest. Und selbst wenn mehrere Verkäufer beschäftigt werden, so ist es nicht gut möglich, sie zu entlassen, denn die Kundenwerbung muß unbedingt weitergehen.

Die Mehrzahl der Betriebe liegt an dieser Untergrenze. Das ergibt sich schon aus den Umsatzzahlen. Auf jeden zugelassenen Händler entfiel ein durchschnittlicher Umsatz: 1935 von 28,48 Wagen, 1936 von 29,13 und 1937 von 34,29 Wagen, wobei allerdings bei den einzelnen Marken starke Unterschiede festzustellen waren. Die Streuung verlief 1935 zwischen 51,4 und 4,3 Wagen, und zwar betrug der durchschnittliche Umsatz bei Adler 27,8, bei DKW 21,7 und bei Wanderer 23,7 Wagen[11]). Die Zahl der wirklichen Großbetriebe ist gering. Nur etwa 12 Händler erreichten 1935 einen Umsatz von mehr als 1000 Wagen, darunter eine Berliner Firma 9000 und eine Hamburger 4000. Aber das sind ganz große Ausnahmen! Der typische Provinzhändler kommt kaum über einen, höchstens zwei Wagen im Monat, da läßt sich der Betrieb auch nicht wesentlich einschränken, wenn einmal in schlechten Zeiten nur jeden zweiten Monat ein Umsatz gelingt.

Zum Beweis dafür, wie starr die Kosten eines solchen kleinen Betriebes sind, geben wir nachstehend die Ertragsrechnung eines Handels-

[10]) Feststellungen der FfH.
[11]) Kraftverkehrswirtschaft 1936/32.

betriebes wieder, der als Spezialität Kleinwagen im Durchschnittswert von 2000,— RM. vertreibt. Er besitzt keine Reparaturwerkstatt und vertreibt auch keine Zubehörartikel. Wie nachstehende Zusammenstellung ergibt, sind in diesem Betrieb 80 % der Kosten absolut fix. Stellt man für den Inhaber einen Unternehmerlohn von 200,— RM. je Monat ebenfalls als fest in Rechnung (was durchaus berechtigt ist), so erhöht sich der Anteil der fixen Kosten auf 90 %. Von 20 461,— RM. Gesamtkosten sind 16 481,— RM. bzw. 18 881,— RM. absolut fest und können auch bei stärkstem Umsatzrückgang nicht gedrosselt werden.

Gewinn- und Verlustrechnung eines Kleinstbetriebes[12]).

(Jahresumsatz 160 000,— RM.)

Brutto-Umsatz 80 Kleinwagen, Durchschnittspreis 2000 RM. = 160 000 RM.
Durchschn. Brutto-Handelsspanne abzüglich Handelsabgabe 24 000,— RM.

Aufwand:			davon fest	
Ladenmiete	3 600,—	RM.	3 600,—	RM.
Personalkosten:				
1 Stenotypistin	1 800,—	"	1 800,—	"
1 Monteur	2 300,—	"	2 300,—	"
1 Bote	800,—	"	800,—	"
1 Hilfsverkäufer Fixum			1 200,—	"
+ 2 % Prov. auf 80 000 RM.	2 800,—	"		
Betriebsstoff für zwei Vorführwagen	1 080,—	"	1 080,—	"
Umsatzsteuer ¾% auf 80 000,— RM.	1 200,—	"		
Sonstige Steuern	1 200,—	"	1 200,—	"
Propaganda	2 080,—	"	2 080,—	"
Vermittlungsprovision auf 20 Wagen 2½%	1 000,—	"		
Versicherung für Laden	180,—	"	180,—	"
Versicherung für Wagen	360,—	"	360,—	"
Fernsprecher	600,—	"	600,—	"
Licht	271,—	"	271,—	"
Reinigung	260,—	"	260,—	"
Büromaterial	150,—	"	150,—	"
Instandhaltung	100,—	"	100,—	"
D.A.T.-Gebühren	80,—	"	80,—	"
Sonstiges	600,—	"	400,—	"
	20 461,—	RM.	16 481,—	RM.

Saldo zugunsten des Inhabers 3 539,— RM. = 295,— RM. pro Monat.

[12]) Nach Unterlagen des Reichsfachverbandes des Kraftfahrzeughandels und -gewerbes.

Die kleinen, aber auch die größeren Betriebe stehen den Umsatzschwankungen ziemlich machtlos gegenüber, ganz besonders dann, wenn es sich um kurzfristige Saisonschwankungen handelt, die im Kraftfahrzeughandel sehr ausgeprägt sind, wie nachstehende Zusammenstellung der Absatzveränderung zwischen Höhe- und Tiefpunkt der Saison in den Jahren 1929—1935 zeigt[13]).

Höhepunkt der Saison	Tiefpunkt im nachfolgend. Winter	Rückgang von Höhepunkt bis zum Tiefpunkt in %
	Personenwagen	
Mai 1929	Dezember 1929	rd. 72
Mai 1930	Januar 1931	rd. 80
Mai 1931	Januar 1932	rd. 84
Mai 1932	Januar 1933	rd. 60
Juni 1933	Februar 1934	rd. 52
Juni 1934	Januar 1935	rd. 41
	Lastwagen	
Mai 1929	Januar 1930	rd. 71
Mai 1930	Januar 1931	rd. 61
Mai 1931	Januar 1932	rd. 79
Juni 1932	Januar 1933	rd. 42
Mai 1933	Januar 1934	rd. 14
November 1934	Januar 1935	rd. 5
Mai 1934	Januar 1935	rd. 30

Von der Kostenseite her kann der Handel den Schwankungen nicht begegnen. Er muß vielmehr immer wieder versuchen, im Wege des kalkulatorischen Ausgleichs der Schwierigkeiten Herr zu werden, was für die Saisonschwankungen nicht allzu schwer ist, da sie einen regelmäßigen Verlauf zeigen. Die Überwindung der Konjunkturschwankungen dagegen ist ein Problem, das die Mehrzahl der Betriebe bisher nicht gelöst hat.

Die zweite Ursache für die Starrheit der Kosten des Kraftfahrzeughandels ist die Tatsache, daß die Tätigkeit des Handels, ganz besonders aber des Kraftfahrzeughandels, zu ganz wesentlichen Teilen in der Umsatzvorbereitung besteht. Der Kraftfahrzeughändler kann nicht warten, daß ein Käufer zu ihm kommt und sich von ihm die Wagen vorführen läßt, sondern er muß den voraussichtlichen Interessenten von sich aus ermitteln (die Suche nach dem unbekannten Kunden ist ein Problem besonderer Art), muß ihn zu gewinnen und zum Kauf zu überreden versuchen. Alle Auf-

[13]) Veröffentlichungen des Instituts für Konjunkturforschung 1935/36, Teil B. S. 48.

wendungen werden in der durchaus ungewissen Hoffnung auf einen voraussichtlichen Kaufabschluß gemacht. Entschließt sich der Kunde für eine andere Marke oder kauft er überhaupt keinen Wagen, so war aller Aufwand vergebens, und der Händler muß sehen, wie er seine Kosten bei anderen Abschlüssen wieder hereinbekommt. Bei einer solchen Vertriebstechnik ist es fast unmöglich, die Vertriebskosten dem Umsatz auch nur annähernd anzupassen. Bei erschwerten Absatzverhältnissen ist eine doppelt intensive Bearbeitung der Kunden erforderlich. Die Zahl zu bearbeitender Interessenten kann nicht herabgesetzt werden, denn es steht im voraus nie fest, welcher von ihnen wohl zum Käufer werden wird. Umsatzstille Zeiten bringen also kein Weniger an Arbeit und Kosten, sondern nur ein Sinken der Erfolgsquote bei der Kundenbearbeitung. Nur wenige der bearbeiteten Interessenten werden zu wirklichen Käufern.

In dieser *Voraufwendung der Kosten* liegt der Schlüssel zu dem ganz ungewöhnlich harten Kampf, der im Kraftfahrzeughandel um den einzelnen Kunden geführt wird, und für das häufige Ausarten in destruktive Konkurrenz. Jeder Händler wird versuchen, das Geschäft, für das er bereits erhebliche Kosten aufgewendet hat, unbedingt zu einem Kaufabschluß zu führen — selbst unter erheblichen Preisopfern. Wenn der Hauptteil der Kosten bereits voraufgewendet ist, liegt es nahe, daß der Händler im entscheidenden Moment zur *Teilkostenkalkulation* übergeht. Er betrachtet die bisher aufgewendeten Kosten als verloren und ist bereit, jeden Preis anzunehmen, der ihm wenigstens einen Teil davon rückvergütet. Diese Art der Preisstellung ist tragbar, wenn sie eine Ausnahme darstellt und das Zusatzgeschäft ohne erhebliche zusätzliche Kosten einen Beitrag zur Deckung wirklich fixer Kosten liefert.

Die Teilkostenkalkulation kommt in der Wirtschaft häufig zur Anwendung. Sie ist vor allem das Mittel, um bei überhöhten betriebsindividuellen Kosten den Anschluß an den Markt wiederzufinden. Sie kommt normalerweise nur bei Grenzbetrieben zur Anwendung, die mit Hilfe der Teilkostenkalkulation ihre Preise dem geltenden Preisniveau anpassen. So lange sie auf diesen Kreis und auf diesen Zweck beschränkt bleibt, ist sie marktwirtschaftlich irrelevant. *Wird dagegen die Teilkostenkalkulation von Betrieben mit normaler Kostenlage zu Wettbewerbszwecken verwendet, dann führt sie zu Preisunterbietung und Preisschleuderei*, und es entsteht die Gefahr einer ernsthaften Gefährdung des Preisniveaus und damit der Rentabilität aller Betriebe des betreffenden Wirtschaftszweiges.

Besonders gefährlich ist erfahrungsgemäß die Teilkostenkalkulation in Wirtschaftszweigen mit hohen fixen Kosten, da hier einmal die Neigung zu ihrer Anwendung sehr groß ist und zum anderen die Preise, einmal ins Gleiten gekommen, keinen Halt mehr finden, weil die Grenzkosten ganz niedrig liegen. Die Folge sind völlig gestörte Marktverhältnisse, deren Ordnung nur durch äußere Eingriffe: Kartellierung, Erlaß von Kalkulationsvorschriften oder sonstigen marktordnenden Bestimmungen wieder hergestellt werden können. Aus der Geschichte der Marktzusammenschlüsse ließen sich hierfür zahllose Beispiele anführen. Eines davon, und zwar ein besonders beweiskräftiges, ist der Kraftfahrzeughandel.

Unter dem Druck der schwierigen Absatzverhältnisse, der starren und der voraufgewendeten Kosten, hatte der Handel aufgehört, ordnungsgemäß zu kalkulieren. Er hat die von der Industrie vorgeschlagenen und den tatsächlichen Kosten entsprechenden Preise unterboten, wobei ihm immer Ideen der Teilkostenkalkulation und des relativen Gewinnes vorschwebten. Er hat dabei aber erstens übersehen, daß die Teilkostenkalkulation, von allen und auf die Dauer geübt, sinnlos wird, da sie die Preise auf ein Niveau drückt, das unter den Kosten auch der besten Betriebe liegt, also allen Verluste bringt, und zweitens vergessen, daß die Teilkostenkalkulation unbedingt eines kalkulatorischen Ausgleiches bedarf — sei es in der Zeit (Ausgleich der saisonbedingten Verluste während des Jahres, schlechte und gute Jahre im Konjunkturzyklus), sei es innerhalb des Betriebes zwischen den Betriebsteilen. Beide Voraussetzungen waren im Kraftfahrzeughandel nicht gegeben, weshalb die Teilkostenkalkulation mit ihren dauernd ungedeckten Kostenresten zwangsläufig zum Zusammenbruch der Betriebe führen mußte.

Ganz gefährlich aber sind Preisunterbietungen auf der Basis der Teilkostenkalkulation besonders dann, wenn die unterbotenen Preise Listen-, Markenartikel- oder andere allgemein bekannte Preise sind. Dann wird jene Marktsituation geschaffen, bei der der freie Wettbewerb versagt, und nur eine auf die besonderen Störungsfaktoren des Marktes ausgerichtete Marktordnung wieder normale Verhältnisse herbeiführen kann. Auch für den Kraftfahrzeughandel bedeutete die Marktordnung die letzte Rettung.

7. Die Absatzgestaltung seit 1925 und ihr Einfluß auf die Wettbewerbslage.

Bevor wir im einzelnen darauf eingehen, zu welchen Formen der Marktstörungen die unvollständige Konkurrenz auf dem Kraftfahrzeugmarkt geführt hat, möchten wir zum besseren Verständnis noch einen ganz kurzen Überblick über die Absatzgestaltung im letzten Jahrzehnt geben, denn zweifellos wäre die Unvollkommenheit der Marktorganisation nicht so katastrophal in Erscheinung getreten, hätte nicht eine Wirtschaftskrise ganz ungeheueren Ausmaßes alle Mängel in vielfacher Vergröberung zu Tage treten lassen.

In einer sich fortentwickelnden Wirtschaft werden Fehler in der Struktur der einzelnen Märkte von dem aufwärts gerichteten Trend häufig überdeckt. Erst beim Rückschlag der Konjunktur machen sie sich bemerkbar. So war es auch in Automobilindustrie und -handel.

Die eigentliche Motorisierung des Verkehrs begann nach dem Kriege auf der Grundlage der von der Front zurückgeführten Heereskraftwagen und zeigte bis 1925 einen, wenn auch nicht gleichmäßigen, so doch stets aufwärts gerichteten Trend. Der erste Rückschlag erfolgte 1926, als der innerdeutsche Absatz um etwa 30 % sank. Schon damals traten im Handel gewisse Schwierigkeiten auf. Klagen über das „Ausspannen" von Kunden, Preisunterbietung und vor allem Überbewertung von Altwagen mehrten sich, ohne daß schon damals erkannt wurde, daß es sich hierbei um Folgeerscheinungen einer falschen Marktorganisation handelte. Die Kritik richtete sich damals vor allem gegen die Bindung der Händler an eine bestimmte Automobilfirma, da sie dem Handel die Umstellung auf die in der Krise stärker gefragten kleineren und billigeren Wagen unmöglich machte. Hier zeigte sich auch zum erstenmal die schicksalhafte Abhängigkeit des Handels von der Preis- und Produktionspolitik der Industrie. Die Händler jener Fabriken, die sich der veränderten Nachfrage durch Umstellung des Produktionsprogrammes unverzüglich anpaßten, konnten ihren Umsatz halten oder ihn sogar steigern. Bei den anderen trat eine unaufhaltsame Kundenabwanderung ein, der sie durch eigenmächtige Preissenkungen, durch Unterschreiten der Listenpreise, zu begegnen versuchten. In der Krise von 1926 kam es zum erstenmal zu Preisunterbietungen größeren Umfanges.

Damals sah man die Lösung des Problems noch in der Schaffung eines wirklich selbständigen Handels, wobei nicht klar zu erkennen ist, ob man hoffte, den Handel auch stärker in die Preisbildung einschalten zu können, um ihm so zu vollen Händlerfunktionen zu verhelfen. Man hat das Problem zweifellos damals in seinem vollen Umfang noch nicht erkannt, denn die Krise war nur kurz und dadurch weniger schwer.

1927 und 1928 waren für die Kraftfahrzeugindustrie bereits wieder gute Absatzjahre, denn der Umsatz, der 1926 auf 312 Mill. RM. gesunken war, stieg wieder auf fast das Doppelte.

Der wirkliche Umschwung setzte erst mit der Krise von 1929 ein. Trotzdem möchten wir unsere Betrachtung bis zum Jahre 1925 zurückführen — aus zwei Gründen:

1. in diesem Jahr war die Entwicklung des Automobilhandels so weit gediehen, daß man von einem selbständigen Handelsstand

(im Gegensatz zum früheren Fabrikvertreter) und auch zahlenmäßig von einen vollgültigen Handelszweig sprechen kann[14]).

2. 1925, 1927 und 1928 werden allgemein als Normaljahre für den Kraftfahrzeughandel angesehen, in denen vor allem das Verhältnis von Betriebskapazität und Umsatz noch ein angemessenes war. Deshalb sind auch wir bei der Darstellung der Umsatzentwicklung von 1925 ausgegangen.

Folgende Tabelle zeigt die Umsatzentwicklung seit 1925[15]).

---

[14]) Genaue Angaben über die Zahl der damals tätigen Händler fehlen, doch schätzt man ihre Zahl auf Grund des Mitgliederbestandes des Deutschen Automobilhändlerverbandes auf etwa 4000—4500.

[15]) Zusammengestellt nach Tatsachen und Zahlen aus der Deutschen Kraftverkehrswirtschaft. Jahrgänge 1926—1937.

Absatz an Kraftfahrzeugen in Deutschland 1925—1938.

(Altes Reichsgebiet)

Jahr	Inlandsabsatz d. Deutschen Automobilindustrie						Einfuhr nach Deutschland						Gesamtabsatz an neuen Personen-, Lastwagen und Krafträdern	
	Krafträder		Personenwagen		Lastwagen		Krafträder		Personenwagen		Lastwagen			
	1000 Stück	Mill. RM.	1000 Stück	Mill. RM.	1000 Stück	Mill. RM.	1000 Stück	Mill RM.	1000 Stück	Mill. RM.	1000 Stück	Mill. RM.	Mill. RM.	1925=100
1925	49.8	50.8	36.2	287.3	8.7	100.7	4.1	4.2	9.5	56.8	2.1	7.0	506.8	100
1926	45.7	43.8	30.8	164.0	4.9	54.0	3.9	3.9	9.7	43.4	1.7	3.9	313.0	61.6
1927	80.8	75.8	80.6	370.3	8.1	80.6	6.2	5.9	11.3	57.0	0.6	1.4	591.0	116.6
1928	141.7	123.1	97.0	431.7	19.5	127.0	9.2	8.5	18.3	70.5	0.2	1.0	761.8	154.5
1929	188.7	149.3	88.6	367.3	14.2	107.3	7.7	7.4	14.5	47.6	0.3	2.1	681.0	134.5
1930	105.3	87.7	72.6	274.1	10.0	70.3	4.5	4.0	12.6	30.8	0.4	2.0	468.9	92.6
1931	65.3	51.6	51.3	170.0	7.9	44.9	1.8	1.6	3.3	14.0	0.1	1.1	283.2	56.0
1932	36.7	23.5	37.2	114.0	4.5	24.3	0.9	0.7	2.6	6.8	0.2	0.6	169.9	33.5
1933	40.6	27.0	81.7	224.5	7.2	44.7	0.6	0.4	2.4	5.8	0.3	0.6	303.0	59.9
1934	76.5	48.6	133.3	361.0	24.3	149.7	0.4	0.2	5.0	8.7	0.5	0.7	568.9	112.4
1935	109.7	69.6	184.0	494.2	35.3	237.9	0.2	0.1	7.4	8.6	0.1	0.5	810.9	160.2
1936	129.2	77.8	210.7	531.4	47.5	278.6	0.2	0.2	6.6	5.3	0.06	0.4	893.7	176.6
1937[16])	148.2	94.4	210.1	631.8	49.2	320.4	0.3	0.2	7.6	6.5	0.005	0.1	1047.5	206.9
1938[17])	154.1	94.6	211.4	654.8	49.9	344.1	0.3	0.2	2.3	2.2	2.6	28.6	1124.5	222.1

[16]) Wirtschaft und Statistik 1938/3 Sonderbeilage.

[17]) Wirtschaft und Statistik 1939/3 Sonderbeilage. Einfuhrwerte geschätzt auf Grund der durchschnittlichen Werte 1935, 1936, 1937.

Aus der Tabelle ergibt sich, daß der Umsatz der Deutschen Automobilindustrie von 1925 bis 1932 vom ersten Normaljahr bis zum Krisentiefpunkt auf etwa ein Drittel sank (von 506,8 Mill. auf 169,9 Mill. RM.). Nimmt man das Bestjahr vor dem Kriseneinbruch als Ausgangspunkt, so ergibt sich ein Umsatzrückgang von fast 80 % (1928 = 761,8 Mill.; 1932 = 169,9 Mill. = 79 %).

Da sich die Betriebskapazität der vorhandenen Betriebe nicht wesentlich verkleinern ließ[18]), sank ihre Betriebsausnutzung in gleichem Umfang. In den Krisenjahren dürfte sie, bei Mitberücksichtigung des Gebrauchtwagen- und Reparaturumsatzes, kaum mehr als 35 % der Normalbeschäftigung betragen haben.

Das Gebrauchtwagengeschäft, das mit Verschlechterung der Wirtschaftslage an absoluter und relativer Bedeutung gewann[19]), wäre vielleicht geeignet gewesen, das Gesamtgeschäft zu stützen, aber hier war die Preisentwicklung unter dem Druck der ungeregelten Konkurrenz eine so ungünstige, daß der Gebrauchtwagenumsatz nicht nur als Kostenmitträger ausfiel, sondern sogar zu einer zusätzlichen Verlustquelle wurde.

Bei der geringen Elastizität der Kosten des Kraftwagenvertriebes mußte dieser außergewöhnliche Umsatzrückgang für die Betriebe zu katastrophalen Folgen führen. Nicht nur, daß sich eine auch nur annähernde Anpassung der Kosten an die gesunkenen Umsätze als völlig unmöglich erwies, das erschwerte Geschäft erforderte sogar zusätzlichen Aufwand, da die Kundenwerbung immer schwieriger wurde. So stiegen z. B. bei den von der IfK beobachteten Betrieben, deren Normalkostenbelastung vordem bei etwa 10 % lag, die Kosten 1931 und 1932 auf etwa 20 % vom Umsatz. Bedenkt man, daß die durchschnittlichen Handelsspannen für Neuwagen 15—18 %, selten 20—25 % betrugen[20]), die Kalkulationssätze im Gebrauchtwagengeschäft noch niedriger waren und die vielleicht etwas günstiger liegenden Zubehörartikel nicht ins Gewicht fielen, so ist es verständlich, daß nur eine ganz kleine Anzahl von Handelsbetrieben diese jahrelange Verlustperiode überstanden hat.

---

[18]) Wir haben schon darauf hingewiesen, daß besonders die große Zahl der Kleinbetriebe, die sich an der Grenze der Mindestbetriebsgröße bewegen, der Anpassung hindernd im Wege standen.

[19]) 1932 wurden nach Feststellung des IfK auf einen neuen, durchschnittlich vier Gebrauchtwagen umgesetzt.

[20]) Davon gingen noch die in der Krise ebenfalls überhöhten Vermittlerprovisionen von mindestens 2½% ab, ebenso die dem Kunden zu Lasten der Handelsspanne eingeräumten Preisnachlässe, so daß die Durchschnittshandelsspanne bei Neuwagen 12 %, höchstens aber 15 %, betragen haben dürfte.

Nachstehende Tabelle zeigt die Kostenentwicklung bei den von der FfH erfaßten Betrieben. Die Tabelle hat aber nur Veranschaulichungswert und soll lediglich die Tendenzen der Entwicklung zeigen. Zahl und Zusammensetzung der berichtenden Betriebe hat gerade in kritischen Jahren so häufig gewechselt, daß weitergehende Schlüsse aus den Zahlen nicht gezogen werden können.

Entwicklung von Umsatz und Kosten im Kraftfahrzeughandel 1931—1937.

Jahr	Umsatz 1933=100	Gesamtkosten 1933=100	Gesamtkosten	Personalkosten	Miete o. Mietwert	Reklame	Sonstige Kosten
			in von Hundert des Umsatzes				
1931	–	134 6	20.15	4.6	2.1	0.7	8.07
1932	59	103.7	rd. 22.—	—	—	—	—
1933	100	100	10.7	4.3	1.1	0.3	5.0
1934	145	105 –115	9.1	3.5	0,6	0.3	4.7
1935	175–185	115 –125	8.8	3.9	0.6	0.4	3.9
1936[21])	200–210	126.5–137.5	10.5	4.3	0,6	0 4	5,7
1937	220 – 230	137.8–150					

1929 und 1930 hat der Handel vor allem versucht, durch gesteigerte Intensität der Kundenbearbeitung seinen Umsatz zu halten, erst 1931 beginnt er mit dem Kostenabbau, um ihn dann 1931/32 energisch fortzusetzen. Obgleich es ihm gelang, 1931/32 die Kosten um etwa ein Viertel und 1932/33, als der Umsatz schon wieder anstieg, um weitere 20 % zu senken, war es ganz unmöglich, die Kapazität auch nur annähernd dem geschrumpften Umsatzvolumen anzupassen. Wie groß die Überkapazität tatsächlich war, geht am besten daraus hervor, daß nach Überwindung der Krise die Betriebe fast das dreifache Umsatzvolumen mit dem gleichen Aufwand an Kosten bewältigen konnten. Der um etwa 10 % gestiegene Umsatz von 1933 wird mit absolut sinkenden Kosten getätigt. 1934 verdreifacht sich der Umsatz, ohne daß dadurch nennenswerte Mehrkosten ausgelöst werden, auch 1935, mit einem gegenüber 1932 fast vervierfachten Umsatz, zehrt noch an unausgeschöpften Degressionsreserven und bringt, bei absolut langsam ansteigenden Kosten, sinkende Kostenkoeffizienten. 1936 erscheint allerdings bei der Mehrzahl der Betriebe das Kostenoptimum erreicht zu sein. Die Kosten steigen etwa proportional zum Umsatz, und bei einer ganzen Reihe von Betrieben vollzieht sich sogar eine Kostenkehre — die Umsatzbelastung steigt etwas an.

[21]) Ab 1936 ist die Zahl der am Betriebsvergleich beteiligten Firmen beträchtlich gestiegen. Das Statistische Reichsamt kommt hinsichtlich der Kostenzusammensetzung für 1937 zu ähnlichen Werten. Vergl. Wirtschaft und Statistik 1939/3 Sonderbeilage.

Das ist vor allem auf eine gewisse Erschwerung des Absatzes zurückzuführen. Wenn der Markt einen bestimmten Sättigungsgrad erreicht hat, dann wird es immer schwerer, neue Kunden zu gewinnen, und vor allem erfordert die Betreuung dieser der Motorisierung fernerstehenden Käuferkreise höhere Aufwendungen. Hier wird das alte Kostengesetz der Werbung, daß der letzte Kunde der teuerste ist, wirksam. Es erhebt sich dann die Frage nach der Wirtschaftlichkeitsgrenze weiterer Kundenwerbung. Diese zu finden, ist gerade beim Kraftfahrzeughandel, bei dem die individuelle Kundenbearbeitung eine so große Rolle spielt, außerordentlich schwer. Die „vorgeleisteten Kosten" verleiten häufig dazu, die Werbung auch dann fortzusetzen, wenn schon zu erkennen ist, daß bei dem betreffenden Kunden Verkaufsaufwand und Umsatzerfolg voraussichtlich in keinem angemessenen Verhältnis stehen werden. Die Planung jedes einzelnen Geschäftes ist daher von entscheidender Bedeutung, und der Kraftwagenhändler wird der erfolgreichste sein, der intuitiv erfühlt, welche Absatzchance im einzelnen Fall gegeben ist.

Nicht die Zahl der bearbeiteten Kunden, sondern die Zahl der abgeschlossenen Geschäfte machen den Erfolg aus. Dieses Verhältnis wird durch die Wirtschaftslage stark beeinflußt. 1931 erzielten die von der FfH beobachteten Großbetriebe (mit mehr als 500 000,— RM. Umsatz) je beschäftigte Person einen Jahresumsatz von 33 450,— RM., 1934 von 70 000,— RM., 1935 von 80 000,— RM. und 1936 sogar von 88 000,— RM. Seitdem ist, entsprechend der Marktsättigung, die Kopfquote wieder leicht gesunken.

Die Entwicklung nach 1933 zeigt besonders deutlich, wie ungeheuer schwer der Druck der ungedeckten Kosten in den Krisenjahren auf dem Kraftfahrzeughandel gelastet hat. Es ist daher nicht verwunderlich, daß eine so große Zahl von Betrieben zusammengebrochen ist und der Rest jedes Geschäft um jeden Preis zu machen versuchte.

Da die Handelsbetriebe der Kraftfahrzeugwirtschaft fast ausschließlich Personalgesellschaften sind, fehlt es an exakten Unterlagen über das Ausmaß der Verluste, aber in Fachkreisen ist man der Ansicht, daß von den rund 6000 Betrieben, die schätzungsweise 1928 bestanden, kaum 1000 die Krise überstanden haben. Die anderen sind entweder zusammengebrochen, haben freiwillig liquidiert oder sind in andere Hände übergegangen. Der Ausscheidungsprozeß ist durch das Einströmen neuer Händler vielfach überdeckt worden. Es ist eine typische Erscheinung der modernen Wirtschaftskrisen, daß in der Baisse die Zahl der Händler, insbesondere der Einzelhändler, zunimmt, da Arbeitslose anderer Wirtschaftszweige versuchen, sich im Handel eine neue Existenz zu schaffen. Dieses dauernde Neuzuströmen von Händlern verschärft die Krise durch Verhinderung der Kapazitätsanpassung an den gesunkenen Bedarf.

Im Kraftwagenhandel trifft hierbei die Industrie eine gewisse Mitschuld. Ohne Rücksicht auf das gesunkene Umsatzvolumen war sie immer bestrebt, für jeden ausscheidenden Händler einen Ersatz zu finden. Die Industrie glaubte fälschlicherweise, daß die Umsatzhöhe von der Zahl der die Marke vertretenden Händler abhinge. Dabei übersah sie, daß ein übersetzter und schwacher Handel weniger leistungsfähig ist, und daß bei der herrschenden Marktorganisation die Verluste zusammenbrechender Handelsfirmen zwangsläufig auf die Industrie zurückfallen: als uneinbringliche Warenforderungen, aber auch als Indossamentsverbindlichkeiten aus Kundenwechseln (Refinanzierung der Kundenwechsel des Handels durch oder mit Hilfe der Industrie). Die hohen Debitorenverluste, die wie vorauszusehen war, auch tatsächlich eintraten, haben die Automobilindustrie stark geschwächt und nicht unwesentlich zum Zusammenbruch zahlreicher Industriefirmen mit beigetragen.

Aber zunächst waren es vorwiegend Handelsbetriebe, die der Krise erlagen. Bereits 1928 bis 1930, als die Absatzstockung erst begann größeren Umfang anzunehmen, sind von den Mitgliedern des Reichsverbandes des Kraftfahrzeughandels und -gewerbes 636 wegen Geschäftsaufgabe ausgeschieden, und zwar 156 durch Konkurs und 480 durch freiwillige Liquidation. Der Abgang belief sich schon damals auf etwa 14 % des Mitgliederbestandes. Berücksichtigt man dabei, daß dem Reichsverband vor allem die größeren und gut geleiteten Betriebe angehörten, so kommt man zu dem Ergebnis, daß der Prozentsatz der schon in der ersten Phase der Krise zusammengebrochenen Handelsfirmen wahrscheinlich noch höher war. Das ist allerdings nicht nur eine Folge des starken Umsatzrückganges, sondern auch der ungenügenden finanziellen Fundierung der Betriebe und der niedrigen Handelsspanne des verbleibenden Umsatzes infolge der Preisschleuderei.

Nach Schätzungen des Reichsverbandes des Kraftfahrzeughandels soll die durchschnittliche monatliche Konkurshäufigkeit 1925 bis 1929: 7, 1929: 10 und 1931 sogar: 13,5 Betriebe betragen haben, eine in Anbetracht der geringen Zahl der Händler ganz ungewöhnlich hohe Quote.

Für die Jahre 1931—1936 hat das Statistische Reichsamt eine Spezialuntersuchung über die Konkurse und Vergleichsverfahren in Automobilindustrie und -handel angestellt, die nachstehendes Ergebnis hatte:

Konkurse und Vergleichsverfahren in Automobilindustrie und -handel.

Art des Unternehmens	1931			1932			1933			1934			1935			1936		
	K	V	K + V	K	V	K + V	K	V	K + V	K	V	K + V	K	V	K + V	K	V	K + V
Herstellg.	10	2	12	7	6	13	4	2	6	4	2	6	4	1	5	2	1	3
Handel	130	32	162	65	22	87	22	4	26	11	1	12	10	—	10	8	—	8
zus.	140	34	174	72	28	100	26	6	32	15	3	18	14	1	15	10	1	11

K = Konkurs, V = Vergleichsverfahren.

Für den Kraftfahrzeughandel ist 1931 das kritische Jahr mit den meisten Zusammenbrüchen, 1932 waren die schwächsten Betriebe bereits ausgeschieden, den anderen war es einigermaßen gelungen, die Kosten den verminderten Umsätzen anzupassen. Vielleicht war man auch in der Geschäftsgebarung etwas vorsichtiger geworden, so daß die Verluste aus Kundenkrediten geringer wurden.

In der Automobilindustrie sind ebenfalls 1931 und 1932 die eigentlichen Krisenjahre, doch sind auch 1934 und 1935 die Zusammenbrüche noch zahlreich. Betriebe mit großem Anlagekapital halten sich erfahrungsgemäß länger im Markt, da sie bei Verlusten lange Zeit von der Substanz zu zehren vermögen. So zog sich der Vereinigungsprozeß in der Automobilindustrie länger hin als im Handel.

Aber grundsätzlich bedeutet für die Kraftverkehrswirtschaft 1933 die entscheidende Wende. Mit der vom Führer auf der Automobilausstellung 1933 ausgegebenen Motorisierungsparole stieg der Kraftwagenabsatz schlagartig an. Die Entlastung von der Umsatzseite her wurde durch die 1934 geschaffene Marktordnung, die geordnete Preis- und Wettbewerbsverhältnisse brachte, wirkungsvoll unterstützt.

Seit 1934 ist die Konkursquote, insbesondere im Handel, nur noch minimal, niedriger als in den meisten anderen Handelszweigen, denn man muß berücksichtigen, daß sich die Insolvenzzahlen 1931/33 auf etwa 3000, 1936 aber auf fast 8000 Betriebe beziehen. *1931 entfielen auf 1000 Betriebe 54 Zusammenbrüche, 1936 dagegen nur noch ein einziger Konkurs.*

Die zahlreichen Insolvenzen im Handel blieben *nicht ohne Rückwirkungen auf die Industrie* und trugen dort zur Verschärfung der Krise nicht unwesentlich bei. Auch die Industrie litt stark unter der Wirtschaftskrise, vor allem unter dem Umsatzrückgang mit allen seinen Folgen für Kapazitätsausnutzung und Kostengestaltung, ferner unter Finanzierungsschwierigkeiten, Preisdruck und anderen Krisenerscheinungen[22]).

Da bedeutete es für die Industrie einen schweren Schlag, daß der Handel so vollkommen versagte und sie mit zusätzlichen Verlusten belastete. 1929 bis 1931 finden sich in den Gewinn- und Verlustrechnungen der Automobilindustrie Abschreibungssätze für Debitoren zwischen 20 und 25% der Außenstände.

Hierzu kamen Refinanzierungsschwierigkeiten für Kraftfahrzeug-Ratenzahlungswechsel. Wegen des hohen Risikos, das mit dem uneinheitlichen und damals sehr unsicheren Wechselmaterial verbunden war, lehnten die Banken dem Handel vielfach die Rediskontierung ab. Die Industrie mußte gezwungenermaßen einspringen: durch Hergabe des Giros oder unmittelbar durch Rediskontierung, wodurch ihr Risiko weiter stieg. Dies alles bedeutete eine beträchtliche Schwächung der Widerstandskraft der Industrie.

Es ist daher verständlich, daß auch in der Kraftfahrzeugindustrie die Zusammenbrüche sehr zahlreich waren. 1925 bestanden 235 Automobilfabriken. Von ihnen waren 1934 nur noch 102 vorhanden, 133, also mehr als die Hälfte, waren verschwunden, und zwar 80 durch Konkurs und zwangsweises Liquidieren bzw. Fusionieren, der Rest durch freiwilliges Ausscheiden. Die Zusammenbrüche betrafen durchaus nicht immer kleine, wenig leistungsfähige Werke. Unter den Insolvenzen befinden sich 21 Betriebe mit mehr als 100 000,— RM. Kapital.

---

[22]) Über die Produktionsentwicklung (in 1000 St.) gibt nachstehende Tabelle Auskunft:

	Personenkraftwagen	Lastkraftwagen	Krafträder
1928	108.1	29.8	162.2
1929	96.3	41.6	201.0
1930	77.3	18.7	104.4
1931	62.6	15.0	95.5
1932	43.4	8.2	47.2
1933	92.2	13.3	53.5
1934	147.7	27.3	100.0
1935	205.6	41.5	129.7
1936	244.6	57.4	160.2
1937	264.6	62.5	163.7
1938	269.0	62.4	159.8

nach Sonderbeilage zu Wirtschaft und Statistik: 18. Jahrgang Nr. 9: Deutsche Wirtschaftszahlen 1928—1937.

Aber auch jene Betriebe, die die Krise überdauerten, erlitten ganz ungewöhnlich hohe Verluste. Nach Feststellungen des Statistischen Reichsamtes überstiegen in der deutschen Automobilindustrie 1928 bis 1934 die Verluste regelmäßig die Gewinne. Im Zeitraum von 6 Jahren wurden etwa 55 % des in der Automobilwirtschaft ausgewiesenen Eigenkapitals verloren. Die Entwicklung der Ertragslage zeigt nachstehende Bilanzstatistik[23]).

Wirkung der Wirtschaftslage auf das Geschäftsergebnis der deutschen Kraftfahrzeugindustrie 1928—1936.

Jahr	Zahl der erfaßten Gesellschaften mit		Jahres-		Saldo aus Gew. u. Verlust in % d. bilanzmäß. Eigenkap.	Dividende	
	Gewinn	Verlust	Gewinn	Verlust		in Mill. RM.	in % des dividendenberecht. Kapitals
			in Mill. RM.				
1928	10	4	7.1	16.4	./. 5.25	3.2	2 19
1931	3	13	0.2	42.2	./. 17.59	0.1	0.07
1932	2	13	0.9	25.5	./. 11.15	0.9	0.43
1933	8	7	8.2	23.1	./. 6.48	1.2	0.72
1934	12	3	21.6	0.7	./. 11.57	2.6	1.57
1935	14	—	17.1	—	+ 14.38	7.9	4.51
1936	13	1	29.5	—	+ 14.18	9.1	5.02
1937	14	—	20.0	—	+ 8.46	9.4	5.00

Dieser skizzenhafte Rückblick auf die Krise in der Kraftfahrzeugindustrie sollte lediglich dazu dienen, Ausmaße und Schwere der damaligen Wirtschaftsstörungen ins Gedächtnis zurückzurufen. Uns interessieren diese Vorgänge hier nur, so weit sie die Wettbewerbslage auf dem Kraftfahrzeugmarkt beeinflußt haben. Rückwirkungen zeigten sich in folgenden Punkten:

1. Die ungenügende Beschäftigung der Kraftfahrzeugindustrie verstärkte deren Absatzbedürfnis und veranlaßte sie, einen starken Verkaufsdruck auf den Handel auszuüben, was sich beim selbständigen Handel und dem Werkshandel in gleicher Weise bemerkbar machte. Der Werkshandel mußte für möglichst hohe Absatzziffern der Werksproduktion besorgt sein. Der selbständige Handel hatte feste Abschlüsse über bestimmte jährlich zu erfüllende Abnahmen und mußte bestrebt sein, diese Fahrzeuge, selbst unter den ungünstigsten Konjunkturverhältnissen, unter allen Umständen abzusetzen. Die damit sowohl im Werkshandel als auch im selbständigen Handel gegebene Lage wurde zunächst von einzelnen verantwortungslosen Elementen, dann aber unter dem Druck der dadurch gegebenen Wettbewerbsverhältnisse allgemein zum Anlaß wachsender Preisunterbietungen.

---

[23]) Wirtschaft und Statistik, 1938/9, Sonderbeilage: Deutsche Wirtschaftsschaftszahlen von 1928—1937 und 1939/3: Die Dtsch. Kraftverkehrswirtschaft 1938.

2. In Verlauf der weiteren Entwicklung sah sich die Industrie gezwungen, auch dem Handel Sonderrabatte einzuräumen, um ihn in die Lage zu versetzen, der Konkurrenz der Fabrikverkaufsstellen zu begegnen und nun seinerseits von den Listenpreisen abzuweichen. Damit legalisierte die Industrie die Preisunterbietung als Mittel des Wettbewerbes[24]);

3. Der Zusammenbruch zahlreicher Automobilfabriken führte zu einer Überschwemmung des Marktes mit „Auslaufmodellen“, die, vielfach in der Hand der Gläubiger, zu Schleuderpreisen angeboten wurden und das reguläre Kraftwagengeschäft auf das empfindlichste störten.

4. Die Liquidation jeder Automobilfabrik vernichtete zugleich auch die Existenz zahlreicher Händler, die versuchten, ihre Bestände an Wagen und Ersatzteilen zu jedem Preis zu liquidieren, was einem neuen Preisdruck gleichkam.

5. Die Lagerbestände der insolvent gewordenen Handelsbetriebe kamen ebenfalls zu irregulären Preisen auf den Markt und drückten das Preisniveau der Neu- und Gebrauchtwagen.

6. Die allgemeine Wirtschaftskrise steigerte das Gebrauchtwagenangebot in einem bei dem damals noch niedrigen Stand der Motorisierung kaum vorstellbaren Maße.

7. Das Neuwagengeschäft war vorwiegend „Ersatzgeschäft“ und daher fast ausnahmslos mit der Hereinnahme von Altwagen verbunden. Die Bewertung der Gebrauchtwagen wurde entscheidend für den Ertrag des einzelnen Geschäftes und dadurch zu einer Existenzfrage des Kraftwagenhandels.

Diese vielfältigen Marktstörungen lassen sich alle auf zwei Störungsquellen zurückführen:

1. Fehlen der Preissicherung im Neuwagengeschäft,
2. Überbewertung von Altwagen.

Die Lösung dieser beiden Marktprobleme wurde denn auch zur Hauptaufgabe der Marktordnung. Man kann deshalb die Marktordnung in der deutschen Automobilwirtschaft nur verstehen und beurteilen, wenn man die vorher herrschenden Zustände genau kennt.

---

24) So klagt z. B. der Reichsverband des Kraftfahrzeughandels in seinem Geschäftsbericht darüber, daß den Händlern immer mehr Sonderrabatte eingeräumt werden, mit der vollen Absicht, daß diese an die Kunden weitergegeben werden. Auf diese Weise begünstige die Automobilindustrie selbst das Schleuderunwesen.

8. Die Erscheinungsformen des gestörten Wettbewerbes auf dem Kraftfahrzeugmarkt.

Der Kraftwagen als „geborener" Markenartikel bedarf des durch den Erzeuger kontrollierten Festpreises. Die Märkte der Markenartikel sind stets Märkte mit unvollständiger Konkurrenz, auf denen eine freie Preisbildung nicht möglich ist. Dem Kraftfahrzeugmarkt hat es bis 1934 an einer entsprechenden Marktordnung gefehlt. Die Industrie hat aus Mangel an Gemeinschaftsgeist sich nicht entschließen können, den Markenartikelcharakter ihres Produktes anzuerkennen und eine entsprechende Marktorganisation zu schaffen. Die Kraftwagenindustrie hat von Anfang an für ihre Erzeugnisse Listenpreise festgesetzt und ihre Vertragshändler zur Einhaltung vertraglich verpflichtet. Sie hat es aber versäumt, ihre Einhaltung zu überwachen, was denkbar gewesen wäre, da die Voraussetzungen des „lückenlosen Reverssystems" gegeben waren und die Industrie nicht nur aus dem Händlervertrag, sondern sogar wegen unlauteren Wettbewerbs gegen Schleuderhändler hätte vorgehen können. Es wäre der Automobilindustrie ohne wesentliche Änderung der bestehenden Organisation möglich gewesen, kollektiv durch die gesamte Industrie in Form eines Preisschutzverbandes die Einhaltung der Listenpreise durch die Händler zu erzwingen. Ein Vorgehen einer einzelnen Fabrik wäre aber nutzlos gewesen, und für ein gemeinschaftliches, gemeinnütziges Handeln fehlte es vor dem Umbruch an der erforderlichen weltanschaulich-politischen Grundlage.

Tatsächlich ist auch in dieser Richtung von der Industrie nur sehr wenig geschehen. Eine regelmäßige Kontrolle der Preisstellung durch die Händler erfolgte nicht. Selbst gegen offensichtliche Verstöße gegen die Preisvorschriften ist sie nur in den seltensten Fällen und dann noch sehr vorsichtig vorgegangen. In der Literatur ist aus den Jahren schlimmster Preisschleuderei nur ein einziger Fall bekannt geworden, in dem die Automobilindustrie gerichtlich gegen einen Händler wegen Vertragsverletzung oder Preisschleuderei vorgegangen wäre. Eine sächsische Automobilfabrik hat gegen einen Händler, der in Zeitungsanzeigen 20 % Rabatt auf den Listenpreis anbot, Klage erhoben, aber nicht wegen der Preisunterbietung an sich, sondern wegen ihrer öffentlichen Ankündigung in der Zeitung.

Die Automobilindustrie hat aber die Preisunterbietungen nicht nur nicht verhindert, sondern sogar gefördert: einmal durch die Preispolitik ihrer eigenen Verkaufsstellen, die sich durchaus nicht an die Listenpreise hielten[25]), zum anderen durch die Gewährung von Sonderrabatten an den

---

[25]) Schon 1925, einem Jahr verhältnismäßig normaler Marktverhältnisse, klagt der Handel in seinen Fachzeitschriften über Preisunterbietungen der Fabrikverkaufsstellen.

Handel mit dem unausgesprochenen oder ausgesprochenen Zweck, sie zu Preissenkungen im Kundengeschäft zu benutzen.

Die Folge dieser Preispolitik war ein völliger Wandel im Charakter der Listenpreise: sie waren ursprünglich als Festpreise gedacht, wurden aber jetzt zu Höchstpreisen, von denen je nach der Marktlage und der Zahlungsfähigkeit des Käufers mehr oder weniger hohe Abschläge bewilligt wurden. Es entstanden Ansätze einer marktmäßigen Preisbildung, die aber von vornherein zum Scheitern verurteilt waren, da

1. der Markenartikel eine vollständige Konkurrenz nicht zuläßt und
2. der noch immer vorhandene Listenpreis eine wirklich marktmäßige Preisbildung verhinderte.

Die gegebene Marktsituation mußte zwangsläufig zum Nicht-Leistungswettbewerb führen.

Die große Gefahr des Nicht-Leistungswettbewerbes ist seine Regellosigkeit. Der echte Leistungswettbewerb vollzieht sich nach gewissen Gesetzmäßigkeiten, die ihn in steter Übereinstimmung mit den Bedürfnissen von Verbrauchern und Erzeugern halten. Seine Bindung an Kosten und Kaufkraft hindert vor allem ein Abgleiten der Preise ins wirtschaftlich Unmögliche. Dieser innere Ausgleich fehlt dem Nicht-Leistungswettbewerb, und er läuft immer Gefahr, sich ins Uferlose zu steigern und mit einer Katastrophe zu enden. Denn beim Nicht-Leistungswettbewerb gibt der Verantwortungsloseste den Ton an, und seine Politik reißt auch die Besonneren und Verantwortungsbewußten mit, weil sie glauben, mittun zu müssen, weil sie den Schleuderern den Markt nicht kampflos überlassen und selbst verdrängt werden wollen.

Besonders gefährlich ist der Nicht-Leistungswettbewerb dann, wenn die festen und die vorgeleisteten Kosten ungewöhnlich hoch, die Grenzkosten aber besonders niedrig liegen, wie es im Kraftfahrzeughandel der Fall ist. Hier findet die Preisunterbietung kaum noch Grenzen, zumal wenn ein betriebswirtschaftlich wenig geschulter Handel nur in „Einzelgeschäften" denkt, jedes Geschäft als „Zusatzgeschäft" betrachtet, bei dem er sich mit einem auch noch so kleinen Gewinn begnügen kann, und dabei den Blick für das Ganze verliert: den Blick für die Notwendigkeit der periodischen Gesamtkostendeckung und für das Weiterwirken von schwebenden Preisen in künftigen Geschäften.

Bei unvollständiger Konkurrenz zieht eine Preisunterbietung zwangsläufig eine zweite, größere nach sich, und da die Preisunterbietung keine natürliche, kostenbedingte Preissenkung ist, kommt die Preisbewegung erst dann zum Stillstand, wenn entweder alle ruiniert sind oder ein marktordnender Eingriff von außen erfolgt.

Das war auch die Lage des Kraftfahrzeugmarktes. Es ist kaum eine Übertreibung, wenn man behauptet, daß etwa ab 1928 die Mehrzahl der

Kraftwagen zu niedrigeren als vorgeschriebenen Listenpreisen abgesetzt wurden. Die Preisnachlässe in offener und versteckter Form nahmen 1932/33 geradezu groteske Formen an — nicht nur, was die Höhe der Nachlässe anbelangte, die dem Handel von seinem Händlerrabatt fast nichts beließen, sondern auch mit welchen Mitteln und Versprechungen Kunden geworben wurden. Den Vogel schießt wahrscheinlich jener Berliner Händler ab, der beim Kauf eines Kleinwagens einen kostenlosen, achttägigen Aufenthalt an der Ostsee anbot. Das dürfte zugleich der beste Beweis dafür sein, wie weit das Marktgeschehen im Kraftwagenhandel tatsächlich in die Bezirke des Nicht-Leistungswettbewerbes abgeglitten war. Nicht mehr Qualität, Eignung und Preis des Neuwagens bestimmten den Entschluß des Käufers, sondern die Höhe des „Rabattes" und die Sondervorteile, die der Händler zu gewähren bereit war.

Nicht weniger schlimm war die völlige Untergrabung des Ansehens des Handels und die Störung des Vertrauensverhältnisses zwischen Kunden und Händler. Jeder Kaufabschluß hinterließ beim Kunden das unbefriedigende Gefühl: vielleicht wäre der Wagen doch noch billiger zu haben gewesen, wenn noch ein wenig länger und mehr gefeilscht worden wäre. Die Ungewißheit über den wirklich äußersten Preis ließ keine Zufriedenheit aufkommen. Und wenn es dann das Unglück wollte, daß ein Bekannter den gleichen Wagen wirklich einige Mark billiger gekauft oder seinen Altwagen besser verkauft hatte, dann war der endgültige Bruch zwischen Händler und Kunden fertig. Unter solchen Verhältnissen konnte ein solider Kaufmann auf die Dauer nicht arbeiten. Die Gefahr lag sehr nahe, daß der Automobilmarkt immer mehr in die Hände zweitklassiger Händler geriet, was sowohl im Interesse der Käufer als auch der Industrie sehr zu bedauern gewesen wäre. Diese Entwicklung hat glücklicherweise die Marktordnung in letzter Minute abgebogen.

Seit etwa 1928 hatten die von der Kraftwagenindustrie vorgeschriebenen Listenpreise nur noch den Charakter von Höchstpreisen und nachstehende Sondervergütungen hatten sich ganz allgemein eingebürgert:

1. Gewährung von Rabatten auf die vorgeschriebenen Listenpreise über die zulässigen Barzahlungsrabatte hinaus;
2. Einräumung langfristiger Kredite ohne Berechnung von Zinsen und Refinanzierungsspesen;
3. Lieferung zusätzlicher Ausrüstungsgegenstände,
4. Vorausbezahlung von Steuern und Versicherungsprämien zugunsten der Käufer;
5. Kostenlose Erteilung von Fahrunterricht,
6. Erweiterung der Garantien über das vorgeschriebene Maß hinaus;

7. Kostenlose Überlassung von Garagen und Besorgung der Wagenpflege;
8. Bezahlung von Vermittlerprovisionen und Pflegegeldern an Angestellte des Käufers (vor allem Fahrer);
9. Inzahlungnahme von Altwagen zu überhöhten Preisen.

Das waren die häufigsten Formen der Preisunterbietung, die bei Händlern und Verbrauchern zuletzt schon als selbstverständlich angesehen wurden. Was daneben erfinderische Geister an Sondervorteilen erdachten, sei hier nicht wieder ans Tageslicht geholt. Die Marktordnung hat sie alle unmöglich gemacht: die oben genannten neun durch besondere Regelung, alle anderen durch das grundsätzliche Verbot der Gewährung von Sondervorteilen.

Nur auf das Gebrauchtwagenproblem und seine Bedeutung für die Desorganisation des Marktes möchten wir noch einmal kurz eingehen. Auf das Ungewöhnliche der Verbindung von Alt- und Neuwagenhandel haben wir bereits hingewiesen. Wir haben aber auch gezeigt, daß beide Geschäfte, verständig eingesetzt und richtig gehandhabt, durchaus geeignet sind, einander zu ergänzen. Wenn auch der Spezialgebrauchswagenhandel es für besser hielte, eine Trennung von Alt- und Neuwagengeschäft durchzuführen, so muß doch zugegeben werden, daß eine rationelle Vereinigung beider Geschäftssparten durchaus zweckmäßig ist, wenn jede von ihnen ihrer Eigenart entsprechend behandelt wird. Auf die arteigene Führung jedes einzelnen Geschäftszweiges kommt es an.

Hierzu bedarf der Handel seiner völligen Entschlußfreiheit in bezug auf An- und Verkauf und auf Preisstellung. Diese Voraussetzungen sind aber in der Regel nur dann gegeben, wenn Neu- und Gebrauchtwagengeschäft streng auseinander gehalten werden. Sobald man sie verkoppelt, indem man beim Verkauf eines Neu- oder auch eines Gebrauchtwagens einen anderen gebrauchten Wagen in Zahlung nimmt, besteht immer die Gefahr, daß das Altwagengeschäft nur noch als Mittel zum Zweck und als Zusatzgeschäft behandelt und nicht mehr korrekt nach betriebswirtschaftlichen Gesichtspunkten abgewickelt wird. Das gilt vor allem für Zeiten besonders heftigen und ungeregelten Wettbewerbes. Da wird das Altwagengeschäft zur völlig unkontrollierbaren Quelle der Preisunterbietung. Der Altwagenankauf wird zur mittelbaren Senkung der Neuwagenpreise benutzt, indem der gebrauchte Wagen zu einem weit über seinem tatsächlichen Wert liegenden Preis in Zahlung genommen wird. Diese mittelbaren Preisunterbietungen sind ganz besonders dann gefährlich, wenn die Neuwagenpreise tatsächlich Festpreise sind, deren Innehaltung kontrolliert wird. Der Gebrauchtwagenankauf bietet dann immer

Möglichkeiten für versteckte Sondervorteile. Seine Einbeziehung in die Marktordnung war deshalb, so schwierig sie auch sein mochte, eine unerläßliche Notwendigkeit.

In jeder Krise hat das Gebrauchtwagenproblem bisher eine entscheidende Rolle gespielt, allerdings weniger wegen der darin liegenden Möglichkeit der Preisunterbietung, sondern wegen der außerordentlichen Belastung des Handels durch diesen Geschäftszweig. Da die Preisordnung einmal gesprengt war, kam es nicht mehr darauf an, ob die Fabrikpreise offen oder versteckt unterboten wurden, aber im Kampf um den Kunden wurde es dann häufig so, daß zuerst der Altwagen zu einem erhöhten Preis hereingenommen und schließlich auf den Neuwagen auch noch ein Preisnachlaß gewährt wurde. Das Gebrauchtwagengeschäft machte dem Handel häufig jede Kalkulation unmöglich:

1. in der Hereinnahme der Wagen war er von dem Angebot seiner zufälligen Neuwagenkäufer abhängig;
2. die gezahlten Preise richteten sich nicht nach dem tatsächlichen Wert, sondern danach, was man bieten zu müssen glaubte, um das Neuwagengeschäft zu tätigen;
3. der Wiederverkauf stand unter dem Druck des unsystematisch hereingenommenen Lagers und brachte oft nicht die aufgewandten Kosten wieder ein.
4. Ein überhöhtes Gebrauchtwarenlager band Kapital, das für andere Zwecke dringend benötigt wurde.

Die besondere Problematik des Gebrauchtwagengeschäftes in den Krisenjahren 1929—1933 lag in der Inkongruenz von Angebot und Nachfrage und in der Mangelhaftigkeit der Preisbildung. Die Inkongruenz von Angebot und Nachfrage war eine doppelte: Angebots- und Nachfragemengen entsprachen einander nicht, und auch in der Zusammensetzung stimmten sie nicht miteinander überein.

Es ist eine bekannte, auch im Ausland beobachtete Erscheinung, daß in Krisenzeiten die Fluktuation der Wagen eine schnellere ist: die Neuwagen gehen schneller in die zweite Hand über und auch die Gebrauchtwagen wechseln häufiger ihren Besitzer. In der Krise steigt das Altwagenangebot, während die Nachfrage zurückgeht. Somit bleiben beim Handel, wenn er nicht sehr vorsichtig disponiert, leicht unverkäufliche Restbestände, die die besondere Gefahr in sich bergen, daß sie sich automatisch entwerten, da die Zeit zwischen Baujahr und Umsatztag einen wichtigen Bewertungs- und zugleich Entwertungsfaktor darstellt.

Ein weiteres Auseinanderfallen von Angebot und Nachfrage ergab sich im abgelaufenen Jahrzehnt daraus, daß vorwiegend große und im Betrieb teuere Wagen angeboten und kleine und billige Wagen gefragt waren. Angebot und Nachfrage stimmten in der Zusammensetzung nicht überein.

Ein spezialisierter Gebrauchtwagenhandel hätte diese Schwierigkeit sicherlich leichter gemeistert: unabhängig in seinen Dispositionen hätte er nur jene Typen hereingenommen, die er weiterverkaufen konnte.

Der Handel hat die verschiedensten Versuche gemacht, dieses lebenswichtige Absatzproblem zu lösen. Am erfolgreichsten war offenbar die Veranstaltung von sogenannten Autobörsen oder Automessen, zu denen sich der ortsansässige Handel zusammenschloß. Durch gemeinschaftliche Reklame wurde auf diese Veranstaltung hingewiesen. Die Möglichkeit einer zwanglosen Besichtigung des an neutralem Ort (Ausstellungshallen, Sälen oder auch im Freien) konzentrierten Gebrauchtwagenangebotes lockte manche Käufer an. Aber selbst wenn die Umsätze auf diesen Automessen vielfach recht lebhaft waren, so bedeutete das nur einen Tropfen auf den heißen Stein und keine Lösung des eigentlichen Problems, das ein Bewertungsproblem war. Es galt, die Bewertung und Preisbildung für Gebrauchtwagen in geordnete Bahnen zu lenken.

Die Bewertung gebrauchter Gegenstände stößt stets auf besondere Schwierigkeiten technischer und marktwirtschaftlicher Natur. Jeder gebrauchte Gegenstand bedarf einer individuellen Bewertung: technische Beschaffenheit, Abnutzungsgrad, Erhaltungszustand, aber auch Marktlage und Markttendenzen müssen bei der Bewertung herangezogen werden. Die Preise der neuen Wagen bilden hierbei zwar einen Anhaltspunkt, aber nur einen sehr bedingt verwertbaren.

Was für gebrauchte Gegenstände im allgemeinen gilt, gilt für gebrauchte Kraftwagen im besonderen. Ihre technische Abschätzung ist nicht leicht und bedarf fachmännischer Erfahrung. Besonders schwierig ist es aber, den augenblicklichen Marktwert und die zukünftige Absatzmöglichkeit eines Wagens richtig einzuschätzen. Hierzu ist eine umfassende Marktübersicht erforderlich, die vielen Händlern fehlt. Sie laufen immer Gefahr, aus Unvermögen einen Wagen falsch zu schätzen und dann beim Weiterverkauf Verluste zu erleiden. Fehlschätzungen aus mangelnden technischen und vor allem marktwirtschaftlichen Kenntnissen waren daher eine ständige Quelle von Verlusten im Gebrauchtwagengeschäft.

Viel schlimmer war allerdings, daß selbst bei richtiger Bewertung die Preise im Markt nicht durchgesetzt werden konnten. Erfolgte der Altwagenkauf in Verbindung mit einem Neuwagengeschäft, so fand eine wirklich objektive Bewertung des Gebrauchtwagens meist gar nicht statt. Die Preisstellung erfolgte ausschließlich im Hinblick auf das Neuwagengeschäft. Verluste wurden beim Altwagenankauf als unvermeidlich hingenommen.

Auf die Dauer war natürlich ein solches Geschäftsgebaren unmöglich, denn die Händlerrabatte waren in ihrer Höhe kostenorientiert und enthielten keinen Spielraum für derartige Sonderaufwendungen. Die dauernden Verluste an den Gebrauchtwagen mußten mangels jeglichen Ausgleiches zum Untergang des Gewerbes führen.

So waren es denn auch die Verhältnisse auf dem Gebrauchtwagenmarkt, die den Gedanken an eine Marktordnung wachriefen. Zuerst dachte man nur an eine Ordnung des Gebrauchtwagenmarktes, und so finden sich denn auch hier die ersten ernsthaften Versuche, zur Lösung des Wettbewerbsproblems zu gelangen. Von hier aus führte dann der Weg zwangsläufig zu einer Erfassung des ganzen Marktes. Die am 1. Januar 1934 nach jahrelangen tastenden Versuchen in Kraft gesetzte Marktordnung der deutschen Automobilwirtschaft hat die vielfältigen Schwierigkeiten in idealer Weise gelöst. Ihre besondere Bedeutung liegt aber darin, daß es hier erstmalig gelungen ist, einen Markt mit einer in hohem Maße unvollständigen Konkurrenz nach den Grundsätzen des Leistungswettbewerbs, also unter Vermeidung aller monopolistischen Tendenzen, zu ordnen. Die Marktordnung der deutschen Automobilwirtschaft ist in Konzeption und Durchführung eine nationalsozialistische Marktordnung. Sie wahrt in gleichem Maße die Interessen der Gemeinschaft und des Wirtschaftszweiges und erzielt ein Höchstmaß an volkswirtschaftlicher Leistungsfähigkeit.

III. Die Marktordnung der deutschen Automobilwirtschaft.

1. Marktordnungsversuche in der liberalen Epoche.

Der eigentliche Leidtragende bei den ungeordneten Wettbewerbsverhältnissen auf dem Kraftwagenmarkt war der Handel, und zwar sowohl der selbständige als auch der Werkshandel. Von beiden gingen daher auch die ersten Marktordnungsversuche aus. Zwar fehlte es zunächst an der Erkenntnis der wahren Marktsituation. Man sah Einzelstörungen, einzelne Verlustquellen, ohne ihren Allzusammenhang wahrzunehmen, aber ganz allmählich klärte sich das Bild, und als alle Teillösungsversuche in der jahrelang anhaltenden Krise scheiterten, wuchs langsam die Erkenntnis, daß nur eine grundsätzliche Neuorganisation des ganzen Marktes eine wirkliche Dauerlösung aller Schwierigkeiten bringen könnte.

Träger der ersten Marktordnungsversuche waren sowohl der Handel als auch die Industrie. In merkwürdiger Kurzsichtigkeit hat aber ein Teil der Industrie für die Vorgänge in der Sphäre des Handels sehr wenig Verständnis und Interesse gezeigt und völlig verkannt, daß ein leistungsfähiger Handel der beste Garant eines reibungslosen und ertragbringenden Absatzes ist. Erklärlich, aber nicht verständlich, wird das Verhalten aus zwei Umständen:

1. aus dem Primat der technischen Leitung in der Periode der konstruktiven Entwicklung des Kraftwagens. Das technische Denken ist vom wirtschaftlichen durchaus verschieden, und der Techniker ist daher leicht zur Unterschätzung oder auch zur Mißdeutung wirtschaftlicher Schwierigkeiten geneigt;

2. aus dem Wettbewerb zwischen Fabrikverkaufsstellen und selbständigem Handel. Er verleitete die Industrie teilweise dazu, im Handel keinen Mitarbeiter, sondern einen Konkurrenten zu sehen, und sie verschloß daher ihr Ohr seinen Klagen.

In den Fabrikverkaufsstellen machten sich die marktwirtschaftlichen Schwierigkeiten nicht so sehr bemerkbar, weil bei ihnen der Kostenspielraum größer war, und Verluste aus dem Vertrieb durch Gewinne aus der Produktion kompensiert wurden. Mängel des Rechnungswesens (keine getrennte

Kostenrechnung für die Vertriebsstellen) ließen vielleicht die Verluste der Vertriebsorganisation häufig gar nicht in Erscheinung treten.

Die marktwirtschaftlichen Schwierigkeiten reichen bis in die Vorkriegszeit zurück, und die ersten Versuche einer Marktordnung datieren vom Jahre 1915. Es ist außerordentlich interessant, daß *dieser allererste Marktordnungsversuch eine Totallösung anstrebte und bereits ein geschlossenes Marktordnungssystem darstellt.*

Ausgangspunkt war der *Markenartikelcharakter* des Kraftwagens, der bereits damals deutlich erkennbar wurde. Ziel der Marktordnung war *Preissicherung und Garantie des Leistungswettbewerbes*, das Mittel hierzu eine *gegenseitige Verpflichtung von Industrie und Handel zur Einhaltung der vorgeschriebenen Listenpreise.*

Es war vorgesehen, daß sich der Handel der Industrie gegenüber reversmäßig verpflichtete, die Listenpreise einzuhalten, während der Industrie die Überwachung der Preistreue zufallen sollte. Die Marktordnung betraf ausschließlich das Neuwagengeschäft. Das Problem des Gebrauchtwagens war damals noch unbekannt. Die bereits ziemlich weit gediehenen Verhandlungen scheiterten, angeblich weil über die Stellung der Fabrikverkaufsstellen keine Einigung erzielt werden konnte. Wie wäre wohl die Entwicklung von Automobilindustrie und Handel gelaufen, wäre es bereits 1915 gelungen, eine dem besonderen Charakter des Kraftwagens entsprechende Marktorganisation zu schaffen?

Krieg und Inflationszeit verschütteten diese wertvollen Ansätze vollkommen, und es mußten 15 Jahre z. T. schwerster Krisen vergehen, ehe der nächste Versuch zu einer grundsätzlichen Neuordnung des Marktes wieder zur Debatte gestellt werden konnte. Erst 1930 wurde gemeinsam vom Reichsfachverband des Kraftfahrzeughandels und dem Reichsverband der Automobilindustrie erneut ein Entwurf zu einer Marktordnung ausgearbeitet, der aber wiederum nicht zur Annahme kam.

In der Zwischenzeit begnügte man sich damit, wenigstens die hervorstechendsten Mängel in der Marktorganisation zu beseitigen. Es wurden dabei Teillösungen gefunden, die recht gut waren und später in die Marktordnung übergingen. Aber eine wirkliche Gesundung der Wettbewerbsverhältnisse konnte mit solchem Stückwerk nicht erreicht werden.

Der für die künftige Marktordnung zweifellos wichtigste Schritt war die Errichtung von *neutralen Schätzungsstellen* (auch Tax- und Treuhandstellen genannt) *zur objektiven Bewertung von Gebrauchtwagen.* Die Unsicherheit und Schwierigkeit der Bewertung von gebrauchten Wagen war eine dauernde Risiko- und Verlustquelle des Handels und ihre bewußte Überbewertung bei der Inzahlungnahme im Neuwagengeschäft ein völlig unkontrollierbares Mittel der Preisunterbietung. Schon früher hatte man versucht, durch Herausgabe von Bewertungsrichtlinien und durch laufende Veröffentlichung der im Altwagengeschäft erzielten Preise (z. B. durch die gemeinsam von RDA und RDK errichtete „Deutsche Altwagenverwertung") den Handel bei der Bewertung von Altwagen zu unterstützen, aber diese Versuche waren alle mißglückt, da eine wirklich gerechte Taxation nur nach Inaugenscheinnahme des zu bewertenden Wagens und unter Berücksichtigung der oft sehr verschieden gelagerten Marktverhältnisse möglich ist.

Diese Aufgabe wurde den Schätzungsstellen übertragen, die seit 1928 vom Reichsverband des Kraftfahrzeughandels (RDK) in Zusammenarbeit mit seinen Sektionen errichtet wurden. 1932 gab es 31 Schätzungsstellen in allen Gebieten des Reiches, die jeweils eine größere Anzahl von Städten und Ortschaften betreuten. Die Schätzungsstellen arbeiteten nach den vom RDK aufgestellten Richtlinien, aber unter voller eigener Verantwortung. Die Schätzer (Taxatoren) wurden von den Industrie- und Handelskammern bestellt und auf treuhänderische Geschäftsführung vereidigt, wodurch die absolute Neutralität der Schätzungsstellen gewährleistet war. Sie unterstanden außerdem der Aufsicht eines Überwachungsausschusses, der sich aus Mitgliedern der betr. Sektion des Händlerverbandes zusammensetzte. Bei ihm konnte gegen einzelne Schätzungsergebnisse Einspruch erhoben werden, die er dann nachzuprüfen hatte.

Der Schätzer stellte gegen eine mäßige Gebühr für jeden taxierten Wagen einen Schätzungsbrief aus, der neben genauer Angabe der festgestellten Mängel den geschätzten Wert angab. Die Schätzungsbriefe hatten meist eine zeitlich begrenzte Gültigkeit, doch war hier die Handhabung bei den einzelnen Sektionen nicht einheitlich. Die Schätzungsergebnisse wurden den Mitgliedern des Händlerverbandes zu ihrer Information laufend mitgeteilt.

Der Einbau der Schätzungsstellen in die Marktorganisation wurde den Ortsgruppen überlassen: ihr Wirkungsbereich und ihre Bedeutung für die Marktordnung waren daher in den einzelnen Bezirken ganz verschieden. Man kann folgende Grade fortschreitender Ordnung unterscheiden:

1. die Benutzung der Schätzungsstelle ist freiwillig, das Schätzungsergebnis dient nur der Information von Händler und Altwagenverkäufer;
2. die Benutzung der Schätzungsstelle durch den Händler ist Pflicht, eine Verpflichtung zur Einhaltung des Schätzungswertes besteht nicht;
3. die Benutzung der Schätzungsstelle ist Pflicht und der Schätzungswert gilt als höchstzulässiger Ankaufspreis.

In den beiden ersten Fällen hat die Schätzung nur informatorischen und vielleicht erzieherischen Wert, marktordnend wirkt lediglich die dritte Methode, die aber nur in sehr wenigen Bezirken wirklich konsequent zur Anwendung kam. Wo dies aber geschah, war der mittelbaren Unterbietung der Listenpreise durch Gebrauchtwagenüberbewertung ein sehr wirksamer Riegel vorgeschoben und ein wichtiger Schritt zur Wiederherstellung der Marktordnung getan.

In der Folgezeit erwies es sich als verfehlt, die Ortsgruppen bzw. Sektionen zu Trägern der Marktordnung zu machen. Ihre Macht war zu gering, um das Geschäftsgebaren der Mitglieder kontrollieren und gegen Verstöße energisch vorgehen zu können, auch war ihr Wirkungsbereich zu klein. Sie waren stets von der Konkurrenz der vielleicht weniger straff organisierten Nachbarbezirke bedroht und konnten sich daher nicht immer mit aller Energie für die Durchsetzung des Schätzungsprinzips einsetzen. Das ist bedauerlich, denn die Einführung von obligatorischen Schätzungsstellen mit obligatorischen Schätzungshöchstwerten im ganzen Reichsgebiet hätte das Altwagenproblem als Wettbewerbsproblem der Lösung ein gutes Stück näher gebracht.

Daß beim ehrbaren Handel der Wille zur Ordnung der Wettbewerbsverhältnisse lebendig war, geht wohl am besten daraus hervor, daß in verschiedenen Ortsgruppen, in denen die Schätzungsstellen erfolgreich gearbeitet hatten, die Händler freiwillig den nächsten Schritt taten, und sich gegenseitig zur Einhaltung der Listenpreise verpflichteten[1]).

Über örtliche Versuche, deren Erfolge aber unbedeutend waren, kamen die Marktordnungsbestrebungen damals aber nicht hinaus, da das Gemeinschaftsgefühl und die Erkenntnis der Schicksalsverbundenheit bei den meisten Gliedern des Berufsstandes noch nicht genügend entwickelt war. Angesichts des Ausmaßes der Wirtschaftskrise dachte jeder zunächst nur an sich und sein nächstes Geschäft und gefährdete durch sein kurzsichtiges Verhalten nicht nur die Existenz des Gewerbes, sondern mittelbar auch die wehr- und gesamtwirtschaftlich so außerordentlich wichtige Motorisierung des Straßenverkehrs. Die wenigen weitblickenden Händler, die in Wort und Schrift für eine alle Gebiete des Kraftfahrzeughandels umfassende, grundsätzliche Regelung des Wettbewerbs eintraten, blieben zunächst Prediger in der Wüste.

Noch unerquicklichere Verhältnisse als auf dem Markt der Kraftwagen herrschten auf dem Kraftradmarkt. Hier war die Übersetzung des Handels stärker und seine fachmännischen Qualitäten zum Teil sehr gering, so daß der ungeregelte Wettbewerb außerordentlich häßliche Formen

[1]) Mitteilungen des RDK. 1930/10.

annahm. Auf dem Kraftradmarkt kam es bereits 1930 zu einer *umfassenden Marktordnung*, die von der Industrie (Vereinigung der Motorradfabriken) ausging und gemeinsam mit dem Fachhandel durchgeführt wurde. Ihr Ziel war vor allem *Sicherung der Listenpreise*. Hierzu sollte eine strenge *Händlerauslese* führen. Von den Händlern sollten nur die als „Vertragshändler" anerkannt werden, die über angemessene Verkaufs- und Lagerräume verfügten und mindestens einen Fachmann für Reparaturen und ähnliche Facharbeiten beschäftigten. Der Kampf galt vor allem den sogenannten „Stubenhändlern", deren Gelegenheitsgeschäfte ganz besonders zur Zerrüttung der Marktverhältnisse beigetragen hatten. Die Marktordnung besteht in einer *vertraglichen Verpflichtung der Händler zur Einhaltung der Listenpreise, Verbot aller Sonderleistungen und Zugaben* und *Beschränkung des Bezuges auf Vertragshändler* (es gab Außenseiterfabriken, die sich der Marktordnung nicht angeschlossen hatten, vor allem die ausländischen Erzeuger traten zunächst nicht bei). Für die *Überwachung* der Marktordnung schuf man eine paritätisch besetzte *Treuhandstelle*: den Überwachungsausschuß der Motorradwirtschaft (UEVAMO), dessen Aufsicht und schiedsrichterlichen Tätigkeit sich Industrie und Handel unterwarfen.

Die Marktordnung für Motorräder von 1930 hatte aber noch eine sehr fühlbare Lücke, die ihre Wirksamkeit stark beschränkte: der *Handel mit gebrauchten Maschinen war nicht einbezogen*. Preisunterbietungen auf dem Umweg über den Ankauf gebrauchter Maschinen waren daher auch nach Erlaß der Marktordnung noch möglich und durchaus üblich. Erst 1936 wurde die Marktordnung in diesem Punkte ergänzt und nach der inzwischen erfolgreich durchgeführten und erprobten Marktordnung für Kraftwagen umgestaltet. Auch die Motorräder unterliegen seitdem der Schätzungspflicht, und der Schätzungswert gilt als unbedingt einzuhaltender Höchstwert. Die Schätzung wird jetzt durch die Schätzungsstellen der Deutschen Automobil-Treuhand (D. A. T.) durchgeführt, also durch die gleichen Stellen, die auch die Kraftwagen bewerten.

Auch in organisatorischer Hinsicht hat man aus Zweckmäßigkeitsgründen die Marktordnung für Krafträder der Marktordnung für die Automobilwirtschaft stark angeglichen. Die Marktordnung beruht nicht mehr wie früher auf vertraglichen Bindungen der Händler gegenüber der Industrie, sondern die UEVAMO ist zum Träger der Marktordnung geworden. Ihr gegenüber verpflichten sich Industrie und Handel zur Einhaltung der marktordnenden Bestimmungen, in ihren Händen liegen Kontrolle und Durchführung des Vertragswerkes. Diese Vereinheitlichung der beiden Marktordnungen hat den großen Vorteil, daß sowohl Publikum als auch Händlerschaft (Motorrad- und Kraftfahrzeughandel fallen betrieblich häufig zusammen) einem nach gleichen Grundsätzen geregelten Markt gegenüberstehen, was der Popularisierung der Marktordnung und ihrer einzelnen Bestimmungen sehr förderlich war.

Erwähnt sei ferner, daß etwa um die gleiche Zeit auch der *Reifenmarkt*, auf dem ganz ähnliche Wettbewerbsstörungen eingerissen waren, eine Ordnung erfuhr, durch die vor allem folgende Punkte geregelt wurden:

1. die *Zulassung zum Reifenhandel*,
2. die *Höhe der Rabatte* für die verschiedenen Handelsstufen,
3. die *Preise* beim Absatz an den letzten Verbraucher.

Auch hier sollte durch Wiederherstellung der Preistreue dem Prinzip des Leistungswettbewerbes wieder zum Durchbruch verholfen werden.

Im gleichen Jahr, in dem die vorläufige Ordnung des Motorradmarktes gelang, wurde auch auf dem Kraftwagenmarkt ein erneuter Vorstoß zur Bereinigung der unhaltbaren Wettbewerbsverhältnisse unternommen. Waren die bisherigen Marktordnungsversuche immer allein vom Handel ausgegangen, so schlossen sich jetzt erstmalig Industrie und Handel zu gemeinsamem Vorgehen zusammen. Der Plan, der den Fachkreisen anläßlich der Automobilausstellung 1931 unterbreitet wurde[2]), sah eine Marktordnung vor, die *sowohl den Neu- als auch den Gebrauchtwagenmarkt* umfaßte und vor allem auf zwei Grundpfeilern ruhte: *Verpflichtung zur Einhaltung der Listenpreise* und *Schätzungspflicht für Gebrauchtwagen*.

Als *Träger* der Marktordnung war eine neutrale, paritätisch zu besetzende Treuhandstelle vorgesehen, der gegenüber sich Industrie und Handel vertraglich zur Einhaltung der Marktordnungsbestimmungen verpflichten sollten. Ihr sollte auch die Überwachung der Marktordnung übertragen werden. Für Verstöße waren Geldstrafen und bei häufigerem Vorkommen Entzug des Händlervertrages durch die vertretene Fabrik bzw. Entlassung des schuldigen Verkaufsleiters in Fabrikverkaufsstellen vorgesehen.

Die Treuhandstelle sollte aber neben den rein verwaltungsmäßigen Aufgaben eines Marktordnungsorganes auch *unmittelbar händlerische Funktionen* übernehmen. Und zwar sah der Plan folgenden Aufgabenkreis vor:

1. treuhänderische Überwachung der Erfüllung der von Automobil-Industrie und -Handel eingegangenen Preisschutzverpflichtungen,
2. Errichtung und Betrieb von Schätzungsstellen,
3. Handel mit gebrauchten Kraftfahrzeugen,
4. Verschrottung von nicht mehr verkehrssicheren und nicht mehr wirtschaftlichen Kraftfahrzeugen.

---

[2]) Gercke, Kleinrath, Härdrich: Aufstieg oder Untergang von Automobil-Industrie und -Handel in Deutschland. Berlin 1931.

Die Verquickung so verschiedenartiger Aufgaben war nicht glücklich, aber durch die Zeitverhältnisse bedingt. Die Altwagenfinanzierungs- und -verschrottungsprobleme waren so brennend, daß ohne ihre Lösung an die Durchführung der Marktordnung nicht zu denken war.

Vor allem war man bestrebt, die Verkoppelung zwischen Neu- und Gebrauchtwagengeschäft, in der man eine Hauptursache der Wettbewerbsstörungen sah, zu lösen. Daher war vorgesehen, daß der Ankauf von Altwagen nicht mehr durch den Handel selbst, sondern durch eine neutrale Stelle, die Treuhandstelle, erfolgen sollte. Jeder Händler, dem im Zusammenhang mit einem Neuwagengeschäft ein gebrauchter Wagen angeboten wurde, sollte den Kunden an die Treuhandstelle verweisen, die den Wagen taxierte und ihn gegebenenfalls ankaufte. Die Bezahlung sollte aber nicht in bar, sondern in Gutscheinen erfolgen, die vom Handel beim Kauf des Neuwagens in Zahlung zu nehmen waren. Jeder Händler sollte berechtigt sein, der Treuhandstelle eine bestimmte Anzahl von Kunden zuzuweisen, deren Zahl sich nach dem Neuwagenumsatz richtete.

Die von der Treuhandstelle übernommenen Altwagen sollten, soweit sie verkehrsfähig waren, nicht unmittelbar durch sie, sondern durch den ortsansässigen Handel weiterverkauft werden. Die Händler konnten von der Treuhandstelle Altwagen zum Wiederverkauf erwerben und dadurch auch ihr Kontingent der zuzuweisenden Kunden vergrößern. Diese Regelung hätte für den Handel den großen Vorteil gehabt, daß er auch im Gebrauchtwagenhandel zu einer planmäßigen Lagerpolitik übergehen konnte, während allerdings die Treuhandstelle Gefahr lief, auf unverkäuflichen Beständen sitzen zu bleiben.

Daher war das unentbehrliche zweite Glied dieser Regelung eine Verschrottungsaktion, durch die die nicht mehr verkehrssicheren, aber auch die unwirtschaftlichen Wagen aus dem Markt gezogen werden konnten. Die Mittel hierfür sollten Industrie und Handel gemeinsam aufbringen: die Kraftfahrzeug- und Zubehörindustrie durch eine Umsatzabgabe, der Handel durch eine Rabattkürzung, die vor allem deshalb zumutbar schien, weil der Handel in Zukunft in den ungeschmälerten Genuß seiner Handelsspanne gelangen würde. Bei einer 4%igen Gesamtabgabe hoffte man, die Mittel zu erlangen, um jährlich etwa 50 000 Altwagen zu verschrotten, was natürlich eine ganz ungeheure Entlastung des Marktes bedeutet hätte.

Dieser Vorschlag von 1931 war ein wohldurchdachter Plan, der alle wichtigen Punkte, die für eine Marktordnung wesentlich sind, bereits enthielt. Die Marktordnung sollte in Kraft treten, wenn mindestens 75 % der Mitglieder beider Verbände ihren Beitritt erklärten.

Die zur Durchführung notwendige Treuhandstelle wurde unter dem Namen „Deutsche Automobil-Treuhand" (D.A.T.) als G. m. b. H. mit dem Sitz in Berlin gegründet. Sie nahm die vorbereitenden Arbeiten auf und brachte vor allem die Verpflichtungserklärungen in Umlauf. Aber der notwendige Prozentsatz der zustimmenden Stimmen wurde nicht erreicht, und die Marktordnung konnte wiederum nicht in Kraft treten.

Es war ein unglücklicher Zufall, daß die entscheidenden Entschlüsse gerade in den Tagen der Bankenkrise von 1931 gefaßt werden mußten, als die künftige wirtschaftliche Entwicklung völlig unübersichtlich war. Sicherlich hat dieser Umstand manchen Händler davon abgehalten, seine Zustimmung zu geben. Auch fehlt es nie an Leuten, die die ersten Schritte gern anderen überlassen, und die sich erst dann anschließen, wenn sie gewiß sind, daß die Sache vorteilhaft ist. Diese Kleinmütigen und Spekulanten haben 1931 das Zustandekommen der Marktordnung sabotiert.

Aber ein Gutes hat dieser zweite Marktordnungsversuch doch gehabt: er hat zur Gründung der D. A. T. geführt. Sie war in den nachfolgenden Jahren der Träger der Marktordnungsidee und hat in systematischer Aufklärungs- und Werbearbeit den Boden für die künftig zu schaffende Ordnung bereitet. Sie hat auch die notwendigen wissenschaftlichen Vorarbeiten geleistet: sie hat die marktwirtschaftlichen, organisatorischen und juristischen Fragen geprüft und einen neuen, viel mehr ins einzelne gehenden Plan ausgearbeitet, bei dessen Annahme die Marktordnung unbedingt gelingen mußte. Doch noch war die Zeit für seine Verwirklichung nicht reif.

Ein Ordnungswerk, wie das von der deutschen Automobilwirtschaft geplante, hat eine bestimmte geistige Haltung der Beteiligten zur Voraussetzung. Es verlangt vor allem Gemeinschaftsbewußtsein und Verantwortungsgefühl gegenüber der Allgemeinheit: dem engeren Kreis der Berufs- und dem weiteren der Volksgenossen. Das gilt für jeden Stand, in ganz besonderem Maße aber für den Kaufmann, dessen marktwirtschaftliche Funktionen ein besonders hohes Berufsethos verlangen.

Es war ein großer Mangel der Berufserziehung der letzten Jahrzehnte, daß sie auf die Entwicklung moralischer Qualitäten zu wenig Gewicht gelegt hat. Allerdings war auch die liberale Wirtschaftsauffassung, wenigstens in ihrer überspitzt mechanistischen Form, als Grundlage hierfür wenig geeignet, lehrte sie doch, daß alles wirtschaftliche Geschehen nach mehr oder weniger mechanischen Wirtschaftsgesetzen verlaufe, denen auch der wirtschaftende Mensch bedingungslos unterworfen sei. Es genüge zum Funktionieren der Wirtschaft, wenn jeder nur immer das für ihn Vorteilhafteste tue, denn der Markt brächte die widerstrebenden Interessen zur Harmonie. Die natürliche Folge einer solchen Wirtschaftslehre war die Hochzüchtung eines wirtschaftlichen Egoismus, der alle Bande der Wirtschafts-, insbesondere aber der Wettbewerbsmoral zu sprengen drohte. Unter solchen Voraussetzungen konnten Marktordnungsideen, die auf Wiederherstellung des Leistungswettbewerbes gerichtet waren, keinen Widerhall finden.

Auch die liberale Epoche kannte Marktordnungen und Marktordnungsvereinigungen (Kartelle, Trusts). Diese aber verfolgten ausgesprochen g r u p p e n e g o i s t i s c h e Z w e c k e und dienten n i c h t d e r R e g e l u n g, s o n d e r n d e r A u s s c h a l t u n g d e s W e t t b e w e r b e s. In ihrer K o n z e p t i o n war daher die Marktordnung der Automobilwirtschaft, die die Wiederherstellung echten Leistungswettbewerbes wollte, e t w a s v ö l l i g N e u e s. Vielleicht hätte ein Preiskartell in der gewohnten Form schon 1931 die Zustimmung der Mehrzahl der Beteiligten gefunden; für die neue Ordnung fehlte es vorläufig noch an Verständnis und Aufnahmebereitschaft.

Hierfür bedurfte es eines g e i s t i g e n U m b r u c h e s, vor allem einer Ü b e r w i n d u n g d e s w i r t s c h a f t l i c h e n E g o i s m u s d u r c h d a s G e m e i n s c h a f t s b e w u ß t s e i n a l l e r S c h a f f e n d e n. Diese Neuorientierung des wirtschaftlichen Denkens brachte endlich der Nationalsozialismus. Mit seinem Sieg waren die Voraussetzungen für eine Neuorganisation der Wirtschaft gegeben. Der überzeugenden Propaganda der nationalsozialistischen Bewegung gelang es, das schlummernde Gemeinschaftsgefühl und die Erkenntnis der Schicksalsverbundenheit aller Teile des deutschen Volkes wieder zu wecken. Dadurch wurde auch die Einstellung zu den wirtschaftlichen Dingen eine andere: d i e m e c h a n i s c h e W i r t s c h a f t s a u f f a s s u n g w u r d e d u r c h e i n e o r g a n i s c h e a b g e l ö s t; der Mechanismus des Marktes als alleinige das Marktgeschehen regelnde Kraft wurde durch die Verantwortung des einzelnen für sein wirtschaftliches Tun und Handeln ersetzt; der Wettbewerb, früher ein vernichtender Kampf aller gegen alle, wurde zurückgeführt auf den reinen Leistungswettbewerb, was wiederum zu einer völlig veränderten Einstellung zum Berufsgenossen führte. In ihm wurde jetzt nicht mehr der niederzuringende Konkurrent, sondern der auf gleicher Ebene um die Bestleistung kämpfende Wettbewerber gesehen. Auch die Einstellung zum Ertrag wurde eine andere: der Ertrag ist nicht mehr alleiniges Motiv und automatischer Regulator des Wirtschaftslebens, sondern lediglich natürliche Folge organischer und systemgerechter Bedarfsdeckung.

Durch diese geistige Umstellung wurde der Weg frei zu einem auf Höchstleistung gerichteten, lauteren Wettbewerb in allen Zweigen der Wirtschaft. Märkte mit gestörten Wettbewerbsverhältnissen, schon immer als schwere Belastung empfunden, erwiesen sich jetzt als völlig untragbar, weil auf ihnen aus Mangel an den organisatorisch-technischen Voraussetzungen ein Wettbewerb im nationalsozialistischen Geist, ein reiner Leistungswettbewerb, nicht möglich war. Die systematische Ordnung dieser

Märkte wurde zu einem dringenden Bedürfnis, dem auch die nationalsozialistische Regierung bereitwillig entgegenkam. Zwar überließ man die Initiative zur Schaffung der neuen Ordnungen aus grundsätzlichen Erwägungen der Wirtschaft, unterstützte sie aber in ihren Ordnungsbemühungen wirkungsvoll durch Zwangsbeischluß von Mitgliedern an bestehende Marktordnungsverbände oder sogar durch Errichtung von Zwangskartellen.

Jetzt war auch der Augenblick gekommen, um in der Automobilwirtschaft die Frage der Marktordnung erneut aufzugreifen, zumal dieser Industrie im nationalsozialistischen Aufbauprogramm ganz besondere Aufgaben zufielen. Auf der Automobilausstellung 1933, wenige Wochen nach der Machtübernahme, verkündete der Führer die große deutsche Motorisierungsaktion. Der Vorsprung, den das Ausland während der schweren Nachkriegs-Krisenjahre in der Motorisierung des Verkehrs erlangt hatte, sollte in kürzester Zeit aufgeholt werden. Deutschland, das Land der Erfinder und Pioniere des Autos, sollte wieder eine vorbildliche Kraftverkehrswirtschaft erhalten und in der Motorisierung des Verkehrs keinesfalls hinter dem Ausland zurückstehen.

Die natürlichen Träger dieser Aktion waren Automobilindustrie und -handel. Ihre Aufgabe war es, den Willen des Führers in die Tat umzusetzen. Voraussetzung für ihr Gelingen war eine *sofortige und durchgreifende Ordnung der Marktverhältnisse*. Nur bei einem reibungslosen und vertrauensvollen Zusammenarbeiten aller Glieder der Automobilwirtschaft war es möglich, die ungeheure Aufgabe zu bewältigen. So trat denn wenige Wochen nach Verkündung der Motorisierungsparole durch den Führer die D.A.T., als die eigentliche Trägerin der Marktordnungsidee, mit einem neuen und wesentlich verbesserten Marktordnungsplan an die Öffentlichkeit. Und was in der liberalen Epoche trotz vielfacher Bemühungen nicht gelingen wollte, gelang unter dem Einfluß nationalsozialistischer Wirtschaftsgesinnung und im Hinblick auf die große Gemeinschaftsarbeit mit einem Schlag; innerhalb weniger Wochen erklärten Automobilindustrie und Automobilhandel fast einstimmig ihre Zustimmung zur Marktordnung. Im November 1933 konnte die D.A.T. mitteilen, daß weit mehr als die notwendigen 75 % Beitrittserklärungen abgegeben wurden und daher *die Marktordnung mit Wirkung vom 1. Januar 1934 in Kraft treten könne.*

Damit fand eine außerordentlich unerfreuliche Epoche in der Geschichte der deutschen Automobilwirtschaft ihr Ende. So bitter sie für die Beteiligten auch war, so hat sie doch eine grundsätzliche Erkenntnis geliefert: *ein Markt, der nicht die seiner Struktur entsprechende Verfassung erhält, wird funktionsunfähig. Das Prinzip des freien Wettbewerbes ist kein allgemeingültiges Prinzip. Es kann nur dort zur Anwendung* kommen, wo der Markt die notwendigen Voraussetzungen erfüllt. Die wichtigste von ihnen ist das Vorhandensein vollständiger Konkurrenz. Wo diese fehlt, muß ein anderes Wettbewerbsprinzip zur Anwendung kommen und die Marktverfassung nötigenfalls durch eine Marktordnung ergänzt werden.

Daß man die Struktur der Wettbewerbsverhältnisse auf dem Kraftfahrzeugmarkt nicht erkannt und ihm nicht rechtzeitig die ihm gemäße Marktordnung gegeben hat, war ein schwerer Fehler. Aber nach langen Kämpfen wurde die Marktordnung der deutschen Automobilindustrie doch noch verwirklicht.

2. Die Marktordnung der deutschen Automobilwirtschaft von 1933.

a) Aufgaben und Ziele.

Aufgabe und Ziel der Marktordnung der deutschen Automobilwirtschaft ist die Wiederherstellung des reinen Leistungswettbewerbes, das Mittel hierzu ein Vertragswerk, das alle gegen die Gesamtinteressen verstoßenden Handlungen eigennütziger und unmoralischer Art zwischen den am Automobilmarkt Beteiligten unmöglich macht und geschäftliche Sauberkeit, Ordnung und Gerechtigkeit wiederherstellt. Auf der Grundlage geordneter Wettbewerbsverhältnisse soll der Moral des ehrbaren Kaufmanns wieder zum Durchbruch verholfen und die Führung der Geschäfte in nationalsozialistischem Geiste gewährleistet werden. Auf das rein Wirtschaftliche bezogen, bezweckt die Marktordnung den Wiederaufbau eines voll funktionsfähigen Marktes mit freier Bildung angemessener Preise, gerechtem Entgelt für die Träger der verschiedenen marktwirtschaftlichen Funktionen und einer optimalen Befriedigung aller Bedürfnisse der Konsumenten.

Zur Erreichung dieses Zieles war es zunächst notwendig, alle Hemmungen, die sich aus der unvollständigen Konkurrenz ergaben, hinwegzuräumen und ein Bollwerk aufzurichten, um ein Wiedereinreißen der alten Zustände zu verhindern. Zuerst galt es, eine ordnungsmäßige Preisbildung wiederherzustellen durch:

1. Verpflichtung der Industrie zu ordnungsmäßiger Kalkulation,
2. Verpflichtung des Handels zur Einhaltung der vorgeschriebenen Listenpreise,
3. Verhinderung aller mittelbaren Preisunterbietungen.

Dann galt es, den Verteilungsapparat wieder leistungsfähig zu machen durch:

1. **Sicherung einer den Kosten entsprechenden Handelsspanne,**
2. **Bereinigung des Handels** von nicht fachkundigen und unzuverlässigen Elementen,
3. **Zahlenmäßige Anpassung der Handelsbetriebe** an den Bedarf.

Und zuletzt galt es, das **ganze Ordnungswerk durch ein System von Kontrollen und Strafen zu sichern.** Denn die Marktordnung des geregelten Wettbewerbes ist keine natürliche Ordnung, die aus sich selbst gesichert ist, sondern sie ist eine künstliche, die äußerer Sicherungsmittel bedarf.

Bei einer natürlichen Ordnung, wie sie z. B. der freie Wettbewerb bei vollständiger Konkurrenz ist, fällt jedes marktunrichtige oder böswillige Verhalten auf den Täter zurück und rächt sich zwangsläufig an ihm. Bei einer künstlichen Ordnung dagegen müssen Störungen von außen durch organisatorische und Strafmaßnahmen abgewehrt werden, denn dem Markt fehlt das natürliche Regulativ. Daher kommt beim geregelten Wettbewerb den Organisations- und Strafbestimmungen eine so entscheidende Bedeutung zu. Nur eine Marktordnung, die das marktwirtschaftliche Geschehen in allen Einzelheiten regelt und sich von vornherein die Handhaben schafft, gegen alle Verstöße wirkungsvoll vorzugehen, hat Aussicht auf Erfolg.

Der geregelte Wettbewerb ist im wesentlichen eine **Erziehungsaufgabe**; wie bei aller Erziehung geht hier der **Weg zur Freiheit nur über die Bindung.** Je enger die Bindungen und je härter die Strafen, desto schneller der erzieherische Erfolg. Ist aber erst das Ziel erreicht, daß alle am Markt Beteiligten sich freiwillig marktrichtig und der Ordnung gemäß verhalten, dann verliert die Bindung den Charakter des Zwanges und die angedrohten Strafen bleiben nichts als Drohung. Dann ist der Zeitpunkt gekommen, wo der Zwang gelockert und der privaten Initiative wieder weiterer Spielraum eingeräumt werden kann, denn auf jedem Markt ist **die Ordnung die beste, die in der Erkenntnis und im Verantwortungsbewußtsein der Beteiligten fest verankert ruht und kraft freiwilligen Entschlusses von ihnen eingehalten wird.**

b) Organisation des Marktordnungsverbandes.

Die Marktordnung der deutschen Automobilwirtschaft ist eine **private** Marktordnung, die aber mit Billigung und Unterstützung des Staates errichtet worden ist und deren Wirken dem Gesamtwohl dient. Dadurch geht ihre Bedeutung über die einer rein privatwirtschaftlichen

Marktregelung weit hinaus. „Indem die D.A.T. durch ihre Einrichtungen den Handel mit Kraftfahrzeugen in geordnete Bahnen gelenkt hat, hat sie nicht unwesentlich zu dem Ziel der Reichsregierung, den Kraftwagen Gemeingut des Volkes werden zu lassen, beigetragen. Sie ist hierdurch über ihre rein privatwirtschaftliche Funktion hinausgewachsen in das Gebiet öffentlicher politischer Aufgaben"[3]).

Die Marktordnung beruht auf einem System privatrechtlicher Verträge, in denen sich die einzelnen Glieder der Automobilwirtschaft gegenseitig zur Einhaltung der marktordnenden Bestimmungen verpflichten. Träger der Marktordnung ist die Deutsche Automobil-Treuhand G. m. b. H. Berlin, der gegenüber die verpflichtenden Erklärungen abgegeben werden und die als ausführendes Organ ihre Einhaltung überwacht.

Eine wichtige Stütze der Marktordnung sind die im Vertragssystem enthaltenen Ausschließlichkeitsverpflichtungen, durch die der Kreis der an der Automobilwirtschaft Beteiligten begrenzt wird. Sie dienen vor allem der Fernhaltung unzuverlässiger Elemente, die das Vertragswerk und damit die Marktordnung gefährden könnte. In der Marktordnung der deutschen Automobilwirtschaft bestehen Ausschließlichkeitsverpflichtungen in drei Richtungen:

1. es sind solche Händler als Vertragshändler anzuerkennen, die einen Vertretervertrag mit einer Industriefirma aufweisen können,
2. die Industrie verpflichtet sich, ausschließlich mit Händlern zu arbeiten, die von der D.A.T. als Vertragshändler anerkannt sind,
3. die Vertragshändler verpflichten sich, nur solche Vertragsware zu vertreiben, die von Firmen hergestellt oder eingeführt wird, welche die Marktordnung unterzeichnet haben.

Diese letzte Ausschließlichkeitsklausel wurde charakteristischerweise erst 1937 in die Marktordnung aufgenommen, nachdem der Kreis der Vertragsmitglieder restlos geschlossen war. Die Ausschließlichkeitsklausel wurde also gegenüber Industrie und Importeuren nicht als Druckmittel benutzt, wie dies z. B. bei den monopolistisch-orientierten Kartellen bisher üblich war. Hier diente der Ausschließlichkeitsvertrag vorwiegend zur Aussperrung der Außenseiter. In der Marktordnung der deutschen Automobilwirtschaft dagegen ist sie lediglich eine zusätzliche Sicherung einer bereits bestehenden Ordnung.

---

[3]) Aus einem Urteil, das der D.A.T. das Recht zuspricht, als eine Personenmehrheit, die mit Billigung des Staates der Erfüllung öffentlicher Aufgaben dient, aus § 196 StGB. wegen Beleidigung zu klagen.

Damit erscheint auch das Problem, ob Ausschließlichkeitsverträge als Mittel zur Ordnung der gewerblichen Wirtschaft zulässig und geeignet sind, in einem ganz anderen Licht als vordem. Diese Frage war zeitweise heiß umstritten[4]). Unter dem Einfluß individualrechtlicher Ideen hat das Kartellgericht sie früher verneint und jede Einschränkung des verfassungsmäßigen Rechtes der Gewerbefreiheit durch privatrechtliche Ausschließlichkeitsverträge für unzulässig erklärt. Die nationalsozialistische Auffassung ist eine durchaus andere. Nach ihr ist auch die Gewerbefreiheit dem Gemeinwohl untergeordnet. Sie findet ihre Grenzen im Bedürfnis der Gesamtheit. Ihre Beschränkung, auch auf Grund privatrechtlicher Verträge, ist zulässig, wenn es im Interesse der Gesamtheit erforderlich ist. Insbesondere zur Marktordnung hat man sich der Ausschließlichkeitsverträge in letzter Zeit viel bedient. Besonders wirksam sind sie geworden, seitdem die Änderung der Kartell-VO. vom 15. Juli 1933 Sperren wegen persönlicher Unzuverlässigkeit zuläßt und das Einzelhandels-Schutzgesetz vom 23. Juli 1934 eine Prüfung der fachlichen Eignung möglich macht. Privatrechtliche Ausschließlichkeitsverträge sind heute ein anerkanntes Mittel zur Ordnung der gewerblichen Wirtschaft. Die Aufsichtsrechte der Gruppen und die Rechtsprechung des Reichswirtschaftsgerichtes (das die früheren Kartellgerichte abgelöst hat) sind ausreichende Garantien gegen jeden Mißbrauch der Ausschließlichkeitsverträge zur Ausschaltung statt zur Regelung des Wettbewerbes.

Ihren wirtschaftlichen Funktionen nach ist die D.A.T. eine Treuhandgesellschaft, der auf ihr ruhende Marktordnungsverband ein Kartell als Gesellschaft des bürgerlichen Rechts, dessen Geschäfte von der D.A.T. geführt werden. Dem Namen Kartell haftet aus der Zeit des unbeschränkten Wirtschaftsliberalismus ein schlechter Klang an. Damals waren die Kartelle häufig Träger einer rücksichtslosen, gruppen- oder betriebsegoistischen Monopolherrschaft, deren Marktpolitik ohne Rücksicht auf die Gesamtwirtschaft ausschließlich vom Streben nach höchstem Gewinn regiert wurde. Daher sah man in den Kartellen ganz besonders unerfreuliche Auswüchse der vergangenen Epoche, die im nationalsozialistischen Staat keine Daseinsberechtigung hatten, und mit deren Auflösung man allgemein rechnete. Aber bei der herrschenden Marktzerrüttung war das Kartell die einzig mögliche Organisationsform. Jede weniger straffe Ordnung wäre von Anfang an zum Mißerfolg verurteilt gewesen.

Vor allem hätte ein autonomes Preisschutzsystem auf der Grundlage autonomer Reversverpflichtungen der Händler den ver-

---

[4]) Hierzu Eckelt: Der Ausschließlichkeitsvertrag als Mittel zur Ordnung der gewerblichen Wirtschaft: Kartell-Rundschau 1935/8.

tretenen Fabriken gegenüber nie ausgereicht, um den gestörten Wettbewerb wieder in Ordnung zu bringen. In diesem Fall hätte jede Fabrik das Preis- und Marktgebaren ihrer Händler allein überwachen müssen, wozu sie erfahrungsgemäß gar nicht in der Lage ist. Zur Marktüberwachung war ein kollektiver Zusammenschluß mit einer treuhänderisch wirkenden Überwachungsinstanz unentbehrlich. Aus diesem Zusammenschluß zu kollektiver Überwachung der Marktordnung ergab sich aber zwangsläufig der Kartellcharakter der Vereinigung[5]).

Die Abneigung und Bedenken gegen einen kartellmäßigen Zusammenschluß waren auch durchaus unberechtigt und entsprangen z. T. einer falschen Auffassung vom Wesen des Kartells. Kartelle sind Schutzgemeinschaften zur Aufrechterhaltung der Marktordnung. Sie sind an sich nichts weiter als organisatorisch-technische Einrichtungen, und als solche wirtschaftspolitisch völlig neutral. Der Gedanke der Marktordnung, dem das Kartell seine Entstehung verdankt, ist sogar volkswirtschaftlich wertvoll. Es kann allerdings nicht geleugnet wer-

---

[5]) Seit der Entscheidung des Kartellgerichtes vom 23./24. 11. 1932 (K 258/32) gelten Markenschutzverbände und ähnliche Organisationen, die den kollektiven Schutz der Preise der Mitglieder bezwecken, auch dann als Kartelle, wenn sie auf Preisstellung und Lieferbedingungen ihrer Mitglieder keinen Einfluß haben, sondern nur Organ der Marktüberwachung sind. Die entscheidenden Merkmale, die sie zum Kartell stempeln, sieht das Kartellgericht:

1. im Verbandszweck: Schutz der Verkaufspreise und Bekämpfung unlauteren Wettbewerbes,
2. in der Sperre als Mittel zur Erreichung des Verbandszweckes,
3. in der Verpflichtung der Mitglieder zur Mitwirkung an der einheitlichen Durchführung des Preisschutzes,
4. in der Einholung der Verpflichtungsscheine zugunsten eines Markenartikelschutzverbandes.

Diese vier Punkte erfüllen nach seiner Ansicht die Voraussetzungen des § 1 Kartell-VO. Außerdem stellte das Kartellgericht fest, daß es bei der Prüfung des marktbeeinflussenden Charakters einer Abmachung nicht darauf ankomme, ob der Reversverpflichtete einen Einfluß auf die Preisstellung hat oder nicht, sondern darauf, ob das Preisschutzsystem als Ganzes marktbeeinflussenden Charakter hat. Und dies wird hinsichtlich der Markenschutzverbände bejaht. Darum bedürfen sie zur Verhängung von Sperren der Einwilligung des Kartellgerichtes gem. § 9 Kartell-VO. Da die D.A.T. nach wirtschaftlichen Funktionen und juristischer Struktur den Markenschutzverbänden sehr ähnelt, stand ihr Kartellcharakter von Anfang an fest.

den, daß sich während der liberalen Epoche die Kartelle von ihrer ursprünglichen Idee weit entfernt hatten und zu Zwecken mißbraucht wurden, die volkswirtschaftlich schädlich oder zumindest unerwünscht waren.

In den Händen von macht- und gewinnhungrigen Elementen wurde die marktordnende zu einer marktbeherrschenden Organisation, die sich sehr leicht zur Verwirklichung gruppen-egoistischer Ziele einsetzen ließ. Diese Entwicklung lag aber durchaus nicht im Wesen des Kartells begründet, sondern war ein typischer Ausfluß liberalistischer Wirtschaftsgesinnung, der es an der notwendigen Gemeinschaftsgebundenheit und an dem erforderlichen Verantwortungsgefühl fehlte. In ungeeigneten Händen ist das Kartell wegen seiner marktbeherrschenden Kraft immer eine Gefahr und bedarf unbedingt einer staatlichen Kontrolle. Die Entartung des Kartellwesens mit seinem schädigenden Einfluß auf die Volkswirtschaft ist vor allem auf das Fehlen einer systemgerechten Kartellaufsicht zurückzuführen. Es genügte nicht, den einzelnen, insbesondere den Außenseiter, gegen eine Vergewaltigung durch das Kartell zu schützen (das liberale Kartellrecht hatte im wesentlichen diesen Zweck), sondern es galt vor allem, die Marktpolitik der einigen Kartelle zu überwachen und dafür zu sorgen, daß die im Kartell begründete Marktherrschaft für und nicht gegen das Gemeininteresse gebraucht wurde.

Für die richtigen Zwecke eingesetzt, kann das Kartell sogar zu einer außerordentlich segensreichen Einrichtung werden, denn es ist das bestgeeignete Mittel zur Wiederherstellung der Ordnung auf Märkten mit unvollständiger Konkurrenz. Und zwar ist es ein außerordentlich elastisches Mittel, das den Gegebenheiten der einzelnen Märkte leicht angepaßt werden kann.

Es war daher eine wohlüberlegte Entscheidung, als die nationalsozialistische Wirtschaftsführung die Kartelle nicht, wie vielfach erwartet, beseitigte, sondern sie sogar in ihr Ordnungswerk sehr wirkungsvoll eingliederte. Die Kartelle in der nationalsozialistischen Wirtschaft haben mit denen der liberalen Epoche nur noch die äußere Form gemein; sowohl die Zwecke, für die sie eingesetzt, als auch der Geist, in dem sie geführt werden, ist ein völlig anderer. Sie stehen heute im Dienste der Gemeinschaft und sind als Stützen der Marktordnung wertvolle Bestandteile des nationalsozialistischen Wirtschaftsaufbaues.

Eines der ersten Kartelle, das in diesem neuen Geiste errichtet wurde, war das Kartell der deutschen Automobilwirtschaft. Es kann als Muster eines im nationalsozialistischen Geiste errichteten und geführten Marktordnungsverbandes gelten.

Daß es sich bei der Marktordnung der deutschen Automobilwirtschaft wirklich um etwas ganz Neues handelt, geht auch daraus hervor, daß sich dieses Kartell nicht in die übliche Karteleinteilung einfügen läßt.

Es ist kein Produktionskartell, denn es läßt in Art und Umfang der Erzeugung seinen Mitgliedern völlig freie Hand. Es ist kein Preiskartell, denn es nimmt auf die Preisstellung der Industrie keinen Einfluß, sondern wünscht sogar eine Preiskonkurrenz zwischen den Kraftwagenerzeugern. Daran ändert auch der Preisschutz des Handels nichts, da dieser ganz anderer Art ist.

Es ist kein Kalkulationskartell, denn obgleich die Industrie gehalten ist, ihren Preisen die Selbstkosten zugrunde zu legen, bestehen keinerlei Vorschriften über Kostenermittlung und Kostenwertung.

Es ist auch kein Konditionenkartell, denn obgleich die Lieferungsbedingungen durch die Marktordnung weitgehend geregelt werden, geht der Kartellzweck über den eines Konditionenkartells weit hinaus.

Die größte Ähnlichkeit ergibt sich noch mit einem Markenschutzverband, aber auch dieser Vergleich trifft nur auf einen Teil der marktordnenden Funktionen des neuen Kartells zu. Hier ist eben etwas durchaus Einmaliges geschaffen worden: eine Marktordnung, die ganz auf die spezifischen Verhältnisse des zu ordnenden Marktes und seiner Störungsquellen abgestellt wurde.

Das zu ordnende Marktgebiet ist der Kraftfahrzeugmarkt. Als „Vertragsware" bezeichnet die Marktordnung (§ 3 Verpflichtungserklärung):

1. vier- und mehrrädrige Kraftfahrzeuge mit Verbrennungsmotoren und ihre Fahrgestelle, auch in Sonderausführung oder mit Sonderausrüstung, die im Reich polizeilich zugelassen werden;
2. vier- und mehrrädrige Kraftfahrzeuganhänger für Personen- und Lastenbeförderung und ihre Fahrgestelle, auch in Sonderausführung oder mit Sonderausrüstung, die von Vertragsfirmen an im Reich[6]) ansässige Abnehmer geliefert werden;

[6]) Nach der Angliederung Österreichs an das großdeutsche Reich wurden sofort Verhandlungen aufgenommen, um die Marktordnung der deutschen Automobilwirtschaft auch auf die Ostmark zu übertragen. Die österreichische Automobilindustrie, die unter den gleichen Wettbewerbsstörungen wie früher die deutsche leidet, hat in den letzten Jahren versucht, durch ein autonomes Reverssystem den Preisschutz durchzuführen, was aber nur sehr unvollkommen gelungen ist.

Bereits im März 1938 fanden in Wien Besprechungen zwischen dem Verband der Automobilindustrie und der Gilde des Fahrzeughandels öster-

3. andere Waren, deren Herstellung und Vertrieb nach der Verkehrsanschauung zur Kraftverkehrswirtschaft gehören.
Solche Waren müssen ausdrücklich als Vertragsware erklärt werden. Bisher ist der Warenkreis aber nicht erweitert worden. Es handelt sich hier um eine Generalklausel, die der Marktordnung die notwendige Anpassungsfähigkeit an wechselnde Marktbedingungen verleiht.

Nicht der Marktordnung der Automobilwirtschaft unterliegen demnach folgende Teilmärkte des Kraftverkehrs:

1. der Motorradmarkt,
2. der Markt für Zugmaschinen,
3. der Reifenmarkt,
4. der Treibstoffmarkt,
5. der Markt für Dreirad-Kraftfahrzeuge.

Sie haben ihre eigenen Marktordnungen, die z. T. sogar älter sind als die für Kraftwagen. Die Marktordnung für Motorräder ist der Automobilmarktordnung nachgebildet und arbeitet im Schätzungswesen sogar mit ihr zusammen. Trotzdem hat man aus Zweckmäßigkeitsgründen von einer Verschmelzung, die nur Komplizierungen gebracht hätte, bisher abgesehen.

Aus der Abgrenzung des Marktes von der Ware her ergibt sich zugleich auch der Kreis der Betriebe, die der Marktordnung angeschlossen sind:

1. die Kraftwagenindustrie,
2. der Kraftwagenhandel, einschl. der Importeure ausländischer Kraftwagen,
3. die Anhängerindustrie,
4. der Anhängerhandel,
5. die Aufbau-Erzeuger als Fahrgestell-Wiederverkäufer,
6. die Zugmaschinenerzeuger[7]) als Anhänger-Wiederverkäufer,
7. der Zugmaschinenhandel[7]) als Anhänger-Wiederverkäufer.

---

reichischer- und der D.A.T. deutscherseits statt, die dazu führten, daß sich die österreichischen Automobilfabrikanten und Importeure bereit erklärten, sich der Marktordnung anzuschließen und nur Händler zu beliefern, die die Verpflichtungserklärung unterschrieben haben. Für die Durchführung der Überwachung wurden für das Landesgebiet Österreich sieben Bezirke mit je einem Überwachungsausschuß und einer D.A.T.-Hauptschätzungsstelle vorgesehen. (Nieder-Donau-Wien; Ober-Donau-Linz; Steiermark-Graz; Kärnten-Klagenfurt; Tirol-Innsbruck; Salzburg-Salzburg; Vorarlberg-Bregenz.) Inzwischen sind die Ostmark, das Sudetengebiet und das Memelland in die Marktordnung einbezogen worden, und es besteht der Wille, die Marktordnung auf das jeweilige Gebiet des Großdeutschen Reiches auszudehnen.

[7]) Zugmaschinen unterliegen der Marktordnung nicht. Ihre Erzeuger und Händler sind nur in ihrer Eigenschaft als Anhängerwiederverkäufer der D.A.T. angeschlossen.

Nach den Geschäftsberichten der D.A.T. waren an der Marktordnung beteiligt[8]):

	1934	1935	1936	1937	1938[8a])
Automobilindustrie und Importfirmen	32[8b])	33	33	36	50
Automobil-Wiederverkäufer	6 273	6 830	7 004	6 923	6 904
Anhänger-Erzeugerfirmen	56	56	59	61	74
Anhänger-Wiederverkäufer	331	339	409	420	404
Aufbau-Erzeuger	32	63	66	74	90
Vertragsfirmen insgesamt	6 724	7 321	7 571	7 514	7 522

Die sechs Kategorien von Betrieben sind zum Anschluß an die Marktordnung verpflichtet, anderenfalls werden sie auf Grund der Ausschließlichkeitsverträge vom Marktverkehr ausgeschlossen, oder gelten, wenn es sich um Händler oder Wiederverkäufer handelt, nur noch als Vermittler. Der Zwang zum Anschluß bedeutet keine unbillige Härte, denn die Marktordnung verpflichtet lediglich zu lauterem Wettbewerb und ehrenhaftem Geschäftsgebaren. Sie bringt keinerlei wirtschaftliche Nachteile, sondern nur Vorteile, indem jetzt jedem einzelnen Glied in der Kette der Erzeuger und Verteiler ein angemessenes Entgelt gesichert ist.

Der Beitritt zur Marktordnung erfolgt durch Unterzeichnung einer Verpflichtungserklärung („J" für Erzeuger- und „H" für Händlerbetriebe), durch die sich die beitretende Firma vertraglich zur Einhaltung aller Bestimmungen der Marktordnung und zur Übernahme aller sonstigen Lasten bereiterklärt, und durch die sie gleichzeitig in den Genuß aller Rechte, insbesondere in den Genuß der sehr wertvollen Schutzrechte gelangt. Durch die Unterschrift unterwirft sie sich auch der Aufsichts- und Strafgewalt der D.A.T. Zu ihrer Unterstützung besteht als besondere Einrichtung ein Schiedsgericht.

---

[8]) Bei Beginn der marktordnenden Arbeiten der D.A.T. waren etwa 3000 Händlerfirmen vorhanden. Mit der steigenden Motorisierung erreichte ihre Zahl 1934 ihren Höhepunkt mit etwa 8000, die durch intensive Arbeit der D.A.T. bis zum Ende des Jahres 1934 auf 6273 zurückgeführt wurde.

[8a]) Durch Einbeziehung der Automobilwirtschaft der Ostmark in die D.A.T. ergaben sich Verschiebungen im Mitgliederbestand. Der ostmärkische Zugang betrug 14 J- und 323 H-Firmen. Da gleichzeitig im Altreich 472 H-Firmen ausschieden, ist trotz des erheblichen Zuwachses die Gesamtzahl der Händler gesunken.

[8b]) Der starke Rückgang 1933 auf 1934 von 42 auf 32 Firmen ist zurückzuführen auf:

a) die Liquidation von drei Firmen,
b) Aufgabe der Automobilfabrikation durch fünf Firmen,
c) Aufgabe des Importes durch drei Firmen,
d) einen Konkurs.

Nach Unterfertigung der Verpflichtungserklärung kann die Anerkennung als „Vertragsfirma", die eigentliche Aufnahme in die Organisation, erfolgen. Da die Marktordnung, deren wesentlicher Inhalt lauterer Wettbewerb nach dem Leistungsprinzip ist, mit der Zuverlässigkeit der beteiligten Firmen steht und fällt, ist die Aufnahme an die Erfüllung gewisser persönlicher und sachlicher Voraussetzungen geknüpft. Dies gilt vor allem für den Handel. Bei den Industriefirmen sieht man sie normalerweise als gegeben an, da es sich in der Automobilerzeugung nur um große und kollegial geleitete Werke handelt, von denen ohne weiteres angenommen werden kann, daß sie im Interesse der Gesamtwirtschaft und auch zu ihrem eigenen Wohl treu zur Marktordnung stehen.

c) Die Reorganisation des Handels als erste Aufgabe der Marktordnung.

α) Die Auslese- und Zulassungsbestimmungen.

Reorganisation des Handels, wie sie die Marktordnung der deutschen Automobilwirtschaft vorsieht, bedeutet in erster Linie Qualitätsauslese. Es ist das Streben der Automobilwirtschaft, sich einen qualitativ erstklassigen Händlerapparat zu schaffen, der in persönlicher und fachlicher Eignung der Beteiligten, sachlicher und organisatorischer Ausrüstung der Betriebe und finanzieller und wirtschaftlicher Gesundheit alle Anforderungen erfüllt. Diese hohen Qualitätsanforderungen sind notwendig:

1. zur Sicherung der Marktordnung und
2. im Interesse der Automobilkäufer.

Beim Erwerb eines Kraftwagens sind die Käufer mehr als bei den meisten anderen Gütern auf die treuhänderische Mitarbeit eines zuverlässigen Händlers angewiesen, denn

1. ist der Kraftwagen ein außergewöhnlich hochwertiges Handelsobjekt. Für die Mehrzahl der Käufer bedeutet sein Erwerb eine ganz ungewöhnlich hohe Ausgabe, die oft nur unter großen Opfern ermöglicht werden kann. Schon wegen der Höhe der Investition bedarf der Käufer einer ganz besonders verantwortungsbewußten Betreuung;
2. vermögen wegen der technisch sehr komplizierten Natur des Kraftwagens nur die wenigsten Käufer sich ein selbständiges Urteil über das zu kaufende Objekt zu bilden. Sie sind in diesem Punkt fast völlig auf die Beratung durch den Handel angewiesen, ein weiterer Grund, um an den Kraftwagenhandel besonders hohe Leistungsanforderungen zu stellen;
3. im Kraftwagenhandel ist es vielfach üblich, Anzahlungen in größerer Höhe zu leisten, insbesondere dann, wenn nicht ab Lager des Händlers gekauft, sondern der Wagen erst in der Fabrik bestellt wird. Die hohen Anzahlungsbeträge werden dem Händler zu getreuen Händen, meist ohne jede besondere Sicherheit und in der Erwartung übergeben, daß sie für

den vorgesehenen Zweck (Anzahlung auf den zu bestellenden Wagen) verwendet werden. Bei allen Käufen, wo die Leistung Zug um Zug erfolgt, ist dem Käufer die Verwendung des Verkaufserlöses durch den Händler völlig gleichgültig. Nicht so bei der Leistung von Anzahlungen. Hier hätte der Käufer sogar ein berechtigtes Interesse daran, die Verwendung des Anzahlungsbetrages kontrollieren zu können. Da dies praktisch nicht möglich ist, muß die allgemeine Zuverlässigkeit des Händlers als Bürge dienen. Nur in einem Betrieb, der mit den notwendigen finanziellen Mitteln ausgestattet ist, ist die Gewähr dafür gegeben, daß die Kundengelder ihrem Bestimmungszweck ordnungsmäßig zugeführt und nicht zum Zustopfen von Löchern im Etat des Handelsbetriebes benutzt werden. Wie notwendig gerade diese Kontrolle des finanziellen Aufbaus der Betriebe ist, haben die Erfahrungen während der Krise zur Genüge gelehrt;

4. der Kraftwagenhändler muß auch nach Kaufabschluß der Betreuer und Berater des Kunden bleiben, er muß insbesondere die notwendigen Reparaturen sachverständig und zu angemessenen Preisen ausführen können. Die Automobilindustrie setzt diese Dauerverbindung zwischen Händler und Käufer voraus, denn in der Mehrzahl der Fälle kommen heute die Wagen „uneingefahren" zur Auslieferung, und der Händler übernimmt im Auftrag der Industrie ihre technische Überwachung und die Durchführung der sogenannten „Garantiereparaturen". Aber auch nach dieser Anlauffrist bedarf der Kunde des Händlers: seines Ersatzteillagers für schnelle Reparaturen mit Originalersatzteilen, seines technischen Rates und seiner leistungsfähigen Werkstatt. Für die Leistung der gesamten Kraftverkehrswirtschaft ist die vollkommene Lösung der Reparaturfrage von entscheidender Bedeutung: die Höhe der Reparaturpreise als Kostenfaktor; die Qualität der Reparaturleistungen als Lebensdauerfaktor und die Schnelligkeit der Reparaturen für die Einsatzbereitschaft des Wagenparkes. Ein hochqualifizierter Handelsstand ist also nicht nur wichtig für den Absatz der Kraftwagen, sondern für ein reibungsloses Funktionieren der Kraftverkehrswirtschaft überhaupt.

Auch die sinngemäße Durchführung der Marktordnung ist nur auf der Grundlage finanziell gesunder, gut organisierter Betriebe möglich, die nicht aus wirtschaftlicher Bedrängnis, mangelndem Können oder persönlicher Unzuverlässigkeit dazu neigen, die Bestimmungen der Marktordnung zu verletzen und durch Hintertürchen zu umgehen.

In diesem Zusammenhang muß aber nochmals ausdrücklich betont werden, daß die Zulassungsbestimmungen für Wiederverkäufer (Händler) nur den Zweck einer Qualitätsauslese und nicht den einer generellen Beschränkung der Händlerzahl haben. Ein derartiges Vorgehen stünde auch mit dem geltenden Recht[9]) in Widerspruch, denn „Grundlage der deutschen Industriewirtschaft ist Wettbewerbsfreiheit". „Höchste Leistung erscheint nur dann gesichert, wenn im Rahmen der naturgemäß immer und überall gegebenen Grenzen die Möglichkeit zur ungehinderten gewerblichen Betätigung gegeben ist. Ohne Wettbewerb keine Gewähr des Leistungsgrundsatzes. Das schließt nicht aus, daß sich Unternehmen zur Regelung der Wettbewerbsgrundlagen zusammenschließen . . . es kann aber nicht gebilligt werden, durch das Mittel des Organisationszwanges eine bestimmte, gewerbliche Betätigung von Anfang an zu unterdrücken." Das Kartellgericht hat sich vor allem immer auf den Standpunkt gestellt, daß der „Organisationszwang kein zulässiges Mittel zum Ausschluß persönlich und sachlich Geeigneter von einer gewerblichen Tätigkeit sei", und zwar auch dann nicht, wenn „das in Frage kommende Gewerbe übersetzt sein sollte". Jede über eine ausgesprochene Qualitätsauslese hinausgehende Beschränkung der gewerblichen Betätigung bedeutet nach der Ansicht des Kartellgerichtes eine mit der geltenden Wirtschaftsordnung unvereinbare, zu weit gehende Einschränkung der Wettbewerbsfreiheit.

Die Kartellaufsicht verlangt daher die Aufstellung von Normen für die Zulassung zum Gewerbe bzw. zum Marktordnungsverband, die aber nur Gesichtspunkte der Qualitätsauslese enthalten dürfen. Auch das Kartellgericht genehmigt Sperren nur beim Vorliegen ganz bestimmter Tatbestände, zu denen neuerdings die persönliche Unzuverlässigkeit zählt. Ihre Anerkennung als Sperrgrund erleichtert es den Marktordnungsorganisationen, ihren Mitgliedsbestand von unerwünschten Elementen frei zu halten und so ihre marktordnenden Aufgaben restlos zu erfüllen.

Die Marktordnung für die deutsche Automobilwirtschaft enthält zwei Gruppen derartiger Normen:

1. Normen für die Eingliederung der im Kraftwagenabsatz Tätigen in die verschiedenen Händlergruppen (organisatorischer Neuaufbau des Verteilungsapparates);
2. Normen für die persönlichen und sachlichen Anforderungen, die an die Händler zu stellen sind (Händlerauslese).

Eine Neugliederung des Verteilungsapparates erwies sich als erforderlich, da sich in der Krise die Grenzen zwischen den einzelnen Handelsstufen stark verwischt und sich auch eine große Anzahl durchaus überflüssiger Zwischenglieder eingeschoben hatten. Die Folge hiervon war

[9]) Hierzu Entscheidung des Kartellgerichtes vom 22. November 1935 (K 1445/35. 28 zitiert nach Kartellrundschau 1936, S. 91 ff. Ihr sind die obigen Zitate entnommen.

eine unnötige Verteuerung des Vertriebes und eine so starke Aufsplitterung der Handelsspanne, daß auch die marktnotwendigen Betriebe von dem auf sie entfallenden Rest nicht mehr existieren konnten.

Der Aufbau des Verteilungsapparates ergibt sich aus der Arbeitsteilung zwischen den Betrieben, die im Kraftwagenvertrieb in zweifacher Richtung durchgeführt ist:

1. nach Funktionen und
2. nach Gebieten (Bezirken).

Die sonst übliche Gliederung nach Groß- und Einzelhandel in ihren verschiedenen Unterteilungen läßt sich auf die Automobilwirtschaft nicht anwenden, denn der ausgesprochene Großhandel fehlt im innerdeutschen Verkehr. Er kommt nur im Im- und Export vor. Im allgemeinen besteht ein direkter Geschäftsverkehr zwischen Industrie und Einzelhandel.

Der Kraftwageneinzelhandel zeigt folgenden Aufbau:

1. Fabrikverkaufsstellen und selbständige Händler (Wiederverkäufer), die alle Handelsfunktionen ausüben und ein größeres Absatzgebiet selbständig bearbeiten;
2. Untervertreter, rechtlich selbständige Handelsbetriebe, die alle oder einen Teil der Handelsfunktionen ausüben und das Absatzgebiet eines selbständigen Händlers in dessen Auftrag mitbearbeiten;
3. Vermittler.

Auch die Marktordnung unterscheidet diese drei Gruppen von Kraftwagenhändlern. Nach Umfang ihrer Tätigkeit und Bedeutung für die Marktordnung stellt sie aber an jede Gruppe durchaus verschiedene Anforderungen: die höchsten an die selbständigen Händler und ihre Untervertreter, die geringsten an die Vermittler.

Für die Eingliederung der im Kraftwagenvertrieb Tätigen in die verschiedenen Gruppen stellte die Marktordnung zunächst folgende Normen auf (Abschnitt I §§ 30—36 der Marktordnung): Als Vertragshändler (selbständige Händler und Untervertreter) können nur diejenigen (natürlichen und juristischen) Personen anerkannt werden, die:

1. den An- und Verkauf von Kraftwagen „gewerbsmäßig, also als Quelle ständigen Erwerbs" betreiben. Und zwar soll der Kraftwagenhandel hauptberuflich oder nur in branchenüblicher Verbindung mit anderen Zweigen des Kraftfahrzeuggewerbes ausgeübt werden.

Die Verbindung mit anderen Gewerben ist zulässig, wenn dies ortsüblich ist oder sich bei der Größe des Betriebes oder auch im Hinblick auf die vorhandenen Absatzmöglichkeiten nicht vermeiden läßt.

Entscheidend ist, daß der Kraftfahrzeughandel hauptberuflich und gewerbsmäßig betrieben wird. Hinsichtlich der Verbindung mit anderen Geschäftszweigen mußten die Bestimmungen weit gefaßt werden, um den in der Praxis tatsächlich vorhandenen und auch wirtschaftlichen Betriebskombinationen gerecht werden zu können. Im allgemeinen besteht im Kraftfahrzeughandel die Tendenz zum Spezialgeschäft, und sie wird auch durch die Marktordnung gefördert. Aber das Spezialgeschäft ist nicht überall lebensfähig. Insbesondere auf dem flachen Land ist die Betriebskombination das Mittel, um nichtlebensfähige Kleinbetriebe zu vermeiden. Hier findet sich der Kraftwagenhandel in Verbindung mit anderen Handelszweigen, und zwar in den verschiedensten Kombinationen, z. B. in Verbindung mit Fahrrad- und Nähmaschinen-, Landmaschinen-, Getreide- und Futtermittelhandel, aber auch in den Händen von Schmieden, Schlossern und anderen technischen Handwerkern. Ob eine echte und hauptberufliche Betätigung im Kraftwagenhandel vorliegt, kann nur von Fall zu Fall entschieden werden. Ein besonders wichtiges Kennzeichen ist hierfür der Anteil des betreffenden Betriebes am Gesamtabsatz des Bezirkes und der Umfang der von ihm tatsächlich ausgeübten Handelsfunktionen (Vorführwagen, selbständige Absatzfinanzierung).

Im übrigen sind solche Verbindungen die große Ausnahme. Sie werden künftig entweder aus dem Kraftfahrzeughandel ganz ausscheiden, wie z. B. Getreide- und Futtermittelgeschäfte, oder sie können nur als Vermittler anerkannt werden.

Als weiteren Nachweis für die Zugehörigkeit zum Kraftfahrzeuggewerbe verlangt die Marktordnung:

2. die handelsgerichtliche Eintragung,
3. den Nachweis der Mitgliedschaft bei der berufsständischen Reichsorganisation des Kraftfahrzeughandels,
4. einen Vertretungsvertrag mit mindestens einer Vertragsfirma (Industrie-, Import- oder Handelsfirma) über eine dauernde händlerische Betätigung.

In der Zugehörigkeit zur berufsständischen Organisation sieht die Marktordnung eine Gewähr für die fachliche Eignung, die der Berufsstand vor der Aufnahme zu prüfen hat.

Entscheidend für die Anerkennung als Händler ist aber das Vorliegen eines langfristigen Vertretungsvertrages. In ihm sieht die Marktordnung das eigentliche Kennzeichen einer selbständigen und nachhaltigen Betätigung im Kraftwagengeschäft.

Der Forderung nach einem langfristigen Vertretervertrag ist man teilweise mit Mißtrauen begegnet, insbesondere allerdings in Kreisen, die der Automobilwirtschaft fernerstehen. So wurde, aber zu Unrecht, die Bestimmung kritisiert, daß die Händleranerkennung verloren geht, wenn ein erloschener Vertretervertrag nicht innerhalb von sechs Monaten durch einen anderen ersetzt wird (§ 35a)[10]). Man witterte hierin einen der berüchtigten „Knebelungsparagraphen" früherer Kartellverträge. Bei der tatsächlichen Organisation der Automobilwirtschaft ist diese Forderung durchaus berechtigt und natürlich. Die Frage: unabhängiger oder fabrikgebundener Händler war bei Erlaß der Marktordnung bereits eindeutig zugunsten des letzteren entschieden. Betriebe, die auf Grund freier Disposition Kraftwagen auf eigene Rechnung kauften und auf Lager hielten, also ohne Vertretungsvertrag echte Handelsfunktionen ausübten, gab es 1933 nicht mehr. Jeder anständige Händler hatte einen oder mehrere Händlerverträge, und zwar markenspezialisiert. Wer ohne festen Vertrag arbeitete, konnte mit Recht als „Geschäftemacher", aber nicht als vollwertiger Händler angesehen werden. Es war durchaus berechtigt, eine bereits gefällte Entscheidung über das anzuwendende Organisationsprinzip in der Marktordnung nochmals zu verankern.

Damit ist allerdings die Entwicklung zum „Vollhandel" endgültig abgeschnitten. Über das Für und Wider der beiden Organisationsformen haben wir uns bereits ausführlich an anderer Stelle geäußert und nicht verhehlt, daß wir auch im wirklich selbständigen Handel eine durchaus mögliche und wirtschaftliche Absatzorganisation sehen würden. Jedenfalls halten wir es aber für eine ganz falsche Auffassung, im markengebundenen Händler eine besonders hoch entwickelte Form der Organisation des Handels zu sehen.

Im Kraftfahrzeughandel ist übrigens nicht nur in Deutschland, sondern in der ganzen Welt, der markengebundene Handel die gegebene Vertriebsform. Würde der Kraftfahrzeughändler nach Belieben bald bei der einen, bald bei der anderen Industriefirma einkaufen, so müßte es sein Bestreben sein, zur Erzielung eines günstigen Einkaufspreises möglichst große Mengen abzunehmen. Der Händler würde dann mit einem großen Risiko belastet sein und das Bestreben haben, die gekauften Fahrzeuge unter allen Umständen weiterzuveräußern. Eine sachgemäße Beratung des Kunden wäre angesichts der hohen Kapitalinvestitionen und der großen Gefahr einer Überalterung des Lagers weniger sichergestellt, als wenn der Händler den Verbraucher im Rahmen der Bauprogramme der von ihm vertretenen Fabriken beraten kann. Ganz besonders macht sich aber die Markengebundenheit deshalb notwendig, weil ein hinreichendes Ersatzteil-

[10]) Zwecks Kontrolle dieser Marktordnungsbestimmung sind alle Vertragsfirmen verpflichtet, jede Veränderung im Vertreterbestand, insbesondere aber die Kündigung von Vertretungsverträgen, unverzüglich der D.A.T. anzuzeigen (§ 34 Marktordnung).

lager, Spezialgeräte und -werkzeuge für preiswerten Kundendienst nur für eine oder ganz wenige Marken, aber keineswegs für alle Marken vom Händler angeschafft werden können.

Auch der Markenhändler ist in erster Linie Treuhänder des Kunden und hat den Geschäftsverkehr so zu regeln, wie es für den Käufer am zweckmäßigsten ist, und er hat sich vor allem nach dessen Wünschen und Bedürfnissen zu richten. Hier findet auch jede Käuferlenkung ihre Grenzen. Niemals darf die Markentreue über das Kundenbedürfnis gestellt werden. Es ist immer unverantwortlich und mit dem Geschäftsgebaren eines ehrbaren Kaufmanns unvereinbar, dem Kunden etwas zu verkaufen, was er nicht wünscht.

Da sich die Marktordnung eindeutig für den markengebundenen Spezialhändler entschieden hat, erkennt auch das Reichswirtschaftsgericht einen langfristigen Vertretervertrag als Voraussetzung zur Zulassung als Vertragshändler an. In einer Entscheidung hat es ausgeführt, daß auch in einem kleinen Ort ein ordnungsmäßiger Automobilhandel, im Gegensatz zu einer Vermittlertätigkeit, nur auf Grund der Vertretung einer oder mehrerer Kraftwagenfabrikate möglich sei. In dem vorliegenden Fall betrieb der zu sperrende Händler den Kraftwagenhandel in Verbindung mit anderen Handelszweigen, deshalb stellte das Gericht fest: „Bei dieser Sachlage muß angenommen werden, daß der Automobilhandel für den mit ansehnlichen Umsätzen arbeitenden Betrieb des Antragsgegners keine wesentliche Bedeutung besitzt, und daß er diesen nur als Gelegenheitsgeschäft mitbetreiben und für eine Vermittlungstätigkeit die höheren Händlerverdienste erzielen will, ohne den Anforderungen zu genügen, die an jeden selbständigen Kraftwagenhändler zu stellen sind.

Unter diesen Umständen stellt die beabsichtigte Ausschließung des Antragsgegners vom Bezuge von Kraftwagen zu Händlerbedingungen keine unbillige Einschränkung seiner wirtschaftlichen Bewegungsfreiheit dar"[11]).

Ein weiteres Erfordernis für die Anerkennung als Händler ist wirtschaftliche Selbständigkeit. Deshalb verlangt die Marktordnung: Der Gewerbetreibende muß

2. gewerbesteuerpflichtig,
3. umsatzsteuerpflichtig sein und darf
4. von keiner dem Kraftfahrzeuggewerbe fremden (natürlichen oder juristischen) Person völlig oder überwiegend wirtschaftlich beherrscht werden.

Diese drei Normativbestimmungen gehören aufs engste zusammen. Sie sollen verhindern, daß wirtschaftlich unselbständigen und von gewerbefrem-

---

[11]) D.A.T.-Nachrichten Nr. 18 vom 1. 4. 1938, S. 36.

den Personen oder Unternehmungen kontrollierten Betrieben die Händlereigenschaft zugesprochen wird. Vor Erlaß der Marktordnung kam es häufig vor, daß Großverbraucher (Kraftverkehrs- und Droschkenunternehmen, Fabrikbetriebe mit ausgedehntem Werkverkehr, aber auch Automobilistenvereine) sich „Handelsbetriebe" angliederten mit dem ausschließlichen Zweck, durch sie Kraftwagen und Kraftwagenbedarf zu Händlerbedingungen zu beziehen. Diese als selbständige Handelsbetriebe getarnten Einkaufsabteilungen bedeuten eine unlautere Konkurrenz für den gewerbsmäßigen Handel, denn sie nehmen für sich Händlerrabatt in Anspruch, ohne Händlerleistungen zu vollbringen. Es gehört zu den reorganisatorischen Arbeiten der Marktordnung, auch hier eine klare Scheidung durchzuführen. Die Großabnehmer sollen an den kostenmäßigen Vorteilen, die durch Großaufträge bei Industrie und Handel zweifellos entstehen, durchaus beteiligt werden, aber nicht in der Form von Händler-, sondern von Mengenrabatten.

Umsatz- und Gewerbesteuerpflicht sind ein sicheres Kennzeichen für die wirtschaftliche Selbständigkeit der Betriebe. Abhängige Gesellschaften sind hiervon auf Grund ihres „Organcharakters" befreit. Fehlt daher die Steuerpflicht, so kann mit Sicherheit angenommen werden, daß ein abhängiger Betrieb vorliegt. Ihm kann die Händlereigenschaft nicht zuerkannt werden, es sei denn, daß der beherrschende Betrieb seinerseits dem Kraftfahrzeuggewerbe angehört. Die Anerkennung ist auch zu versagen, wenn trotz Gewerbe- und Umsatzsteuerpflicht die Abhängigkeit auf andere Weise nachgewiesen wird (z. B. durch Ermittlung der Inhaber der Anteilspapiere).

Personen und Betriebe, die nur gelegentlich Absatzhilfe leisten, bezeichnet die Marktordnung als Vermittler. Sie unterschied früher gewerbsmäßige und sonstige Vermittler. Gewerbsmäßige Vermittler sind Angehörige des Kraftfahrzeuggewerbes, die ohne eigenen Vertretervertrag gelegentlich den Verkauf eines Kraftfahrzeugs vermitteln. Als Angehörige des Kraftfahrzeuggewerbes galten Mitglieder des Kraftfahrzeughandels und -handwerks, des Garagen-, Tankstellen- und Fahrlehrergewerbes, die einen Gewerbebetrieb selbständig angemeldet haben und die ihre Zugehörigkeit zur berufsständischen Reichsorganisation des Kraftfahrzeughandwerks oder -handels und -gewerbes nachweisen konnten.

Als sonstige Vermittler galten alle anderen Personen, die dem Händler gelegentlich Absatzhilfe leisteten, ohne zu ihm in einem Dienst- oder Untervertreterverhältnis zu stehen.

Die Vermittler sind keine regulären Glieder der Marktorganisation und man hätte sie bei Errichtung der Marktordnung gern abgeschafft. Zunächst gelang aber nur eine Zwischenlösung.

Die Marktordnung regelte die Provisionsansprüche: Voraussetzung, Höhe und Verfahren der Provisionszahlung.

Die Einbeziehung der Vermittlerprovisionen in die Marktordnung war aus zwei Gründen erforderlich:

1. unkontrollierte Provisionszahlungen können zur Umgehung der Preisbindungen benutzt werden, gefährden also die Preisordnung;
2. eine gerechte Leistungsvergütung für den Handel ist nur dann möglich, wenn auch die gewinnschmälernden Elemente von vornherein festliegen.

Darum sah die Marktordnung bestimmte Provisionshöchstsätze vor: Vermittlerprovisionen durften nur gezahlt werden, wenn entweder der Nachweis der Gelegenheit zum Abschluß eines Geschäftes erbracht oder zumindest eine tätige Verkaufshilfe geleistet wurde. Auch mußte die Vermittlertätigkeit vom Händler vorher als erwünscht anerkannt worden sein. Dies geschah durch Ausstellen eines Provisionsscheines. In diesem Provisionsschein verpflichtete sich der Vermittler u. a., die Provision weder ganz noch zum Teil an den Käufer weiterzugeben und unterwarf sich in diesem Punkt der Aufsicht und evtl. sogar der Strafbefugnis der D.A.T. Eine Zweitschrift des Provisionsscheines ging jeweils an die D.A.T., die kontrollierte, ob der Vermittler nicht mehreren Händlern das gleiche Geschäft aufgegeben hatte. Ein solches Vorgehen bedeutete natürlich keine Verkaufshilfe und machte den Provisionsanspruch nichtig.

Die Marktordnung bestimmte ferner, daß an Personen, die zum Käufer in einem Dienstverhältnis stehen, auf keinen Fall Vermittlerprovisionen gezahlt werden durften. Hierdurch wurde die Unsitte beseitigt, den Fahrern, die auf den Wagenkauf häufig starken Einfluß haben, Vermittlerprovisionen zu zahlen. Diese „Provisionen" streiften sehr häufig die Grenze der Bestechungsgelder und ihre Annahme ist mit der Gefolgschaftstreue unvereinbar. Ihre Beseitigung ist, ebenso wie der Wegfall der Pflegegelder, sehr zu begrüßen.

Die Beobachtungen in den nächsten Jahren mit normalen Absatzverhältnissen zeigten dann, daß der Vermittler bis auf wenige Ausnahmen durchaus entbehrlich ist. Deshalb wurde die Marktordnung dahingehend geändert, daß die Provisionsberechtigung der „Sonstigen Vermittler" ganz aufgehoben und der Kreis der „Gewerblichen Vermittler" wesentlich eingeschränkt wurde. Provisionsberechtigt sind jetzt nur noch die Pflichtmitglieder der Organisation des Kraftfahrzeughandwerks und nur noch für die Marken, für die sie von der betreffenden Industrie- oder Importfirma oder von einem hierzu ermächtigten Vertragshändler als Vertragswerkstätten anerkannt worden sind.

Garageninhaber, Tankstellenbesitzer und Fahrlehrer, die früher auch als gewerbliche Vermittler galten, dürfen keinerlei Provision mehr erhalten.

Es ist ein großer Erfolg der Marktordnung, daß es in so kurzer Zeit gelungen ist, das zeitweise sehr schwierige Vermittlerproblem zu lösen und damit eine weitere Verbilligung des Kraftwagenabsatzes herbeizuführen.

Die Normativbestimmungen für die fachlich-sachlichen Voraussetzungen für die Anerkennung als Wiederverkäufer und die Eingliederung in die Händlerorganisation werden wirkungsvoll ergänzt durch Normen für die Händlerauslese.

Der Kraftfahrzeughandel ist ein besonders verantwortungsvolles Gewerbe, zu dem im Interesse der Verbraucher nur unbedingt zuverlässige und fachlich geeignete Händler zugelassen werden können. Dieses Bedürfnis nach Qualitätsauslese wird verstärkt durch die außerordentlich schwierigen Wettbewerbsverhältnisse. Die Marktordnung kann nur dann aufrecht erhalten werden, wenn alle Betriebe von vornherein finanziell und betrieblich so ausgerüstet sind, daß sie den Erfordernissen des Marktes genügen und zu einem wirklichen Leistungswettbewerb fähig und willig sind. Ferner muß die Führung der Betriebe in den Händen von durchaus zuverlässigen Personen liegen, die sie im vollen Bewußtsein ihrer Verpflichtung gegenüber der Gemeinschaft im Geiste der Marktordnung, d. h. in nationalsozialistischem Geist führen.

Dieser Qualitätsauslese dienen folgende Bestimmungen der Marktordnung:

1. der Gewerbetreibende muß persönlich zuverlässig sein,
2. er muß ausreichende Fachkenntnisse besitzen,
3. er muß eine nach kaufmännischen Grundsätzen ordentliche, dem Umfang des Geschäftsbetriebes entsprechende Buchhaltung besitzen und seine Geschäftspapiere ordnungsgemäß verwahren.
4. er muß über ausreichende betriebliche Einrichtungen und ein angemessenes Betriebskapital verfügen.

Persönliche Zuverlässigkeit ist eine Eigenschaft, die der nationalsozialistische Staat von allen Volksgenossen fordert, ganz besonders aber von den in der Wirtschaft an verantwortlicher Stelle Tätigen. In wichtigen Wirtschaftszweigen macht sie das Gesetz ausdrücklich zur Voraussetzung zur Zulassung zum Gewerbe, z. B. im Bankwesen, im Einzelhandel, im gewerblichen Güterkraftverkehr, ferner in allen Treuhandberufen: wie Wirtschaftsprüfer, Bücherrevisor, Devisenberater usw. Es ist daher nur recht und billig, wenn auch die Marktordnung der Automobilwirtschaft eine Prüfung der persönlichen Zuverlässigkeit vor Erteilung der Händleranerkennung vorsieht, denn auch hier besteht ein öffentliches Interesse daran, unzuverlässige Elemente vom Gewerbe fernzuhalten.

Allgemeine Normen für die Prüfung der persönlichen Zuverlässigkeit gibt es nicht. Die Prüfung und Beurteilung hat von Fall zu Fall zu erfolgen. Dabei wird nicht allein das Verhalten des zu Prüfenden in der Vergangenheit zur Beurteilung herangezogen, sondern es muß aus der gegenwärtigen Haltung vertrauensvoll auf die Zukunft geschlossen werden. Die schweren Jahre der Krise sind manchem ordentlichen Kaufmann zum Fallstrick geworden und haben ihn zur Anwendung von Geschäftspraktiken veranlaßt, auf die er in normalen Zeiten nie verfallen wäre. Im allgemeinen können vorbestrafte Personen (vor allem bei Eigentumsdelikten), ferner Bankerotteure und altbekannte Schuldenmacher nicht als zuverlässig im Sinne der Marktordnung gelten.

Nach § 9, 2 Kartell-VO. (Fassung vom 15. 7. 1933) ist der Unzuverlässigkeit gleichzuachten, „wenn in dem Geschäftsbetrieb des Betroffenen die Güter oder Leistungen . . . zu Preisen angeboten oder verkauft werden, die unter Würdigung der Belange des Betriebes, sowie der Gesamtwirtschaft und des Gemeinwohles, als volkswirtschaftlich ungerechtfertigt anzusehen sind und die Fortsetzung einer solchen Preisgebarung zu erwarten ist".

Obgleich eine strenge Durchführung der Marktordnungsbestimmungen notwendig ist, sollte man sich aber vor Splitterrichterei hüten, und vor allem auch die Quellen prüfen, aus denen die Anschuldigungen stammen. Die Gefahr, daß die Zulassungsparagraphen zur Fernhaltung der Konkurrenz mißbraucht werden, besteht immer. Zwar ist durch die Übertragung der Zulassung an eine unparteiische Anerkennungskommission und durch die Notwendigkeit der Zustimmung des Reichswirtschaftsgerichtes zu Sperren jeder Mißbrauch ausgeschlossen. Aber beim Fehlen objektiver Normen werden immer subjektive Erwägungen den letzten Ausschlag geben, und diese sind nicht immer über alle Fehler erhaben. In folgendem Falle hat beispielsweise das Kartellgericht den Sperrantrag abgelehnt und das Vorliegen persönlicher Unzuverlässigkeit trotz Zusammentreffens der nachstehenden Gesichtspunkte verneint, obgleich eine strengere Auslese angesichts der bestehenden Verhältnisse durchaus zu vertreten, ja sehr erwünscht gewesen wäre (Sammlung von Entscheidungen und Gutachten des Kartellgerichts, Entsch. Nr. 396).

1. Fälschung des Militärpasses. Die viele Jahre zurückliegende Straftat, die keinen unlauteren Motiven entsprungen war, wurde nicht als Beweis der Unzuverlässigkeit angesehen, zumal sie auf einem ganz anderen Gebiet lag und dem betr. Händler wirtschaftliche Unzuverlässigkeit nicht nachgewiesen werden konnte.

2. Übertragung des Geschäftes auf die Ehefrau wegen Zahlungsschwierigkeiten und spätere Rückübertragung. Da der betreffende Händler alle Gläubiger voll befriedigt hatte, sah das Kartellgericht in dem mehrmaligen Besitzwechsel kein Zeichen persönlicher Unzuverlässigkeit und lehnte die Sperre ab.

3. Bemühung, trotz bestehenden Vertretervertrages die Vertretung einer Konkurrenzfirma zu übernehmen. Auch hierin sah das Kartellgericht kein Zeichen persönlicher Unzuverlässigkeit, denn wenn ein Wechsel des Vertragsverhältnisses beabsichtigt sei, könne es dem Händler nicht verübelt werden, wenn er sich nach einer anderen Vertretung umsähe und davon der alten Firma vorläufig keine Mitteilung mache. Es müßten schon ganz besondere Umstände vorliegen, wolle man hierin eine Vertragsverletzung und ein Zeichen persönlicher Unzuverlässigkeit sehen[12]).

Dagegen wurden wiederholte Verstöße gegen die Marktordnung und Nichtzahlung ordnungsmäßig verhängter Verbandsstrafen immer als Merkmal der Unzuverlässigkeit angesehen und entsprechende Sperranträge bewilligt.

Ebenso wie persönliche Zuverlässigkeit sind auch ausreichende Fachkenntnisse Voraussetzung für eine restlose Erfüllung der Händlerfunktionen. Sie sind entweder durch eine entsprechende Fachausbildung oder durch eine Prüfung vor der Prüfungskommission der zuständigen Industrie- und Handelskammer nachzuweisen.

Die Marktordnung verlangt als Nachweis der kaufmännischen Sachkunde entweder eine abgeschlossene kaufmännische Lehre oder eine mindestens fünfjährige Tätigkeit im Automobilhandel, als Nachweis der automobiltechnischen Kenntnisse ausreichende Zeugnisse oder die Meisterprüfung des Kraftfahrzeughandwerkes. Beide Erfordernisse können aber durch Ablegung der entsprechenden Prüfungen vor der Industrie- und Handelskammer ersetzt werden.

Bis vor kurzem lag die Händlerauslese noch allein bei der D.A.T. Alle Versuche, den Schutz des Einzelhandelsschutzgesetzes auf den Kraftfahrzeughandel auszudehnen, waren bisher vergebens. Aus unbekannten Gründen sahen die zuständigen Stellen den Kraftfahrzeughandel als Groß- und nicht als Einzelhandel an. Inzwischen ist durch Erlaß des Reichswirtschaftsministers vom 17. 5. 1939 — III W O. 21 570/39 — bestimmt worden, daß das Einzelhandelsschutzgesetz auf den Kraftfahrzeughandel anwendbar ist und bei der Zulassung die Marktordnungsrichtlinien beachtet werden müssen.

---

[12]) Deutsche Bergwerkszeitung v. 12. 2. 1937, Nr. 36.

Die dritte Voraussetzung für die Anerkennung als Händler ist das Vorhandensein einer ordnungsmäßigen Buchhaltung. Obgleich jeder Gewerbetreibende nach Handels- und Steuerrecht zum Führen von Büchern und zur Aufbewahrung der Geschäftspapiere verpflichtet ist, fehlt es in sehr vielen Einzelhandelsbetrieben an einer ordnungsmäßigen Buchhaltung. Gestützt auf den Wirtschaftlichkeitserlaß vom 12. Nov. 1936 und den Buchhaltungserlaß vom 11. Nov. 1937 sind die berufsständischen Organisationen in Verbindung mit den Einzelhandelstreuhandstellen seit Jahren bemüht, die Händler von der Notwendigkeit einer ordnungsmäßigen Buchhaltung zu überzeugen und sie in ihrer Anwendung zu schulen.

Das Fehlen einer ordnungsmäßigen Buchführung ist in jedem Betrieb ein schwerer Mangel, es ist aber untragbar in einem Wirtschaftszweig, wo Kreditverkäufe, Kundenanzahlungen, Wechseldiskontierungen, Konsignationsware, Provisionsabrechnungen usw. eine so große Rolle spielen. Es bedeutet ein ungeheures Risiko, an einen Betrieb eine größere Anzahlung zu leisten oder ihm einen Wechsel zu diskontieren, der nicht über eine ordentliche Buchhaltung verfügt. Derartig mangelhaft geführte Betriebe bedeuten eine Gefahr für den Geschäftsverkehr und können zum Handel mit so hochwertigen Gütern, wie es Kraftwagen sind, nicht zugelassen werden.

Aber auch unter dem Gesichtspunkt der Marktordnung müssen ordnungsmäßige Buchhaltung und lückenlose Belegnachweise gefordert werden. Betriebsprüfungen sind eines der wichtigsten Mittel, um die Treue zur Marktordnung nachprüfen und evtl. Verstöße feststellen zu können. Das ist aber nur möglich, wenn ein geordnetes Rechnungswesen vorhanden ist. Auf der anderen Seite sind Buchhaltung und Belege die sichersten Beweise gegen ungerechtfertigte Anschuldigungen wegen Verstoßes gegen die Marktordnung. Ein ordnungsmäßiges Rechnungswesen liegt daher sowohl im Interesse des Händlers, da es ihm einen jederzeitigen Überblick über den Stand seines Betriebes liefert und zugleich ein wichtiges Beweismittel ist, als auch im Interesse der Allgemeinheit, da nur auf Grund ordnungsmäßiger Buchhaltung und vollständiger Belege eine wirksame Kontrolle der Vertragstreue durchgeführt werden kann, die wiederum Voraussetzung für das Funktionieren der Marktordnung ist.

Das Fehlen eines geordneten Rechnungswesens ist immer ein Symptom nachlässiger, wenn nicht sogar fahrlässiger Geschäftsführung. Darum ist es durchaus berechtigt, derartig schlecht organisierte und geleitete Betriebe vom Marktverkehr auszuschließen.

Aus den gleichen Gründen ist auch eine ausreichende Betriebsausstattung und das Vorhandensein eines genügend großen Betriebskapitals zu fordern. Ein reiner Leistungswettbewerb kann nur von Betrieben durchgeführt werden, die über die zur Erstellung der Leistung notwendigen Voraussetzungen verfügen. Wo diese fehlen, sind das Abgleiten in Nichtleistungswettbewerb und damit Verstöße gegen die Marktordnung unvermeidlich. Auch hier fehlt es noch an Normen für die notwendige Mindestausrüstung, auch dürfte es sehr schwer sein, solche zu fixieren, da sich hier der Bedarf sehr stark nach den örtlichen Verhältnissen richtet. Im allgemeinen nehmen hier schon die Fabriken bei der Bestellung der Vertreter eine gewisse Auslese vor und die Mindestanforderungen, die die Vertretungsverträge im allgemeinen vorsehen, können auch unter marktordnenden Gesichtspunkten als ausreichend anerkannt werden. In der Regel werden gefordert: ein *angemessener Ausstellungs- und Verkaufsraum*, mindestens ein *Vorführwagen* der vertretenen Marke, Unterhalt eines *Ersatzteillagers*, eine mit allen notwendigen technischen Einrichtungen ausgerüstete *Reparaturwerkstatt*[13]), *ausreichende Betriebsmittel*, um neben den Anlagen auch die Kosten des Handelsbetriebes während einer angemessenen Zeit finanzieren zu können. Das finanzielle „Von-der-Hand-in-den-Mund-Leben" ist eine stete Quelle von Verstößen gegen die Marktordnung, da dringender Geldbedarf leicht zu Abschluß von Geschäften um jeden Preis verleitet. Das entscheidende Kartellgerichtsurteil (K 3089/86 vom 5. 4. 1937), das erstmalig ausführlich zu den betrieblichen Mindestanforderungen an Kraftfahrzeughändler Stellung nimmt, enthält in der Urteilsbegründung finngemäß folgende Ausführungen[14]).

... Wer sich auf diesem Gebiete (dem Kraftfahrzeughandel) betätigen will, muß über *einen einigermaßen ausreichenden finanziellen Rückhalt* verfügen, um den Anforderungen dieses Handels genügen und für etwaige Ansprüche seiner Kunden einigermaßen Sicherheit bieten zu können. Allerdings kann das Verhältnis zwischen eigenen und fremden Mitteln und die Mindesthöhe des Eigenkapitals nicht generell festgelegt werden, sondern dafür sind die Umstände entscheidend.

... Eine zeitweilige Verschlechterung der wirtschaftlichen Lage soll nicht zum Ausschluß des Händlers führen, auch soll tüchtigen, aufstrebenden Kräften der Weg nicht unnötig erschwert werden.

Ferner setzt die Ausübung des Automobilhandels unbedingt eine gewisse *Geschäftseinrichtung* voraus, deren Umfang allerdings auch im einzelnen Fall verschieden sein kann, aber doch gewissen Mindestanforderungen entsprechen muß, die sich aus den *üblichen Bedürfnissen des Kun-*

[13]) Auf sie kann verzichtet werden, wenn mit einer leistungsfähigen Werkstatt ein Vertragsverhältnis besteht, das eine fachgemäße Betreuung der Kunden sichert. Die Zulassung von Vertragswerkstätten kann aber nur eine Ausnahme und ein Übergangsstadium sein.

[14]) Zitiert nach „Das Kraftfahrzeug" 1937 Nr. 45.

dendienstes ergeben. Hierzu gehört insbesondere die Unterhaltung eines Verkaufsraumes, eines Ersatzteillagers und die Bereitschaft einer Reparaturwerkstatt. Wenn diese Reparaturwerkstatt auch nicht unbedingt eine eigene zu sein braucht, so genügt es doch nicht, daß der Händler seinen Kunden nur eine solche empfiehlt, die sich ohne Verpflichtung ihm gegenüber zur Vornahme von Reparaturen bereit erklärt hat. Der Automobilkäufer soll vielmehr die Gewißheit haben, daß ihm der Händler, bei dem er gekauft hat, auch selbst für die Möglichkeit der Beschaffung von Ersatzteilen, für die alsbaldige Vornahme notwendiger Instandsetzungsarbeiten und für die Erbringung etwaiger sonstiger Leistungen im Rahmen des Kundendienstes einsteht. Man wird deshalb, auch wenn man unter dem Gesichtspunkt der fachlichen Betriebsgliederung und der tunlichen Scheidung von Handel und Handwerk anerkennt, daß die eigene Werkstatt durch ein geeignetes Rechtsverhältnis zu einer technisch leistungsfähigen Reparaturwerkstätte durchaus ersetzt werden kann, zur Sicherstellung des Kundendienstes doch fordern müssen, daß Händler wie Reparaturwerkstätte wirtschaftlich verläßliche Betriebe darstellen und daß die Werkstatt dem Händler gegenüber auf eindeutig klarer und deshalb in der Regel schriftlich festgelegter Vertragsgrundlage und nicht allzu kurzfristig zur Vornahme von Reparaturen verpflichtet ist.

Auch in einem Beschluß des Reichswirtschaftsgerichtes[15]) wird das Fehlen ausreichender Betriebsmittel als Sperrgrund anerkannt:

„Mit den verbleibenden geringen Betriebsmitteln ist der Antragsgegner jedenfalls nicht in der Lage, die laufenden Kosten des Handels zu decken und daneben etwa erforderliche An- und Ratenzahlungen auf verkaufte Wagen zu leisten.“ „An der Tatsache, daß der Antragsgegner nicht im Besitze der für die ordnungsmäßige Führung eines Automobilhandelsgeschäftes erforderlichen Mittel ist, ändert auch nichts der Umstand, daß der Antragsgegner eine den Kartellrichtlinien entsprechende ausreichende Sicherheit in Form einer Bürgschaft in Höhe von 1000.— RM. geleistet hat“[16]). Da in vorliegendem Fall auch die Buchhaltung nicht den Grundsätzen ordnungsmäßiger Buchführung

---

[15]) Seit dem 1. März 1938 sind die Aufgaben des Kartellgerichtes auf das Reichswirtschaftsgericht übergegangen. Das Gesetz über das Reichswirtschaftsgericht vom 25. Febr. 1938 (RGBl. 1938/18) bestimmt in § 59,2: „Die bisher dem Kartellgericht übertragenen Zuständigkeiten gehen auf das Reichswirtschaftsgericht, die dem Vorsitzenden des Kartellgerichts übertragenen Zuständigkeiten und Befugnisse auf den Vorsitzenden des jeweils zuständigen Senats des Reichswirtschaftsgerichts über.“

[16]) Völlige Vermögenslosigkeit und Nichtleistung der vorgesehenen Sicherheiten war schon in einem früheren Urteil (vom 8. April 1936) vom Kartellgericht als Sperrgrund anerkannt worden (D.A.T.-Nachrichten Nr. 10 v. 15. Mai 1936).

entsprach, „bedeutet die unter den geschilderten Verhältnissen beabsichtigte Ausschließung des Antragsgegners vom Bezuge der Vertragsware zu Händlerbedingungen keine unbillige Einschränkung seiner wirtschaftlichen Bewegungsfreiheit".

Die Forderung nach einem ausreichenden Betriebskapital dient nicht nur der Sicherung der Kunden und ihrer Ansprüche, sondern auch der Marktordnung. Nicht nur, daß besitzlose Händler leichter in Gefahr kommen, gegen die Marktordnung zu verstoßen, sie sind bei Verstößen auch schwerer zu belangen. Die Strafen können nicht eingezogen, Pfändungen mangels pfändbarer Masse nicht durchgeführt werden, und bis dann endlich ein Sperrbeschluß erwirkt ist, kann ein örtlicher Markt durch das Treiben verantwortungsloser Elemente bereits ernstlich gestört sein. Deshalb wird jetzt schon im Anerkennungsverfahren geprüft, ob neben den zu leistenden Sicherheiten auch noch genügend Betriebsmittel vorhanden sind.

Über die Anerkennung als Vertragshändler entscheidet die D.A.T. als Trägerin der Marktordnung. Ist die Frage der Anerkennung zweifelhaft, oder soll sie verweigert werden, so ist die Entscheidung einer Anerkennungskommission herbeizuführen (§ 33a). Dieser gehören der Geschäftsführer der D.A.T. als Obmann und zwei Beisitzer an, die vom „Hauptausschuß zur Ordnung des Automobilmarktes" als Vertreter der Industrie und des Handels gewählt werden (§ 33c). Die Anerkennungskommission entscheidet auf Grund eingehender Ermittlungen und meist auch erst dann, nachdem Verhandlungen der D.A.T. mit den Betroffenen über die Abstellung der beanstandeten Mängel erfolglos gewesen sind. Gegen die Entscheidung der Anerkennungskommission kann sowohl der betroffene Händler als auch die von ihm vertretene „I-Firma" (insbesondere beim Entzug der Händleranerkennung) Berufung beim Vorsitzenden des Hauptausschusses einlegen. Diese Berufung ist ein selbständiges Rechtsmittel. Der Vorsitzende des Hauptausschusses beschränkt seine Prüfung aber nur auf grundsätzliche Fragen, denn seine besondere Aufgabe ist es, über die Einhaltung einer einheitlichen Linie in der Handhabung der Marktordnung zu wachen. Muß die Anerkennung versagt werden, so wird zunächst versucht, den Betroffenen zur Beseitigung des Ablehnungsgrundes oder zur freiwilligen Zurückziehung des Anerkennungsantrages zu veranlassen. Andernfalls muß, da die Nichtanerkennung als Vertragshändler als sperreähnliche Maßnahme im Sinne der Kartell-Verordnung[17]) anzusehen ist, die Genehmigung des Vorsitzenden des Reichswirtschaftsgerichtes nachgesucht werden.

---

[17]) VO. gegen den Mißbrauch wirtschaftlicher Machtstellung v. 2. Nov. 1923, gültig in der Fassung vom 15. 7. 1933.

Der Geschäftsbericht der D.A.T. für das Jahr 1938 ergibt folgenden Überblick über die durchgeführten Sperrverfahren:

Vom Kartellgericht genehmigte Sperren:	1936	1937	1938
a) wegen Fehlens der erforderlichen Geschäftseinrichtungen .	46	52	21
b) wegen mangelnder persönlicher Zuverlässigkeit	2	4	4
c) wegen Nichtzahlung von Vertragsstrafen	10	10	9
	58	66	34
Am Ende des Berichtsjahres noch anhängige Verfahren . .	18	13	6
Vom Kartellgericht nicht genehmigte Liefersperre	1	—	1
Insgesamt anhängig gewordene Liefersperrverfahren . . .	77	79	41

Das Reichswirtschaftsgericht fällt seine Entscheidung nach erneuter Prüfung aller Unterlagen und hat vor allem die Belange der Gesamtwirtschaft zu wahren. Gegen sein Urteil besteht dann als letztes Rechtsmittel die Berufung an den Senat des Reichswirtschaftsgerichtes.

Dieser lange Instanzenweg und die mehrfache Möglichkeit, Berufung einzulegen, bietet die unbedingte Sicherheit für die gerechte Anwendung der Auslesebestimmungen der Marktordnung. Die volks- und wehrwirtschaftlich außerordentlich wichtigen Aufgaben, die der deutschen Automobilwirtschaft und nicht zuletzt dem Kraftfahrzeughandel zufallen, verlangen von ihm ein besonders hohes moralisches und wirtschaftliches Niveau. Seiner Sicherung dienen die in der Marktordnung verankerten hohen sachlichen und persönlichen Qualitätsansprüche.

Die Händlerauslese ist heute vorwiegend eine Präventivmaßnahme. Die Prüfung auf Eignung erfolgt vor Aufnahme in das Gewerbe, vor Anerkennung als Vertragshändler. Nachträglicher Entzug der Händleranerkennung wegen später erwiesener Nichteignung und Unzuverlässigkeit ist verhältnismäßig selten.

Außerordentlich schwierig war dagegen die Aussonderung der ungeeigneten Elemente aus dem überkommenen Händlerbestand. Bei der Errichtung der Marktordnung kam es zunächst einmal auf eine restlose Erfassung aller Neuwagenhändler und ihre ausnahmslose Verpflichtung auf das Vertragswerk an.

Die Qualitätsauslese mußte auf eine spätere Zeit verschoben werden. Im Geschäftsjahr 1935 ging man an eine systematische Nachprüfung aller Zulassungen, und es erwies sich, daß ein ganz wesentlicher Teil der 8000 übernommenen Händler die Voraussetzungen der Marktordnung nicht erfüllten. Allein 1835 Firmen hatten keinen festen Vertretungsvertrag und mußten schon aus diesem Grunde aus der Liste der Vertragshändler gestrichen werden. Ein anderer Teil konnte die geforderten Sicherheiten nicht leisten. Insgesamt schieden 1935 von 8000 übernommenen Händlern 2988 oder 37,5 % freiwillig oder durch Sperrmaßnahmen aus dem Gewerbe aus, 1936 weitere 855[18]), so daß fast 50 % des übernommenen Händlerbestandes als ungeeignet oder nicht genügend wirtschaftlich leistungsfähig nachträglich wieder abgestoßen werden mußte. Die abgelehnten Händler wurden wieder zu Vermittlern, was sie nach marktwirtschaftlicher Funktion und Geschäftsumfang auch immer nur gewesen sind, oder sie wandten sich ausschließlich dem Gebrauchtwagengeschäft zu.

Wie wichtig aber auch heute noch eine strenge Händlerauslese ist, ergibt sich am besten aus der großen Zahl derjenigen, denen in jedem Jahr die Anerkennung als Vertragshändler verweigert werden muß. 1936 konnten nur 48,4 % und 1937 sogar nur 36,7 % der Zulassungsanträge bewilligt werden. Worauf es zurückzuführen ist, daß im letzten Jahr nur wenig mehr als ein Drittel der Bewerber aufgenommen worden ist, ist schwer zu beurteilen; z. T. wahrscheinlich auf eine verschärfte Prüfung und verschärfte Prüfungsbestimmungen. Es wäre aber eine Fehlentwicklung, wenn die Händlerauslese zu einer mittelbaren Beschränkung der Zahl der Händler unter angeblichen Bedarfsgesichtspunkten benutzt werden würde. Dies stünde in direktem Widerspruch zur nationalsozialistischen Wirtschaftspolitik, die Einschränkungen der Gewerbefreiheit unter Bedürfnisgesichtspunkten ausdrücklich dem Staat vorbehält. Nicht einmal das Einzelhandelsschutzgesetz, bei dem dies am nächsten gelegen hätte, sieht bei der Niederlassungsgenehmigung eine Bedürfnisprüfung vor.

Seit 1937 ist der Neuzugang zum Gewerbe nur noch gering, da die Fabriken in der Erweiterung ihres Vertreterstabes sehr zurückhaltend sind. Sie ziehen eine Vergrößerung und Verstärkung der vorhandenen Betriebe einer weiteren Zersplitterung der Vertreterbezirke vor, zumal die Bezirksvertreter durch Bestellung von Untervertretern und durch Beschäftigung von Angestellten immer in der Lage sind, für intensive Bearbeitung des Gebietes zu sorgen. Diese Tendenz geht aus der Verschiebung in der Zahl der selbständigen Direkt- und der Untervertreter deutlich hervor.

---

[18]) Geschäftsbericht der D.A.T. 1936, S. 10.

Das Vertriebsstellennetz der Industrie- und Importfirmen bestand aus[19]):

Vertriebsstellennetz der Vertragsfirmen

	1935	1936	1937	1938
Eigenen Verkaufsstellen	150	151	149	166
Selbst. Direktvertretungen mit Werkstatt . .	3 646	4 785	3 963	4 024
Selbst. Direktvertretungen ohne Werkstatt . .	350	480	278	385
Selbst. Untervertreter mit Werkstatt . .	3 810	5 070	6 107	6 193
Desgl. ohne Werkstatt	295	388	273	392
	8 251	10 873	10 770	11 160

Die Vereinigungsaktion der Jahre 1935/36 findet ihren deutlichen Niederschlag in den Veränderungen der Zahl der „Händler-Mitglieder" der D.A.T. Auch nach Beendigung des eigentlichen Ausleseprozesses ist die Fluktuation im Händlerbestand noch verhältnismäßig groß. Die Marktordnung wird aber zweifellos eine Zunahme der Bodenständigkeit ergeben. Der „H-Mitgliederbestand" der D.A.T. zeigt seit 1935 folgende Entwicklung:

Bewegung der „Händler-Mitglieder" der D.A.T.

	1935		1936		1937		1938	
Uebernommener Bestand .		8000		6273		6830		6923
Zugang	1261		1412		655		468	
Abgang durch freiw. Ausscheiden u. Sperrmaßnahmen	2988		855		562		477	
Absoluter Zu- bezw. Abgang		./. 1727		+ 557		+ 93		./. 9
Jahresendbestand . . .		6273		6830		6923		6914
Ausgeschied. Mitglieder in % des Jahresanfangsbestandes		37.5%		13.6%		8.9%		6.9%

β) Leistungsvergütungen für Händler und Vermittler.

Es ist nur gerecht, daß die Marktordnung, die so hohe Anforderungen an die Händler und ihre Betriebe stellt, ihnen auch eine angemessene Vergütung gewährleistet.

---

[19]) Geschäftsbericht 1937 der D.A.T.

Als Vergütungsform kommt, wie bei allen Gütern mit feststehenden Verkaufspreisen, der Händlerrabatt zur Anwendung. Wie im Wettbewerb, so versucht die Marktordnung auch bei der Entgeltbemessung dem Leistungsprinzip zum Durchbruch zu verhelfen. Die in ihr festgelegten Rabatte haben den Charakter von Funktionsrabatten: je zahlreicher die Funktionen und je höher ihr wirtschaftlicher Wert (gemessen an den damit verbundenen Kosten und Risiken), desto höher das dafür zu gewährende Entgelt. Hieraus ergibt sich zunächst eine Abstufung für die Vergütungen an die einzelnen Glieder der Handelskette und darüber hinaus an die einzelnen Händler, je nachdem, wieviele und welche Funktionen sie in ihrem Betrieb vereinigen.

In der Marktordnung sind die Grundnormen für die Bemessung der Leistungsvergütungen und Mindest- bzw. Höchstsätze für die einzelnen Glieder der Absatzorganisation festgelegt. Grundsätzlich erfolgt die Festsetzung der Vergütungen in freier Vereinbarung zwischen den Beteiligten nach dem Leistungsprinzip. Je zahlreicher die Funktionen, die ein Händler auf sich vereinigt, je vollkommener seine Betriebsausstattung und je selbständiger seine händlerische Tätigkeit, desto höher die Vergütung. Nach der Marktordnung sind vor allem folgende Punkte bei der Bemessung der Händlerrabatte zu berücksichtigen: Umfang der Vertragsverpflichtungen, Unkostenbelastung insbes. durch Unterhaltung von Vorführwagen, Ausstellungsräumen, Werkstatteinrichtung, Kundendienst, Lager an Fahrzeugen und Original-Ersatzteilen, ferner Aufnahmefähigkeit und Eigenart des Vertreterbezirkes. Anspruch auf die Höchstvergütung hat grundsätzlich nur der Händler, der alle Absatzfunktionen selbständig erfüllt. Für die durch die Fabrik oder den Generalvertreter (bei Untervertretern) geleistete Verkaufshilfe sind Abzüge zulässig und durchaus üblich. Wichtig ist aber, daß Aufnahmefähigkeit und Eigenart des bearbeiteten Bezirkes ein selbständiger Wertungsfaktor bei der Leistungsbewertung sind. Hierdurch wird eine regionale Differenzierung der Vergütungen möglich, die den Händlern auch dort ein auskömmliches Einkommen garantiert, wo sie unter besonders schwierigen Verhältnissen Pionierdienste leisten müssen. Um eine gleichmäßige Verteilung der Händler über das ganze Land zu erreichen und um vor allem auch die schwachen und schwer zu motorisierenden Gegenden voll zu erfassen, ist eine derartige Rabattdifferenzierung unentbehrlich.

In den Verträgen zwischen Industrie und selbständigem Handel ist es allgemein üblich, die Rabatthöhe generell für einen Zeitabschnitt festzulegen, denn aus Betriebsaufbau und bisherigem Betriebsgebaren ist von vornherein zu ersehen, mit welchen Normalleistungen bei den einzelnen Händlern zu rechnen ist. Dagegen ist es im

Verkehr zwischen *Bezirks- und Untervertreter* häufig üblich, die Vergütung *von Fall zu Fall* festzusetzen, da hier Art und Umfang der Leistungen stark schwanken. Der Untervertreter muß sehr häufig die Absatzhilfe des Bezirksvertreters in Anspruch nehmen, was natürlich zu einer Kürzung des Rabattes berechtigt. Leistung und Lohn müssen einander entsprechen!

Die Marktordnung hat aber *davon abgesehen, Vergütungssätze für die einzelnen händlerischen Funktionen zu normieren*, also das Funktionsrabattsystem in voller Konsequenz durchzuführen, sondern hat sich mit der Aufstellung von *Höchst- und Mindestsätzen* begnügt. Und zwar enthält die Marktordnung für die Leistungen der selbständigen Wiederverkäufer sowohl Höchst- als auch Mindestsätze, für die Vermittler dagegen nur Höchstsätze.

Diese unterschiedliche Behandlung ist daraus zu erklären, daß die Marktordnung von den Vertragshändlern Mindestleistungen verlangt, wie sie sich aus den Zulassungsbestimmungen ergeben. Diesen Mindestleistungen müssen auch Mindestentgelte gegenüberstehen — deshalb die Begrenzung der Händlerrabatte nach unten. Die Festsetzung von Höchstrabatten hat dagegen den Zweck, ein gegenseitiges „Ausspannen" der Vertreter durch Fabriken mit Hilfe überhöhter Rabattsätze zu verhüten. Durch einen solchen „Kampf um die Händler", im Markenartikelwesen keine Seltenheit, könnte nicht nur die Marktordnung gestört, sondern auch die notwendige Verbilligung des Vertriebes unterbunden werden. Die Mindest- als auch die Höchstrabatte sind *kostenorientiert. Die international üblichen Handelsspannen dieser Branche sind aber meist höher.* Die Marktordnung ermöglicht die niedrigeren Sätze.

Auch die Festsetzung von *Höchstrabatten für alle sonstigen Vermittlerleistungen* entspricht den Bedürfnissen der Marktordnung. Die Obergrenzen dessen, was ein Vermittler oder ein sonstiges Glied des Kraftfahrzeugmarktes bei der geltenden Ordnung an Verkaufshilfe zu leisten vermag, liegt eindeutig fest. Folglich war es auch möglich, hierfür eine Höchstvergütung festzusetzen. Das war aber für die Bekämpfung des Vermittlerunwesens auch unbedingt notwendig. Da aber andererseits von den Vermittlern keine Mindestleistungen verlangt werden, brauchten für sie auch keine Mindestvergütungen festgelegt zu werden. Jedem Händler ist es überlassen, im Rahmen der Höchstprovisionen die geleistete Verkaufshilfe nach eigenem Ermessen zu bewerten. Die Höchstprovisionen schützen ihn davor, daß er, wie vor Erlaß der Marktordnung, einen unangemessen hohen Teil der Handelsspanne an Vermittler abgeben muß. Von der Marktordnung nicht geregelt sind die Vermittlungsprovisionen im Gebrauchtwagengeschäft.

Im einzelnen sieht die Marktordnung folgende Rabatte (Handelsspannen und Leistungsvergütung) vor (alle Rabatte beziehen sich auf den Bruttoverkaufspreis):

1. Höchst- und Mindestrabatte für Vertragshändler.

	Höchstrabatte [20]	Mindestrabatte
Personenwagen bis zu 1 l Hubraum	19 %	7.5 %
über 1 l bis 4 l Hubraum . . .	22 %	7.5 %
über 4 l Hubraum	25 %	7.5 %
Lastkraftwagen bis $3^1/_2$ t Nutzlast	21 %	5 %
über $3^1/_2$ t Nutzlast	16 %	3 %

Anhänger (gültig für Anhänger-Generalvertreter) bei Verkauf ihres Vertragsfabrikates höchstens 17 %,

bei Verkauf eines fremden Anhängers bis einschließlich 2½ t Nutzlast 5 %,

für größere Anhänger 3 %.

Diese Sätze gelten aber nur dann, wenn der Wiederverkäufer auf eigene Rechnung kauft oder seiner Lieferfirma ohne deren Mitwirkung einen bestätigungsreifen Auftrag übermittelt. Hierin wird die marktübliche Mindestleistung gesehen. Wird diese nicht erfüllt, so können auch von diesen Mindestsätzen noch Abstriche gemacht werden, was wohl vor allem für Untervertreter von praktischer Bedeutung ist.

Wird eine volle Händlerleistung nicht erreicht, wie z. B. beim Vertrieb von Fremdfabrikaten, wo weder Lagerhaltung noch Werbung erfolgt, dann hat auch der Vertragshändler nur Anspruch auf den Mindestsatz, der dann aber die Höchstgrenze darstellt.

Die Marktordnung schafft für den Leistungswettbewerb im Handel grundsätzlich eine gleichmäßige und gesicherte Ausgangsbasis. Es bestehen aber je nach der Leistungsfähigkeit des einzelnen Betriebes Unterschiede im Einkaufspreis, da die von den Fabriken gewährten Rabatte verschieden sind. Außerdem findet eine unterschiedliche Unterstützung des Handels in seiner Verkaufstätigkeit durch die Industrie statt. Diese Hilfe besteht in der allgemeinen Unterstützung durch Reklame, sowie in der Überlassung von Konsignations- und Ausstellungswagen und in der Mitwirkung bei der

[20]) Die Höchstrabatte waren in der ursprünglichen Fassung der Marktordnung nicht vorgesehen. Sie wurden erst durch einen Nachtrag zur Verpflichtungserklärung „I", der am 10. Febr. 1934 in Kraft trat, eingeführt. Die zunächst höheren Rabattsätze wurden im Zuge der Verbilligungsaktion später um 1—2 % gesenkt.

Finanzierung. Während sich auf dem Gebiet der Reklame bisher Regelungen nicht erforderlich machten, enthält die Marktordnung Bestimmungen für Konsignations- und Ausstellungswagen und Händlerkredite.

Personenwagen dürfen dem Handel nur in Konsignation gegeben werden, wenn ihr Wert RM. 2500.— überschreitet. Über kleinere Wagen, die zu Ausstellungszwecken zur Verfügung gestellt werden, ist ein Kaufvertrag abzuschließen. Der Händler hat eine Mindestanzahlung von 10 % zu leisten und über den Rest ein diskont- und spesenfreies Dreimonatsakzept auszustellen, das am Tage des Wagenverkaufs fällig wird. Der Verkauf an den Händler erfolgt unter Eigentumsvorbehalt und mit der Maßgabe, daß die Wagen nicht zu Probefahrten benutzt werden dürfen. Dadurch soll vermieden werden, daß Ausstellungs- als Vorführwagen Verwendung finden.

Liegt der Verkaufspreis der Wagen über 2500.— RM., so können sie dem Handel unbeschränkt in Konsignation gegeben werden.

In gleicher Weise ist auch die zulässige Finanzierungshilfe der Industrie an den Handel begrenzt worden. Kredite mit einer Laufzeit von mehr als 3 Monaten müssen mit mindestens 2 % über Reichsbankdiskont verzinst werden.

Durch diese Bestimmungen ist wenigstens in ganz groben Zügen eine einheitliche Ausgangsbasis für den Leistungswettbewerb im Handel geschaffen.

2. Höchstvergütungen für gewerbsmäßige Vermittler: für Personenwagen, Lastwagen und Anhänger bis 2½ % vom Bruttoverkaufspreis.

Von diesen Höchstsätzen nicht betroffen wird der Altwagenabsatz. Für die Vermittlung von Altwagenverkäufen aus den Beständen der Händler können von diesen Provisionen in beliebiger Höhe gezahlt werden (§ 26c).

3. Höchstvergütung für Aufbau- und Anhängerfabriken und Händler beim Kauf von Fahrgestellen auf eigene Rechnung (zwecks Vervollständigung durch Aufbauten):

für Personenkraftwagenfahrgestelle bis einschl. 3 l Hubraum bis 10 %,

für Personenkraftwagenfahrgestelle über 3 l Hubraum bis 12½ %,

für Lastwagengestelle jeder Größe bis zu 7½ %. Außerdem erhalten sie eventuell gewährte Behördenrabatte nachvergütet. Vermitteln Anhängerfabriken oder Händler Verkäufe von Motorfahrzeugen an Dritte, was im Rahmen ihrer Tätigkeit gelegentlich vorkommt, so erhalten sie hierfür die Provisionen gewerbsmäßiger Vermittler. Die Wiederverkäuferrabatte dürfen ihnen aber nur eingeräumt werden, wenn sie durch Unterzeichnung der Verpflichtungserklärung „H" und durch Hinterlegung einer Sicherheit in

Höhe von 1000 RM. der Marktordnung beigetreten und als „Vertragshändler" anerkannt sind, andernfalls stehen ihnen nur die Vermittlergebühren zu (§ 43).

4. Höchstvergütungen für Zugmaschinenhändler und -fabriken im Anhängergeschäft[21]):

a) für Eigengeschäfte höchstens 10 % (+ 3 % Skonto bei Barzahlung), hierzu bei einem Gesamtjahresumsatz von 35 000 RM. und 10 000 Reichsmark in jedem Fabrikat einen Umsatzbonus von 2½ %,

b) für Geschäfte, die auf fremde Rechnung in fremdem Namen abgeschlossen werden, höchstens 5 %,

c) für reine Adressenaufgabe höchstens 2½ %.

Für die Zugmaschinenfabriken und -händler gelten die gleichen Voraussetzungen wie für die Aufbau- und Anhängerfabriken. Sie genießen die Wiederverkäuferrabatte nur, wenn sie der Marktordnung ausdrücklich beigetreten sind, anderenfalls gelten sie nur als Vermittler. Aus ihrer Zugehörigkeit zur D.A.T. ergibt sich für sie ferner eine Schätzungspflicht bei der Inzahlungnahme gebrauchter Zugmaschinen, allerdings nur dann, wenn diese in Anrechnung auf einen Anhänger erfolgt, denn die Zugmaschinen an sich unterliegen nicht der Marktordnung.

Außer den oben angegebenen Vermittlerprovisionen kann im Anhängergeschäft den Automobil- und Zugmaschinenhändlern und -fabriken ein Umsatzbonus[22]) eingeräumt werden, und zwar wenn

1. die betreffende Vertragsfirma einen Gesamtjahresumsatz von 35 000 RM. an Anhängern jeder Marke erzielt hat und
2. mit den Fabrikaten, für die ein Umsatzbonus gewährt werden soll, ein Jahresumsatz von mindestens 10 000.— RM. erreicht worden ist.

Voraussetzung für die Gewährung des Bonus ist demnach sowohl ein Mindestumsatz im Gesamtanhängergeschäft als auch in der einzelnen vergütungsberechtigten Marke. Ein Anspruch auf die Umsatzprämie besteht nicht, andererseits ist aber ihre Gewährung nicht, wie bei den Provisionen, an eine vorherige Vereinbarung gebunden.

Die Reorganisation des Handels in allen seinen Gliedern und die Sicherung angemessener Leistungsvergütungen sind der erste Schritt zur Neuordnung des Kraftfahrzeugmarktes. Sie bedeuten aber lediglich eine Vorbereitung für das Kernstück des ganzen Marktordnungswerkes, der Wiederherstellung geordneter Wettbewerbs- und Preisverhältnisse.

---

[21]) Die Sätze gelten auch für Anhängerfabriken beim Verkauf fremder Anhänger.

[22]) Anlage 2 zur Marktordnung. Hierzu auch D.A.T.-Nachrichten 1938/17 v. 15. 2. 1938.

d) Regelung des Wettbewerbes als zweite Aufgabe der Marktordnung.

α) Die Regelung der Preisstellung für Neuwagen.

aa) Preisstellung für Neuwagen durch die Industrie.

In Zusammenhang mit den Problemen nationalsozialistischer Marktordnung ist verschiedentlich die Frage aufgeworfen worden, ob der reine Leistungswettbewerb den Preiswettbewerb zulasse oder nicht. Diese Frage kann immer nur im Hinblick auf eine bestimmte Marktorganisation beantwortet werden, denn der Preiswettbewerb erhält ein ganz anderes Gesicht, je nachdem, ob er auf einem Markt mit freien oder gebundenen Preisen zur Anwendung kommt.

Bei freier Preisbildung, wenn sich die Preise unbeeinflußt durch äußere Eingriffe auf der Grundlage von Angebot und Nachfrage bilden, ist der Preiswettbewerb zweifellos ein wesentlicher Bestandteil des Leistungswettbewerbes. Dies gilt sowohl für die Nachfrage, ganz besonders aber für das Angebot. Angebotspreise beruhen normalerweise auf betriebsindividuellen Kosten auf der einen und bestimmten Markterwartungen auf der anderen Seite. In der Höhe der Kosten kommt aber die Leistungskraft der Betriebe eindeutig zum Ausdruck: je niedriger das Kostenniveau, desto höher die betriebliche Leistungsfähigkeit. Preiswettbewerb auf der Basis der Selbstkosten ist daher stets echter Leistungswettbewerb. In den betriebsindividuellen Selbstkosten findet der Preiswettbewerb aber zugleich seine Grenze: Wettbewerb mit Preisen, die unter den Selbstkosten liegen, ist Preisschleuderei[23]). Sie stellt einen groben Verstoß gegen das Leistungsprinzip dar. Ein Verbot des Preiswettbewerbes käme einem Verbot der Preissenkung gleich und würde einerseits die Verbraucher vom Genuß aller technischen und wirtschaftlichen Fortschritte ausschließen, andererseits aber zur Bildung ganz unberechtigter Differentialrenten bei den Produzenten führen.

Ganz anders liegen dagegen die Verhältnisse auf den Märkten mit gebundenen Preisen. Sobald der Preis sich nicht mehr frei im Markt bildet, sondern autonom von einer Stelle (Staat, Monopolist, Markenartikelfabrikant usw.) festgesetzt wird, hört die Preisstellung auf, ein zulässiges Mittel der Wett-

[23]) Mit dem Begriff der Preisschleuderei ist der Begriff der Preisunterbietung unlöslich verbunden. Nur durch Unterbieten geltender Preise kann der Tatbestand der Preisschleuderei geschaffen werden. Ein bloßes Eintreten in die marktgegebenen Preise ist eine durchaus normale, zulässige Maßnahme und die einzige Möglichkeit, zu teuer produzierte Waren abzusetzen. Derartige Verlustverkäufe sind eine unvermeidbare Begleiterscheinung von freier Preisbildung und Marktproduktion.

bewerbspolitik zu sein. Die Unterbietung von Festpreisen bedeutet stets den Bruch irgendwelcher gesetzlicher oder vertraglicher Bindungen und ist daher stets unvereinbar mit dem Leistungsprinzip, und zwar auch dann, wenn die Kosten des Betriebes eine Preissenkung durchaus erlauben würden. Auf Märkten mit gebundenen Preisen ist (zumeist unter höheren Gesichtspunkten) der unmittelbare Zusammenhang zwischen Preisen und betriebsindividuellen Kosten bewußt gelöst und jede Preisunterbietung, selbst die auf Kostenbasis, mit der Marktverfassung unvereinbar. Auf Märkten mit gebundenen Preisen stellt der Preiswettbewerb keinen Leistungswettbewerb dar und ist daher verboten.

In der Automobilwirtschaft begegnen wir beiden Formen der Marktorganisaiton. Auf der ersten Stufe, im Bereich der Automobilindustrie, herrscht freie Preisbildung, auf der zweiten, in der Sphäre des Handels dagegen, gelten gebundene Preise. Dementsprechend enthält auch die Marktordnung für Industrie und Handel durchaus verschiedene Bestimmungen über die Preisstellung.

Die Preise für Neuwagen werden von der Automobilindustrie in unmittelbarem gegenseitigem Wettbewerb festgesetzt. Sie bilden sich im Markt und sind daher Konkurrenzpreise. Diese Tatsache wird häufig übersehen, da die Industrie die im Markt ausgependelten Preise dann ihrerseits als Markenartikelpreise für die nachgeordneten Stufen fixiert. Der Beweis, daß es sich bei den Kraftwagenpreisen um echte Konkurrenzpreise handelt, ist unschwer zu erbringen. Es sei nur daran erinnert, wie jede preispolitische Maßnahme einer Fabrik stets sofort die entsprechenden Parallelmaßnahmen der Konkurrenz auslöste: Preissenkungen, Änderungen des Typenprogramms, Einführung von Winterrabatten usw. Die große Gleichmäßigkeit im Bauprogramm und in den Preisen der jeweils miteinander konkurrierenden Fabriken ist kein Zufall, sondern das natürliche Ergebnis des freien Wettbewerbes und der marktmäßigen Preisbildung.

Die Marktordnung beschränkt sich daher darauf, die Industrie erneut auf die Grundsätze des reinen Leistungswettbewerbes festzulegen, einige Sonderfälle zu regeln und einige für die Aufrechterhaltung der Marktordnung in den nachgeordneten Stufen notwendigen Maßnahmen rein technischer Art zu treffen.

Die Preisstellung durch die Industrie soll „nach allgemeinen kaufmännischen Grundsätzen und unter billiger Berücksichtigung der jeweiligen Marktlage“ erfolgen. Preisbemessungsgrundlage sind demnach die betriebsindividuellen Selbstkosten, die nach den

Grundsätzen ordnungsmäßiger Kalkulation ermittelt werden. Im Gewinnzuschlag, mit dem man sich an den erzielbaren Marktpreis heranfühlt, erfolgt dann die Berücksichtigung der „jeweiligen Marktlage". Über die Art der Kostenermittlung, die Bewertung der einzelnen Kostenelemente und die Höhe des zulässigen Gewinnzuschlages enthält die Marktordnung keine Vorschriften. Die Industrie ist demnach in der Preisstellung lediglich an die Grundsätze ordnungsmäßiger Kalkulation gebunden und im übrigen völlig frei. Das Prinzip der freien Preisbildung im Rahmen des Leistungswettbewerbes ist gewahrt.

Der besonderen Sicherung des Leistungswettbewerbes dient die Bestimmung, daß sich die Vertragsfabriken einer Preisprüfung unterwerfen müssen, falls ihre Preise von einer oder mehreren Vertragsfirmen beanstandet werden. Hierdurch wollte man sich vor allem eine Handhabe gegen marktstörende Preisschleuderei schaffen. Um kleinliche Schikane von vornherein zu unterbinden, wurde festgelegt, daß der Antrag auf Preisprüfung nur von einer Firma bzw. einer Gruppe von Firmen gestellt werden kann, die in den letzten sechs Monaten mindestens 5 % der Gesamtzahl aller zugelassenen Personen- oder Lastwagen geliefert hat. Die Entscheidung über die Zulässigkeit des Antrages fällt die Industriegruppe des Hauptausschusses. Mit der Prüfung ist ein neutraler Treuhänder bzw. eine Treuhandgesellschaft zu betrauen. Damit ist jeder Mißbrauch der D.A.T. und ihrer Einrichtungen zu Konkurrenzzwecken ausgeschlossen.

Über die Form der Preisstellung bestimmt die Marktordnung, daß die Preise jeweils „Bruttoverkaufspreise" (Einzelhandelspreise für Lieferung an den letzten Verbraucher) sein sollen, denen ein „Normalleistungsumfang" für sämtliche in Betracht kommende Typen zugrunde zu legen ist. Für die Bestimmung der „Normalleistung" dienen Listen, die von den Vertragsfirmen bei der D.A.T. einzureichen und in denen der Mindestumfang an Zubehör- und Ausstattungsgegenständen für die einzelnen Typen festzulegen sind. Alle über den Mindestumfang hinausgehenden Zusatzleistungen sind zu Bruttoverkaufspreisen einschließlich Montagekosten zu berechnen, alle Minderleistungen aber höchstens zu Selbstkosten in Abzug zu bringen. Hierdurch sollen mittelbare Preisunterbietungen durch unentgeltliche Lieferung zusätzlicher Ausstattungs- und Zubehörstücke durch Industrie und Handel vermieden werden. Wenn die Normalausstattung der einzelnen Typen schon durch die Industrie aktenmäßig festgelegt wird, ist es nicht mehr schwer, auch später dem Handel evtl. Verstöße gegen diesen Punkt der Marktordnung nachzuweisen.

Diese wie auch die weiteren Bestimmungen der Marktordnung über das Preisgebaren der Industrie dienen vor allem der Aufrechterhaltung der Preissicherheit im Bereich des Handels.

Alle Vertragsfirmen haben die von ihnen für Vertragsware festgesetzten Bruttoverkaufspreise und alle Preisänderungen (für Ausstellungspreise bis mindestens vier Wochen vor Ausstellungsbeginn) der D. A. T. anzuzeigen, die ihrerseits verpflichtet ist, alle I- und H-Mitglieder innerhalb von 48 Stunden davon in Kenntnis zu setzen. Die Preise treten 3 Tage nach Bekanntgabe durch die D.A.T. in Kraft.

Eine besondere Regelung hat die Preisstellung für Auslauftypen und Auslaufmodelle[24]) erfahren. Hierunter versteht man in der Automobilwirtschaft Typen bzw. Modelle, deren laufende Herstellung aufgegeben worden ist. Auslaufmodelle sind zu den regulären Listenpreisen nicht mehr abzusetzen. Der Markt nimmt die alten Modelle nur noch schwer auf, da sie z. T. konstruktiv, zumindest aber von der Mode überholt sind, und das Publikum auch Schwierigkeiten bei Reparaturen und Ersatzteilbeschaffung fürchtet. Darum müssen auf Auslaufmodelle immer Sonderrabatte gewährt bzw. ihre Preise herabgesetzt werden.

Während der Krise war es ein beliebtes (aber nicht ungefährliches) Mittel, durch kleine konstruktive Änderungen Auslaufmodelle künstlich zu schaffen und auf die Weise lastende Bestände schnell los zu werden. Auch das war eine Art von Preisschleuderei, die die Marktordnung unterbinden will. Darum enthält sie genaue Bestimmungen, unter welchen Bedingungen und zu welchen Preisen Wagen als Auslaufmodelle verkauft werden dürfen.

Will eine Fabrik Wagen als Auslaufmodelle (Typen) zu ermäßigten Preisen in Verkehr bringen, so hat sie der D.A.T. hiervon Mitteilung zu machen, unter gleichzeitiger Angabe des Preises, des Lieferumfanges und der noch lieferbaren Stückzahl. Überschreitet diese eine gewisse Menge, so ist die D.A.T. berechtigt, die angegebenen Bestandsziffern nachzuprüfen[25]). Hierdurch soll vor allem vermieden werden, daß „Auslaufmodelle" laufend produziert und der Markt durch sie unter Vorspiegelung falscher Tatsachen unter Preisdruck gesetzt wird.

---

[24]) Type = Fahrgestell einer Größe und Ausführungsart;
Modell = Fahrgestell einer bestimmten Type mit bestimmter Aufbauart.

[25]) Höchstbestand:

bei Wagen unter	2000 RM.	= 1000	Wagen
von	2000—2999 RM.	= 750	„
von	3000—3999 RM.	= 500	„
von	4000—4999 RM.	= 400	„
von	5000—5999 RM.	= 300	„
von	6000 RM u. m.	= 200	„

Hinsichtlich der Preisstellung unterscheidet die Marktordnung zwei Gruppen von Auslaufsmodellen: Auslaufsmodelle A, deren Erzeugung noch nicht länger als sechs Monate eingestellt ist, und Modelle B, bei denen die Produktionsaufgabe länger als sechs Monate zurückliegt.

Auslaufmodelle A unterliegen in vollem Umfang der Marktordnung. Ihre Verkaufspreise werden durch die Industrie festgesetzt und müssen mindestens 15 % unter den letzten Listenpreisen liegen. Bei der Preisstellung braucht auf die Selbstkosten keine Rücksicht genommen zu werden. Die von der Industrie der D.A.T. gemeldeten „Auslauf-Preise" sind für den Handel verbindlich.

Auslaufmodelle B dagegen unterliegen keinerlei Preisbindung. Sie haben im Laufe der Zeit den Charakter von „Altwagen" bekommen und können von Handel und Industrie zu jedem Preis abgesetzt werden. Es wäre verfehlt, auch sie noch irgendwelchen Preisbindungen zu unterwerfen, denn bei ihnen geht das allgemeine Interesse dahin, sie möglichst schnell abzusetzen, um sie vor völliger Überalterung zu bewahren. Bei ihrer relativen Seltenheit droht von ihnen auch keine Marktstörung.

Diese Vorschriften für die Auslaufmodelle sind besonders zum Schutze der Verbraucher erlassen, wie ja auch im ganzen die Marktordnung der Automobilwirtschaft nicht zuletzt den Interessen der Verbraucher dienen soll. Für alle Auslaufstypen und Modelle ist vorgeschrieben, daß sie als solche eindeutig gekennzeichnet werden müssen. Der Verbraucher bekommt also diese Fahrzeuge verbilligt und wird über den wahren Grund dieser günstigen Preisstellung aufgeklärt, so daß Irreführungen ausgeschlossen sind.

Für Spezialfahrzeuge (die nicht auf Grund des in der Hand des Erzeugers befindlichen Typenscheines, sondern nur auf Grund einer besonderen Betriebserlaubnis in Verkehr gebracht werden dürfen) gibt es keine Listenpreise. Da auch sie der Marktordnung unterliegen, mußte für sie eine besondere Preismeldepflicht eingeführt werden. Die Vertragsfirmen sind gehalten, den Verkaufspreis eines jeden von ihnen gelieferten Spezialfahrzeuges (auch wenn es sich nur um eine Abänderung eines Typenfahrzeuges handelt) der D.A.T. zu melden. Handelsfirmen, die an Typenwagen so starke Veränderungen vornehmen, daß sie zu Spezialfahrzeugen werden, bedürfen hierzu der Einwilligung und der Preisgenehmigung durch die Erzeugerfirma. Auch derartige Sonderpreise sind durch die „J-Firma" der D.A.T. unverzüglich bekanntzugeben. Auch diese Preise werden von der D.A.T. binnen 48 Stunden veröffentlicht.

Da die Einhaltung der von der Industrie festgesetzten Verkaufspreise einen wesentlichen Teil der Händlerverpflichtungen ausmacht, müssen nicht nur diese über alle neuen Preise und Preisänderungen unbedingt zuverlässig und schnell unterrichtet sein, sondern auch die D.A.T. braucht für ihre Kontrollzwecke und für den Nachweis von Verfehlungen dringend dieser Unterlagen. Für die beteiligten Industriefirmen haben diese Informationen den großen Vorteil, daß sie jederzeit schnell über die Preispolitik der Konkurrenz unterrichtet sind und ihrerseits Maßnahmen ergreifen können. Die Folge ist eine sehr schnelle Marktreaktion, die beste Gewähr für die Bildung angemessener Preise.

Die hier wiedergegebenen Bestimmungen über die Preisstellung der Industrie beziehen sich *grundsätzlich nur auf den Großverkehr zwischen Fabrik und Händler.* Unterhält die Industrie einen unmittelbaren Kundenverkehr durch eigene Verkaufsstellen, so ist sie für diesen Teil des Geschäftes, genau wie jeder andere Händler, dem *Händlerverpflichtungsschein* unterworfen. Das bedeutet in erster Linie, daß alle Fabrikverkaufsstellen, gleich den selbständigen Händlern, die *offiziellen Listenpreise unbedingt einhalten müssen.* Ein Preiswettbewerb, wie er früher so oft zwischen selbständigem Handel und Fabrikverkaufsstelle entbrannte, ist jetzt ausgeschlossen.

Zusammenfassend kann festgestellt werden, daß die Marktordnung *der Industrie in der Preisstellung alle Freiheiten läßt, die zu einer wirkungsvollen Konkurrenzpreisbildung und zur Verwirklichung des Leistungsprinzips im Markt erforderlich sind.* Die in der Marktordnung enthaltenen Vorschriften sind im wesentlichen technischer Natur (Art, Umfang, Form der Preisstellung) und dienen vor allem der Vorbereitung des Preisschutzes in der nachgelagerten Stufe. Keinesfalls hat das Kartell der Automobilwirtschaft den Charakter eines Preiskartells, denn es nimmt in keiner Weise Einfluß auf die Festsetzung der Kraftwagenpreise durch die einzelnen Erzeuger. Im Gegenteil, durch die Marktordnung ist es sogar gelungen, die aus der unvollständigen Konkurrenz entspringenden Hemmungen zu beseitigen, und dem Markt die für eine gerechte Preisbildung notwendige Elastizität zurückzugeben. Es kann allerdings nicht geleugnet werden, daß hierfür die Voraussetzungen in der Industrie wesentlich besser waren als beim Kraftwagenhandel, der seine Freiheit nur durch die Übernahme einer recht großen Zahl weitgehender Bindungen gewinnen konnte.

bb) Preisstellung für Neuwagen durch den Handel.

Die Bestimmungen der Marktordnung für die Preisstellung durch den Handel gehen davon aus, daß *die von der Industrie bekanntgegebenen Listenpreise grundsätzlich Festpreise sind.* Das Hauptziel des ganzen Marktordnungsverkehrs besteht darin, die Einhaltung dieser Festpreise unter allen Umständen sicherzustellen.

Festpreise sind gebundene Preise, und wie wir bereits festgestellt haben, scheidet auf Märkten mit gebundenen Preisen der

Preiswettbewerb als Mittel des zulässigen Konkurrenzkampfes aus. Für den Bereich des Handels kommt es deshalb der Marktordnung vor allem darauf an, jeglichen Preiswettbewerb zu unterbinden und das ganze Marktgeschehen nach den Grundsätzen des Leistungswettbewerbes zu ordnen. Die marktordnenden Bestimmungen zerfallen daher in zwei große Gruppen: in die Gruppe der erlaubten und der verbotenen Wettbewerbsmaßnahmen, wobei es verständlich ist, daß die unzulässigen Handlungen eine viel eingehendere Darstellung erfahren, da ihre eindeutige und klare Festlegung für die spätere Kontrolle unbedingt notwendig ist.

Die entscheidende Vorschrift für die Preisstellung durch den Handel ist der § 4 der Marktordnung. Er lautet: „Auf die Bruttoverkaufspreise für Vertragsware dürfen an Selbstverbraucher keine irgendwie gearteten Sondervorteile weder in offener noch in versteckter Form angekündigt, angeboten oder gewährt werden. Ebenso sind nach Lieferung alle Handlungen untersagt, die den gleichen Erfolg herbeizuführen geeignet sind. Hierunter fällt nicht der handelsübliche Kundendienst."

Alle anderen Bestimmungen der Marktordnung sind eigentlich nichts anderes als Ausführungs- und Ergänzungsvorschriften zu diesem grundlegenden Paragraphen.

Aus dem Festpreischarakter der Listenpreise ergibt sich zunächst, daß die Listenpreise weder über- noch unterschritten werden dürfen.

Ursprünglich hatte die Marktordnung die Listenpreise als Mindestpreise angesehen und ihre Überschreitung gestattet. Sie folgte damit der bisherigen Übung der Industrie. Praktisch kam dieser Möglichkeit aber keine große Bedeutung zu, vor allem nicht, seitdem die Preisstopverordnung alle Preiserhöhungen an ganz bestimmte Voraussetzungen bindet. Es bedeutet aber eine stärkere Anpassung an die Grundsätze nationalsozialistischer Wirtschaftsführung, daß die Listenpreise auch offiziell den Charakter von Festpreisen bekommen haben. Dadurch nimmt die Marktordnung in verstärktem Maße auch die Interessen der Verbraucher in ihren Schutz: verhütet ihre Übervorteilung durch ungerechtfertigt hohe Preise und unterbindet im Handel wirkungsvoll jede gewinnsüchtige Preistreiberei.

Zur Erleichterung der Kontrolle der Preisstellung durch die Käufer bestimmt die Marktordnung, daß der listenmäßige Verkaufspreis des serienmäßig ausgerüsteten Fahrzeuges stets gesondert aufzuführen ist, ebenso die Preise für etwaige

Mehr- und Minderleistungen, ferner die Kosten für Fracht, Verpackung, Versicherung usw. Es ist also im Interesse der Preisklarheit verboten, zum Listenpreise alle Neben- und Sonderkosten hinzuzurechnen und dann ein Angebot für den nach den Wünschen des Kunden komplettierten Wagen frei Haus zu machen, wie dies früher vielfach üblich war. Der Kunde soll durch das getrennte In-Rechnung-Stellen über die Preise der einzelnen Leistungen unterrichtet und dadurch zu einem gerechten Preisvergleich befähigt werden. Auf der anderen Seite dient diese Bestimmung auch der Erleichterung der Preisüberwachung durch die D.A.T. Nur wenn jeder Posten einzeln aufgeführt ist, kann später nachgeprüft werden, ob alle Leistungen zu den vorgeschriebenen Preisen in Rechnung gestellt und Minderleistungen nicht zu hoch bewertet wurden.

Für die Berechnung der Mehr- und Minderleistungen bestimmt § 8 der Marktordnung: „Werden Teile, die als Normalausrüstung von Vertragsware im Bruttoverkaufspreis berücksichtigt sind, nicht mitgeliefert, so darf die Vertragsfirma dem Verbraucher dafür höchstens denjenigen Betrag gutschreiben, für den sie von der Lieferfirma erkannt worden ist. Werden Teile über die Normalausrüstung hinaus geliefert, so sind sie gesondert zu berechnen. Sowohl die von den „J"-Firmen selbst hergestellten, wie die von Spezialfirmen beschafften Zusatz- und Ersatzteile sind zu Bruttoverkaufspreisen einschließlich Zusammenbaukosten zu berechnen." Durch diese Vorschrift soll verhindert werden, daß der Käufer durch zu hohe Berechnung von Nebenleistungen übervorteilt wird, vor allem aber sollen Preisunterbietungen in Form von nicht berechneten Mehr- oder zu hoch rückvergüteten Minderleistungen unterbunden werden.

Wenngleich auch die Verhütung ungerechtfertigter Preissteigerungen Gegenstand der Marktordnung ist, so liegt ihr Schwergewicht, in Übereinstimmung mit den gegebenen Marktverhältnissen, doch in der Verhinderung der Preisschleuderei. Aus dem Festpreischarakter der Listenpreise ergibt sich hierfür, daß Preisnachlässe jeglicher Art und Form grundsätzlich verboten sind.

Die Listenpreise sind Barzahlungspreise. Es ist daher nicht gestattet, auf sie einen Kassenskonto zu gewähren. Auch der nach dem Rabattgesetz erlaubte dreiprozentige Barzahlungsrabatt ist von der Marktordnung untersagt. Diese Regelung ergibt sich notwendig aus der Tatsache, daß der Bruttolistenpreis als Barzahlungspreis scharf kalkuliert und bei dem freien Preiswettbewerb der Fabriken so niedrig ist wie nur möglich. Der Kunde, der nicht bar zahlt, muß die Kosten der Finanzierung zusätzlich zu dem bei Barzahlung geltenden Listenpreis tragen (s. auch unten S. 112 ff.). Dem Grundsatz der Preisklarheit wird dieses System besser gerecht als der Barzahlungsnachlaß. Unter Barzahlung versteht die Marktordnung lediglich die Hingabe von amtlichen Zahlungsmitteln.

Auch soweit nicht Barzahlung vorgeschrieben ist, dürfen lediglich handelsübliche Zahlungsversprechen, nämlich Schecks oder Wechsel, in Zahlung genommen werden. Jede andersartige Bezahlung (z. B. durch Zession von Forderungen, Hingabe eines noch nicht fälligen Sparkassenbuches — Fälle, die vor dem Schiedsgericht verhandelt wurden) ist als „Gegengeschäft anzusehen und laut Marktordnung verboten. Dagegen ist die Inzahlungnahme geschätzter Altwagen erlaubt.

Im allgemeinen gilt Barzahlung lediglich bei Leistung Zug um Zug. Da es sich aber bei Kraftwagen um große Objekte handelt, die nicht aus der Geldtasche bezahlt werden, muß eine Frist gelassen werden, die eine bürotechnische Erledigung der Zahlung erlaubt. Im allgemeinen werden hierfür fünf Tage als ausreichend angesehen, doch kann bei Behörden und Großbetrieben bis zu 14 Tagen gewartet werden[26]). Wird diese Frist überschritten, so kann das Geschäft nicht mehr als Barzahlungs- sondern muß als Kreditgeschäft behandelt werden.

Das Barzahlungsprinzip schließt Gegengeschäfte grundsätzlich aus. Unter einem Gegengeschäft versteht man die Annahme von Waren oder Leistungen an Zahlungsstatt oder die Übernahme der vertraglichen Verpflichtung hierzu. Derartige Geschäfte sind nach der Marktordnung verboten, denn sie verstoßen gegen den Barzahlungsgrundsatz und bieten vor allem die Möglichkeit zu unkontrollierbarer Preisunterbietung. Von den Gegengeschäften scharf zu scheiden sind gegenseitige Geschäfte. Bei ihnen kommen zwei voneinander unabhängige Verträge zustande, die voneinander unabhängig einklagbar sind und bei denen nicht die Einrede erhoben werden kann, daß Warenabnahme vereinbart war. Deshalb bestimmt die Marktordnung (§ 7), daß Gegengeschäfte nur unter getrennter Verrechnung der beiderseitigen Lieferungen und zur Deckung des Eigenbedarfs der Vertragsfirma (hierzu gehört nicht der Bedarf der Gefolgschaftsmitglieder) angeboten oder abgeschlossen und nicht zur Gewährung von Sondervorteilen (insbesondere Überbezahlung) mißbraucht werden dürfen. Die getrennte Verrechnung macht automatisch aus jedem Gegen- ein gegenseitiges Geschäft, das nach der Marktordnung erlaubt ist. Einer späteren gegenseitigen Aufrechnung der fälligen Forderungen steht nichts im Wege.

Es ist die logische Folge des Barzahlungsgrundsatzes, daß die Marktordnung auch die unentgeltliche Stundung des Verkaufspreises verbietet. Die Kreditgewährung ist eine kostenpflichtige Zusatzleistung, deren unentgeltliche Überlassung einen der verbotenen Sondervorteile darstellt. Vor der Marktordnung waren ungewöhnlich lange Zahlungsziele und kostenlose bzw. nur

---

[26]) D.A.T.-Nachrichten 1936/12.

teilweise rückvergütete Absatzfinanzierung eines der beliebtesten und häufigsten Mittel versteckter Preisunterbietung und eine der Hauptquellen der Verluste im Handel. Ratenzahlungen bis zu drei Jahren waren keine Seltenheit, und selbst wenn in diesen Fällen die Käufer die Finanzierungskosten selbst trugen, so verblieb doch dem Handel das Kreditrisiko in seiner ganzen Schwere. Es ist daher verständlich, daß die Marktordnung die Kreditgewährung bis ins einzelne regelt, da von dieser Seite her dem reinen Leistungswettbewerb besondere Gefahr droht.

Für den Verkauf auf Kredit stellt die Marktordnung folgende Grundsätze auf:

Bei allen Kreditgeschäften muß eine Mindestbarzahlung geleistet werden, die normalerweise 25 % des Bruttolistenpreises beträgt. Bei Großabschlüssen im Werte von über 50 000,— RM. kann sie auf 20 % ermäßigt werden (§ 6b). Alle vom Handel verauslagten Kosten wie Frachten, Versicherungs- und Zulassungsgebühren sind sofort bar zurückzuvergüten. Auf die Mindestbaranzahlung darf der für einen in Zahlung genommenen Altwagen vereinbarte Preis angerechnet werden.

Kreditgeschäfte dürfen nur unter Eigentumsvorbehalt abgeschlossen werden (§ 6c). Dieser ist schriftlich festzulegen und muß bis zur restlosen Bezahlung des Kaufpreises laufen. Diese Bestimmung gilt vor allem dem Schutz des Handels vor betrügerischen Kreditkäufen. Seit der Einführung des Kraftfahrzeugbriefes ist die praktische Durchführung des Eigentumsvorbehaltes, die bei der leichten Beweglichkeit des Objektes früher recht schwierig war, wesentlich erleichtert worden.

Die Kreditdauer ist begrenzt, und zwar:

bei Personenkraftwagen jeder Größe auf 18 Monate,
für Lastwagen einschl. 2,5 t Nutzlast auf 18 Monate,
für größere Lastwagen auf 24 Monate.

Der Einräumung eines Zahlungszieles ist die Eingehung einer irgendwie gearteten Wechselverbindlichkeit gleichzustellen. Das gilt vor allem für die Übernahme eines Wechselobligos (als Wechselaussteller oder Girant) gegenüber einer Finanzierungsgesellschaft. Der Händler darf sich auch gegenüber Finanzierungsgesellschaften nicht länger als 18 bzw. 24 Monate wechselmäßig oder durch Bürgschaft verpflichten, und zwar auch dann nicht, wenn die Finanzierungsbedingungen dieser Institute längere Kreditfristen vorsehen. Will der Automobilkäufer diese in Anspruch nehmen, so muß er für die über die zulässige Kreditdauer hinausgehende Zeit dem Institut einen anderen Bürgen stellen. Der Händler darf weitergehende Risiken keinesfalls übernehmen, da dies der Gewährung eines verbotenen Sondervorteils gleichkäme.

Für das Anhängergeschäft gilt ferner die Sonderbestimmung, daß die Höchstkreditdauer nur gewährt werden darf, wenn die Zahlung gleicher, aufeinanderfolgender Monatsraten vereinbart ist (§ 6d, Abs. 3).

Da die Kreditgewährung eine kostenpflichtige Zusatzleistung ist, müssen die hierfür entstehenden Kosten vom Kunden getragen werden. Es ist überaus schwierig, die tatsächlichen Kosten der Absatzfinanzierung im Einzelfall nachzuweisen. Darum hat die Marktordnung sich damit begnügt, die Berechnung von Mindestzinsen vorzuschreiben. „Die Verzinsung darf keinesfalls geringer sein als der jeweilige Reichsbankdiskont zuzüglich 2 % jährlich" (§ e). Bei Bezahlung in reichsbankfähigen Wechseln (als solche gelten auch Wechsel, die erst durch das Giro des Händlers reichsbankfähig werden) kann der 2%ige Aufschlag wegfallen. Wenn ein Händler ein Geschäft nicht selbst finanzieren kann, sondern die Wechsel einem Finanzierungsinstitut übergeben muß, so ist er durch die Marktordnung gezwungen, die seitens des Finanzierungsinstitutes berechneten Zinsen und Spesen dem Kunden in Rechnung zu stellen. Die dafür anfallenden Beträge werden in der Regel höher sein als der in der Marktordnung als Mindestberechnung vorgeschriebene Satz von 2 % über Reichsbankdiskont.

Wenn dagegen der Händler die Wechsel im eigenen Portefeuille behält oder einen offenen Kredit gewährt, so kommt der von der Marktordnung vorgeschriebene Zinssatz zur Anwendung. Hierbei ist es belanglos, ob der Händler vielleicht mit einem niedrigeren Satz auskäme oder sein Betrieb mit anderweitigen höheren Zinsbelastungen arbeiten muß. Mit der Normierung von Mindestzinssätzen wird jedenfalls das Marktordnungsziel: Unterbindung aller versteckten Preisunterbietungen für das Gebiet der Kreditgewährung voll und ganz erreicht.

Obgleich die Marktordnung ganz eindeutig „alle irgendwie gearteten Sondervorteile" verbietet und auch eine ganze Liste von ihnen aufführt, war es doch notwendig, für einige von ihnen eine Sonderregelung zu treffen: sei es durch ausdrückliches Verbot oder durch bedingte und begrenzte Zulassung. Auf diese Weise wurde unvermeidbaren Auslegungsschwierigkeiten vorgebeugt.

Ausdrücklich verboten wird durch die Marktordnung die Gewährung von Sondervorteilen bei Sammelbestellungen (§ 4d). Die Marktordnung macht einen Unterschied zwischen Sammelbestellungen und Bestellungen von Großverbrauchern. Beiden gemeinsam ist die Bestellung „einer Mehrzahl von Vertragsware". Beim Großverbraucher ergibt sich dieser Großauftrag aus den Bedürfnissen des eigenen Betriebes, ist also natürlich entstanden, während bei der Sammelbestellung die Zusammenfassung nur eine rein äußerliche ist. Hinter der bestellenden Person steht stets eine Personenmehrheit, die beim Verkauf in der Regel im einzelnen bearbeitet werden muß und auch getrennte Lieferung verlangt. Die Sammelbestellung ist daher, vom Betrieb aus gesehen, kein geschlossener Großauftrag mit allen seinen Kostenvorteilen, sondern praktisch eine Vielzahl von Einzelaufträgen. Daher verbietet die Marktordnung die Gewährung von Sondervorteilen bei Sammelbestellungen, während sie bei Großverbrauchern Mengenrabatte zuläßt.

Es gibt Wirtschaftszweige, bei denen ein Bedürfnis zum Sammeln der Aufträge besteht, bei denen hierin eine wirtschaftliche Leistung zu sehen ist, die Kostenvorteile mit sich bringt. Dann ist es berechtigt, eine Vergütung für diese Tätigkeit zu zahlen. In der Automobilwirtschaft ist das nicht der Fall. Hier erfolgt der Zusammenschluß häufig sogar ausdrücklich zur Erlangung von Sondervorteilen (die Sammelbestellungen sind ein recht dunkles Kapitel in der Geschichte mancher Kraftfahrervereinigungen). Das verstößt gegen die Interessen der Gesamtheit der Verbraucher, und es ist deshalb richtig, daß die Marktordnung jede Sonderbehandlung der Sammelaufträge unterbindet.

Ausdrücklich verboten ist ferner die Übernahme von Vertragsstrafen für Lieferungsverzögerungen (§ 4e). Der Händler ist in der rechtzeitigen Belieferung von seiner Lieferfirma abhängig und hat auf die Einhaltung der Liefertermine keinen Einfluß. Es ist daher widersinnig, wenn er hierfür Konventionalstrafen auf sich nimmt. Der Grund ist auch meist ein anderer. Die Konventionalstrafe dient der versteckten Preisunterbietung! Die Lieferfrist wird von vornherein so kurz angesetzt, daß die Konventionalstrafe auf jeden Fall fällig wird, und der Wagen ist dann um diesen Betrag billiger. Da ein wirtschaftliches Bedürfnis zur Vereinbarung von Konventionalstrafen für rechtzeitige Lieferung nicht besteht, ist es berechtigt, daß die Marktordnung sie generell verbietet und damit Preisunterbietungen auf diesem Umweg unmöglich macht.

Eine Sonderregelung hat die Verwendung von Reklamegeschenken und Werbegaben erfahren. Nach der Marktordnung (§ 4c) ist es grundsätzlich verboten: „zur Beeinflussung von Kunden, Kauflustigen oder Verbänden Geldspenden, Wertgeschenke oder andere kostenlose Leistungen in irgendeiner Form zu gewähren oder irgendwelche Vergünstigungen für die Zeit nach etwaigem Ablauf der vorliegenden Bestimmungen in Aussicht zu stellen". In der ursprünglichen Fassung dieser Marktordnungsbestimmung waren auch alle Reklamegeschenke verboten. Dies bedeutete aber eine unbillige Erschwerung der Werbung des Kraftwagenhandels. Deshalb wurde (in Übereinstimmung mit der Zugabeverordnung vom 9. 3. 32) dieser Paragraph dahingehend erweitert, daß „Reklamegegenstände von geringem Wert, die als solche durch eine dauerhafte und deutlich sichtbare Bezeichnung der schenkenden Firma oder der Fabrikmarke gekennzeichnet sind, als Geschenke zulässig sind". Die zulässige Wertgrenze wurde dabei, im Hinblick auf den hohen Wert der gehandelten Objekte, mit 10,— RM. angesetzt. Grundsätzlich ausgeschlossen von der Verwendung als Reklamegeschenke sind Autozubehörteile, selbst wenn sie die sonstigen Voraussetzungen eines Reklamegeschenkes erfüllen. Dadurch soll vermieden werden, daß Waren im gleichen Betrieb einmal verkauft und ein andermal verschenkt werden. Dies ist kundenpsychologisch falsch und führt auch leicht zur Verwischung der Grenzen zwischen Reklamegeschenk und unerlaubter Sonderleistung, zumal viele Zubehörteile normalerweise dauerhaft mit der Hersteller- oder Händlerfirma gekennzeichnet sind.

Mit der Werbung in engstem Zusammenhang steht das Problem der Probefahrten. Probefahrten sind im Kraftwagenhandel ein unentbehrliches Mittel der Kundengewinnung. Nur durch eine Probefahrt kann sich der Kunde ein Bild von der fahrtechnischen Eignung des angebotenen Modells machen, und es ist daher allgemein üblich, daß er den Wagen auf ein- oder mehrmaligen Probefahrten prüft. Während der Absatzkrise, als jeder Wettbewerb entartet war, hatten auch diese Probefahrten einen Umfang angenommen, daß sie in keinem Verhältnis zum Prüfungszweck mehr standen. Manchmal wurde der Wagen dem Interessenten tagelang zum uneingeschränkten Gebrauch überlassen, und das hintereinander von mehreren Händlern. Auch hier mußte die Marktordnung eine Klärung bringen: die Probefahrt von der Gebrauchsüberlassung eines Wagens scheiden und die Bedingungen regeln, unter denen beide zulässig sind.

Nach der Spruchpraxis der D.A.T. sind Probefahrten Fahrten, die von Interessenten unternommen werden, um die Eigenschaften des zum Ankauf in Aussicht genommenen Fahrzeuges kennenzulernen. Sie dürfen nur unter Führung oder Begleitung eines Angehörigen der Lieferfirma unternommen werden[26]). Als zulässige Dauer einer Probefahrt werden bei Personenwagen 200 km in 24 Stunden, bei Lastwagen und Anhängern ein Tag angesehen. Nur Fahrten, die sich in diesen Grenzen halten, gelten als Probefahrten und dürfen kostenlos vorgenommen werden. Alle anderen Fahrten (z. B. auch Zielfahrten zur Automobilausstellung usw.) gelten als „Gebrauchsüberlassung“. Für sie sind in jedem Fall die ortsüblichen Mindestgebühren für Leihwagen zu berechnen, die von der D.A.T. bekanntgegeben werden (§ 9). Sie dürfen auch nachträglich nicht mit dem Verkaufspreis eines gekauften Wagens aufgerechnet werden.

---

[27]) Für Spezialfahrzeuge: Müll-, Fäkalien-, Spreng-, Turmwagen, Kehrmaschinen und sonstige Tankwagen gelten Sonderbestimmungen. Sie können den Selbstverbrauchern auch ohne Führung oder Begleitung bis zur Dauer von sechs Arbeitstagen überlassen werden (§ 3 der Ordnung für das Spezialfahrzeug-Geschäft).

Eine Sonderregelung hat die Gebrauchsüberlassung von Altwagen erfahren. Ein in Zahlung zu nehmender Altwagen darf nach erfolgter Schätzung dem Kunden bis zu sechs Wochen unentgeltlich zum Gebrauch überlassen werden, wenn der Neuwagen nicht sofort lieferbar ist (§ 12). Darüber hinaus müssen auch für ihn Mietgebühren berechnet werden, andernfalls wird eine Neuschätzung notwendig, und die Inzahlungnahme darf höchstens zu dem neuen Schätzungswert erfolgen.

Dagegen ist es unzulässig, einem Kunden, der bisher noch keinen Wagen besaß, zur Überbrückung der Lieferfrist einen Gebrauchtwagen kostenlos zu überlassen. Hierfür muß auf jeden Fall, ohne Rücksicht auf die Dauer der Gebrauchsüberlassung, die Mindestgebühr erhoben werden. Diese bei Erlaß der Marktordnung mehr theoretische Klausel hat bei den Lieferschwierigkeiten der letzten Monate beträchtliche Bedeutung gewonnen.

Zusammenfassend kann festgestellt werden: Unentgeltliche Fahrleistungen, die über den Umfang einer Probefahrt hinausgehen, gelten als unzulässige Sonderleistung und sind nach der Marktordnung verboten.

Eine vom Handel früher ebenfalls vielfach unentgeltlich geforderte Sonderleistung war die Fahrausbildung zwecks Erlangung des Führerscheines. Es war vor 1933 ganz allgemein üblich, daß beim Kauf eines Neuwagens mindestens eine Person unentgeltlich das Fahren lernte. Gehört schon die Fahrausbildung nicht unbedingt zu den Funktionen des Handels, so war ihre unentgeltliche Durchführung jederzeit eine Übertreibung des Dienstes am Kunden. Auch hierin hat die Marktordnung Wandel geschaffen. Die unentgeltliche Fahrausbildung gehört zu den grundsätzlich verbotenen Sonderleistungen.

Es hätte nahe gelegen und ist auch erwogen worden, die Ausbildung von Fahrschülern als gewerbefremd dem Handel ganz zu verbieten und den berufsmäßigen Fahrlehrern zuzuweisen. Diese Regelung hätte aber nicht im Interesse aller Firmen gelegen, denn besonders auf dem flachen Land fehlt es an Fahrlehrern, und hier ist die Ausbildung des Kunden in der Fahrtechnik oft eine wesentliche Voraussetzung für den Abschluß eines Verkaufes. Deshalb hatte sich die D.A.T. zunächst damit begnügt, Mindestgebühren für die Fahrausbildung festzusetzen, die derart bemessen waren, daß sie an der „unteren Grenze der durchschnittlichen Aufwendungen bei der Fahrausbildung durch den Händler" lagen.

Im Juni 1936 ist durch eine Anordnung des Leiters der Reichsverkehrsgruppe Kraftfahrgewerbe mit Zustimmung des Herrn Reichs- und Preußischen Verkehrsministers die Gebührenfrage für die Ausbildung von Kraftfahrzeugführern für das ganze Reich einheitlich geregelt worden. Für die einzelnen Bezirksfachgruppen wurden „Richtpreise" aufgestellt, die den Charakter von Mindestpreisen haben (§ 1 der betr. Anordnung). Diese

Richtpreise gelten auch nach der Marktordnung als „brancheübliche Fahrausbildungskosten" und müssen von den Händlern mindestens gefordert werden.

Die Marktordnung kennt zwei Ausnahmen von dem Festpreissystem, nämlich Mengennachlässe und Nachlässe für Geschäfte mit Behörden bzw. Beamten und der NSDAP. Diese Nachlaßarten stehen in Widerspruch zu dem Grundgedanken der Marktordnung, und es muß fraglich erscheinen, ob sie in der heutigen Zeit noch Berechtigung haben. Der Mengennachlaß stammt offenbar aus einer Zeit, als jedes einzelne Kraftfahrzeug noch auf Wunsch des Kunden einzeln angefertigt wurde. Bei der heutigen Fließfabrikation ergeben sich in der Erzeugung bei Mengenaufträgen keine Ersparnisse mehr. Im Vertrieb ist der Großabnehmer meistens ein schwieriger Kunde, der insbesondere bezüglich des Kundendienstes sowie der Garantie und Kulanz so erhebliche Ansprüche stellt, daß ein Nachlaß kaum gerechtfertigt erscheint. Der Behörden- und Parteinachlaß läßt sich nur rechtfertigen, wenn man die staatliche bzw. die Parteihoheit als Einheit ansieht und demgemäß alle Hoheitsträger als einen Großabnehmer zusammenfaßt. Dieser Auffassung entspricht es, daß der Behördennachlaß nur dann zugelassen wird, wenn das Fahrzeug ausschließlich für Hoheitszwecke verwendet wird, nicht aber bei einem wirtschaftlichen Einsatz. Da aber die erwähnte Einheit der Staatshoheit nur eine Theorie ist und der Rabatt sich praktisch so auswirkt, daß jeder Bürgermeister, Landrat usw. bei Einkauf einzelner Fahrzeuge den Preisnachlaß in Anspruch nimmt, ist eine wirtschaftliche Berechtigung für diesen Nachlaß nicht einzusehen. Dieser Nachlaß wie ganz besonders derjenige für die sogenannten beamteneigenen Dienstwagen steht vielmehr in einem unüberbrückbaren Gegensatz zu dem Grundsatze eines gerechten und gleichen Preises für jedermann. Deshalb besteht das Bestreben, sämtliche erwähnten Rabattarten, die nur als Reste von Mißbräuchen der Vergangenheit zu erklären sind, durch gerechtere Bestimmungen zu ersetzen. Im allgemeinen werden die Preisnachlässe für Großverbraucher folgendermaßen begründet:

Die Preisnachlässe für Großverbraucher sind Mengenrabatte und entsprechen den Kostenersparnissen, die im Geschäftsverkehr mit ihnen gemacht werden. Diese Kostenersparnisse entstehen einmal bei der Werbung: das Hereinholen eines Großauftrages über mehrere Wagen verursacht kaum mehr Kosten als der Verkauf eines Einzelwagens und auch die fortlaufende Bedarfsdeckung bei einem bestimmten Händler oder auch Ankauf immer der gleichen Marke ist weniger kostspielig. Zum anderen sind auch die mit solchen Geschäften verbundenen Risiken geringer, denn Großbetriebe können normalerweise als durchaus zahlungswillig und zahlungsfähig angesehen werden. In der Form des Mengenrabattes soll der Kunde an diesen Kostenersparnissen beteiligt werden.

Die Gewährung von Mengenrabatten ist nach der Marktordnung an folgende Bedingungen geknüpft (§ 10):

1. die Lieferung darf ausschließlich zur Deckung von Eigenbedarf verwendet werden. Der Bedarf von Betriebsstätten, die der Großabnehmer im Reich unterhält, rechnet nur dann zum Eigenbedarf, wenn diese Betriebsstätten mit dem Stammunternehmen nachweislich eine völlige wirtschaftliche Einheit bilden. Der Bedarf der Gefolgschaftsmitglieder rechnet grundsätzlich nicht zum Eigenbedarf (§ 10c, 2).

2. Der Großverbraucher muß sich der D.A.T. gegenüber schriftlich verpflichten, die Wagen mindestens sechs Monate in seinem unmittelbaren Besitz zu behalten (§ 10c, 1). Diese Bestimmung dient vor allem der wirksamen Abgrenzung von Großauftrag und Sammelbestellung. Sie verhindert eine Tarnung der Sammelbestellungen, denn ein „Auftrags-Sammler" kann diese Sechs-Monats-Klausel nicht einhalten, für den echten Großverbraucher dagegen bedeutet sie keine Belastung.

3. Bei einer einmaligen Vereinbarung zwischen einer Vertragsfirma und ein und demselben Besteller und Bezahler über eine einmalige Lieferung (Großauftrag) müssen mindestens fünf Wagen gleicher Marke oder Gattung (Personen-, Lastkraftwagen oder Anhänger) abgenommen werden. Hierfür darf ein Preisnachlaß gewährt werden: bei fünf Wagen 3 %; bei jedem weiteren Wagen gleicher Marke und Gattung ½ % mehr, bis zu einem Höchstnachlaß von 6 % (§ 10a).

4. Bei mehreren nacheinander innerhalb eines Kalenderjahres erfolgenden Lieferungen einer oder mehrerer Vertragsfirmen an ein und denselben Besteller und Bezahler müssen zur Erlangung des Mengenrabattes mindestens zehn Wagen gleicher Marke und Gattung abgenommen werden. Der Mengenrabatt hierfür beträgt: bei 10 Wagen 3 %, bei jedem weiteren Wagen ½ % mehr, bis zu einem Höchstrabatt von 6 % des Bruttoverkaufspreises.

Ursprünglich waren die Bestimmungen der Marktordnung über die Umsatzvergütung bei Großaufträgen so gefaßt, daß bei Sukzessivlieferung ein Mengenrabatt nur gewährt werden durfte, wenn alle Wagen von einer Vertragsfirma geliefert wurden. Dies entsprach durchaus dem Charakter des Mengenrabattes als einer Beteiligung des Kunden an den Kostenersparnissen der Großaufträge. Diese Bestimmung hatte aber den Nachteil, daß sich die Großaufträge bei einigen Händlern zusammenballten und den Provinzhändlern entzogen wurden, da die Betriebe auch den Bedarf ihrer Zweigniederlassungen beim Vertragshändler am Orte der Zentrale decken mußten, um in den Genuß des Höchstrabattes zu gelangen. Auch den Abnehmern war diese Bindung unerwünscht, da sie im Geschäftsverkehr mit der ortsansässigen Händlerschaft behindert waren. So wurde denn diese Bestimmung dahingehend geändert, daß die Nachlässe auch dann gewährt werden dürfen, wenn ein Großverbraucher die im Laufe des Kalenderjahres bezogenen Wagen gleicher Marke und Gattung bei mehreren Vertagsfirmen bestellt. Der einzelne Händler wird zwar jetzt für manches Geschäft eine Umsatzvergütung gewähren müssen, das für ihn durchaus nicht mehr den Charakter eines Großauftrages hat, aber das ist immer noch leichter zu tragen als der völlige Ausschluß.

Durch die Zulassung mehrerer Händler zur fortlaufenden Lieferung hat dieser Mengenrabatt einen ganz anderen Charakter erhalten. Er dient nicht mehr der Sicherung der Händler, sondern der Markentreue, liegt also vor allem im Interesse der Marke. Man könnte deshalb daran denken, daß diese Mengenrabatte von der Industrie und nicht vom Handel getragen werden müßten. Es ist freilich anderseits zu bedenken, daß Handels- und Industriefirmen gleicherweise für ihre Marke eintreten müssen und daß gerade die Fahrzeuge von Großverbrauchern in jedem Händlerbezirk von werbender Bedeutung sind.

Jeder Händler muß die von ihm über Gewährung eines Mengennachlasses getroffenen Vereinbarungen (schriftlich, unter Benutzung eines von der D.A.T. herausgegebenen Formulares) und die hierauf erfolgten Lieferungen unverzüglich der „J"-Firma melden. Diese registriert die von den einzelnen Großverbrauchern abgenommenen Wagen ihres Fabrikates und nimmt nach Erreichung des Mindestumsatzes die Auszahlung der Umsatzvergütungen unter gleichzeitiger Belastung der Händler vor. Bis zur Erreichung des jährlichen Mindestumsatzes müssen alle Aufträge zum Bruttolistenpreis abgerechnet werden, von da ab kann der Rabatt sofort in Abzug gebracht werden. Im Zweifelsfall hat der Händler durch Rückfrage bei der Lieferfirma festzustellen, ob und in welcher Höhe der Verbraucher rabattberechtigt ist. Die rabattberechtigten Firmen sind außerdem der D.A.T. zu melden.

Verstößt ein Verbraucher gegen die Bestimmung der Marktordnung, vor allem durch vertragswidrigen Weiterverkauf der Wagen vor Ablauf von sechs Monaten, so verliert er den Anspruch auf die vereinbarte Vergütung, und eine etwa schon gezahlte hat er zurückzuerstatten.

Die zweite Gruppe von Verbrauchern, denen ein Preisnachlaß gewährt werden darf, sind Behörden und Parteistellen und Parteidienststellen der NSDAP. Es ist in der Wirtschaft üblich, dem Staat und seinen Organen sog. „Behördenrabatte" einzuräumen. Dieser Praxis schließt sich auch die deutsche Automobilindustrie an, wenn sie bestimmt, daß auf alle Lieferungen von Vertragsware an Reichs-, Staats- und Kommunalbehörden und an die NSDAP. und ihre einzelnen

Parteistellen ein Preisnachlaß bis zu 10% des Bruttoverkaufspreises gewährt werden darf. Dieser Behördenrabatt darf aber nur bewilligt werden, wenn die zu liefernden Kraftfahrzeuge „der Erfüllung solcher Hoheitsaufgaben dienen, welche die anschaffende Behörde in ihrer Eigenschaft als Hoheitsträger zur Sicherung und jederzeitigen Gewährleistung des ihr anvertrauten Gemeinwohles keinem privaten Unternehmer übertragen kann, sondern selbst durchführen muß"[28]). Nicht zulässig ist er für die Erwerbs- und Wirtschaftsunternehmungen des Reiches, der Länder und der Gemeinden, z. B. Gaswerke, Elektrizitätswerke, Verkehrsunternehmen, auch nicht für Körperschaften des öffentlichen Rechtes. Dagegen darf der Preisnachlaß an Reichsbahn, Reichsautobahnen, Reichspost und Reichsbank bewilligt werden. Wehrmacht, Reichspost, Reichsbahn und Reichsautobahnen arbeiten außerdem unmittelbar mit den „J-Firmen" bei großen Aufträgen über nur für diese Abnehmer bestimmte Spezialfahrzeuge. Für diese Geschäfte gilt die Marktordnung nicht.

Die Entscheidung, welche Behörden und Parteistellen rabattberechtigt sind, ist oft außerordentlich schwer. Deshalb hat sich die D.A.T. hierüber die letzte Entscheidung vorbehalten. Im übrigen sind alle Vertragsfirmen verpflichtet, in Zweifelsfällen die Entscheidung der D.A.T. einzuholen, die sie gegenüber allen Regreßforderungen schützt. Denn auch die Gerichte haben anerkannt, daß die Entscheidung der D.A.T. maßgebend ist, selbst dann, wenn die Rabattberechtigung an sich zweifelhaft ist. Sie lehnen es mit Recht ab, die Entscheidungen der D.A.T. nachzuprüfen, da sie nach der Marktordnung endgültig sind.

Es ist überhaupt erwünscht und zweckmäßig, wenn die Vertragsfirmen Zweifelsfragen, die sich aus der Marktordnung ergeben, der D.A.T. zur Entscheidung vorlegen. Sie schützen sich dadurch vor Schaden und geben der D.A.T. die Möglichkeit, in erweitertem Maße für eine einheitliche Handhabung der Marktordnung Sorge zu tragen. Die D.A.T. unterhält für diese Zwecke einen Auskunftsdienst, in dem täglich drei- bis vierhundert Anfragen schriftlich und mündlich beantwortet werden. Besonders erwähnt sei auch hier der von der D.A.T. wöchentlich herausgegebene Marktordnungsdienst (M.O.D.). Entscheidungen von allgemeinem Interesse werden durch Abdruck in den D.A.T.-Nachrichten, dem Publikationsorgan des Kartells, allen Mitgliedern zur Kenntnis gebracht.

Am meisten umstritten war bisher die Frage der sog. „beamteneigenen Dienstwagen". Hierunter versteht man Wagen, die von Beamten mit Unterstützung der Behörden angeschafft und für dienstliche Zwecke benutzt werden. Beamteneigene Dienstwagen stehen immer im Eigentum des betreffenden Beamten. Ein Rabatt ist nur zu-

---

[28]) D.A.T.-Nachrichten v. 1. Sept. 1936 Nr. 11.

lässig, wenn das Fahrzeug völlig aus staatlichen Mitteln gekauft und unterhalten wird. Ob dies zutrifft, kann im einzelnen Falle zweifelhaft sein, da die beamteneigenen Fahrzeuge in den einzelnen Verwaltungszweigen verschieden behandelt werden. Der Rabatt wird daher nur zugelassen, wenn die vorgesetzte Dienststelle des betreffenden Beamten die obenerwähnte Voraussetzung bescheinigt. Würde man den Rabatt auch auf andere Fahrzeuge ausdehnen, so wäre dies eine ungerechtfertigte Bevorzugung von Privatfahrten der Beamten. Aus diesem Grunde ist der Rabatt auch nur dann zulässig, wenn das Fahrzeug ausschließlich dienstlich benutzt wird.

Eine besondere Regelung ist ferner für die Lieferung von Vertragsware an die eigenen Angestellten der Vertragsfirmen und ihrer Organisationen und an Rennfahrer durchgeführt worden. Ihnen dürfen nach § 14 der Marktordnung Vorzugspreise eingeräumt werden, die im freien Ermessen der Vertragsfirmen stehen. Die Marktordnung grenzt lediglich den berechtigten Personenkreis genau ab, und stellt Bedingungen fest, unter denen die Preisvorteile eingeräumt werden dürfen. Vorzugspreise dürfen gewährt werden:

1. an eigene Angestellte und Verwaltungsmitglieder der Vertragsfirmen, des Reichsverbandes der Automobilindustrie, des Reichsverbandes des Kraftfahrzeughandels und -gewerbes und der Deutschen Automobil-Treuhand;
2. an Personen, die sich gegen Bezahlung und im Auftrage einer „J“-Firma an Automobilrennen, Dauer- und Zuverlässigkeitsfahrten beteiligen, wenn diese von der ONS als international gekennzeichnet sind (§ 14a).

Dabei sind folgende Bedingungen einzuhalten:

Jeder dieser Verbraucher ist schriftlich (auf einem Vordruck der D.A.T.) zu verpflichten, die Vertragsware vor Ablauf von sechs Monaten und einer Mindestfahrleistung von 6000 km nicht weiterzuverkaufen. Im Zuwiderhandlungsfalle ist der gewährte Preisnachlaß als Vertragsstrafe an die D.A.T. zu zahlen. Abweichungen von diesen Bestimmungen sind nur mit Zustimmung der D.A.T. zulässig.

An die oben genannten Personen darf ausnahmsweise auch Verkaufshilfe beim Weiterverkauf von Wagen geleistet werden. Die einschränkenden Bestimmungen haben ausschließlich den Zweck, einen Mißbrauch des Preisnachlasses durch die Begünstigten zu unterbinden. Es soll vermieden werden, daß Angestellte Wagen zu Sonderbedingungen auf eigene Rechnung kaufen und mit oder ohne Gewinn absetzen. Hierdurch könnte eine sehr unerwünschte Lücke in der Marktordnung entstehen. Die Aufhebung des Verbotes der Verkaufshilfe soll aber den Vertragsfirmen unnötige und unvermeidliche Konflikte ersparen. Es ist durchaus natürlich, daß ein Händler seinen Angestellten gegebenenfalls beim Verkauf seines Altwagens behilflich ist, oder daß der Angestellte hierzu Kenntnisse, die er im Betrieb erworben hat, verwertet (z. B. die Adressen von Interessenten). Dies zu verhindern ist weder möglich, noch im Interesse der Marktordnung notwendig, darum war es zweckmäßig, das sonst bestehende Verbot der Verkaufshilfe für den oben genannten Personenkreis aufzuheben.

In der ersten Fassung der Marktordnung war außerdem, in Übereinstimmung mit der bis dahin herrschenden Übung, die Gewährung von Pflegegeldern an Berufsfahrer vorgesehen. Sie wurden damit begründet, daß durch diese Pflegegelder die Fahrer zu besonders schonender Behandlung von Wagen und Motoren angehalten und dadurch den Händlern Beanstandungen und Garantiereparaturen erspart werden sollten. Da sie aber bedingungslos gezahlt wurden, hatten sie durchaus nicht den Charakter von „Pflegegeldern", deren Gewährung vielleicht zu rechtfertigen gewesen wäre, sondern sie waren nichts anderes als verschleierte Schmiergelder. Sie wurden daher auch abgeschafft, sobald die Marktordnung einigermaßen in Gang und das Publikum an das neue Geschäftsgebaren gewöhnt war. Seitdem sind alle Zuwendungen an Fahrer oder andere in einem Dienst- oder Auftragsverhältnis zum Kunden stehenden Personen verboten, und zwar nicht nur im unmittelbaren Kraftfahrzeuggeschäft, sondern auch bei der Lieferung von Betriebsstoffen, Ersatz- und Zubehörteilen, sowie Ausführungen von Instandsetzungen[29]).

Die Pflegegelder mußten auch deshalb abgeschafft werden, weil sie mit dem „Unlauteren Wettbewerbsgesetz" nicht in Übereinstimmung standen. Nach einem Urteil des Amtsgerichtes Berlin (605/1 Gew. Ms. 14/36) ist die Gewährung von Pflegegeldern strafbar. In dem vorliegenden Fall hatte ein Kraftfahrzeughandwerker dem Fahrer eines Wagens nach erfolgter Reparatur zehn RM. gegeben, „damit er den Motor pfleglich behandelt". Hierin sah das Gericht einen Verstoß gegen UWG. und verurteilte beide Beteiligte. Dieses Urteil war mit einer der Gründe, daß der Pflegegelderparagraph der Marktordnung aufgehoben wurde.

Über die zulässige Sonderbehandlung von Auslauftypen und Auslaufmodellen haben wir schon in Zusammenhang mit der Preisstellung durch die Industrie gesprochen. Auslauftypen und -modelle „A" unterliegen in vollem Umfang dem Preisschutz und dürfen nur zu den von der Industrie festgesetzten (gesenkten) Preisen verkauft werden. Die Preisstellung für Auslaufmodelle und -typen „B" steht im

---

29) D.A.T.-Nachrichten 1936 v. 20. Dez. Nr. 12.

Ermessen jeder Vertragsfirma. Alle sonstigen Verkaufs- und Lieferungsbedingungen richten sich nach der Marktordnung (§ 16a—f).

Eine weitere Ergänzung und wertvolle Unterstützung findet die Marktordnung in den Einheitsbedingungen für den Verkauf von Kraftfahrzeugen, die seit dem 1. April 1938 allen Angeboten und Verkaufsverträgen zugrunde gelegt werden müssen. Ihre Anwendung ist für die ganze Automobilwirtschaft obligatorisch, denn die Einheitsbedingungen bilden einen Bestandteil der Marktordnung. Ihre Einführung bedeutet einen wesentlichen Fortschritt, denn sie beseitigen den früher oft als recht störend empfundenen Zustand, daß für die verschiedenen Arten von Vertragsware unterschiedliche Lieferungsbedingungen galten und bietet ferner eine Gewähr dafür, daß nicht über dem Umweg der Konditionen Sondervorteile angeboten oder zugesagt werden.

Einheitliche Lieferbedingungen sind in sehr vielen Wirtschaftszweigen üblich, und zwar auch in solchen, in denen keine weitergehende Marktordnung vorhanden ist. Einheitskonditionen fördern die Preisklarheit und bringen eine erwünschte Vereinfachung des Geschäftsverkehrs mit sich. In der Automobilwirtschaft haben sie darüber hinaus unmittelbar marktordnende Funktionen. Diejenigen Bestimmungen der Marktordnung, die sich mit Lieferung, Zahlung, Garantieübernahme usw. befassen, sind sinngemäß in die Einheitsbedingungen übernommen und werden damit zum Bestandteil des Kaufvertrages. Dadurch wird auch der Kunde in weitergehendem Maße als bisher auf die Marktordnung verpflichtet.

Die Einheitsbedingungen müssen von allen Vertragsfirmen beim Verkauf von Vertragsware, und zwar im Neu- und im Altwagengeschäft, zur Anwendung gebracht werden. Einige Bestimmungen, die sich nur auf das Neuwagengeschäft beziehen, werden in den Lieferungsbedingungen selbst hierauf beschränkt. Sie dürfen weder zugunsten noch zuungunsten der Käufer abgeändert werden, sondern müssen unverändert zum Vertragsbestandteil gemacht werden.

Es würde zu weit führen und wäre uninteressant, alle Einzelheiten der Einheitskonditionen hier aufzuführen. Wir beschränken uns darauf, die Bedingungen zu erwähnen, die in unmittelbarem Zusammenhang mit der Marktordnung stehen.

1. Mündliche Nebenabreden und nachträgliche Vertragsänderungen sind ausgeschlossen. Mündliche Zusicherungen über Eigenschaften des Kaufgegenstandes haben nur dann Gültigkeit, wenn sie vom Verkäufer nachträglich bestätigt werden. Diese Bestimmung bildet unter Marktordnungsgesichtspunkten den Kern der ganzen Lieferungsbedingungen. Sie macht es unmöglich, mündlich irgendwelche der Marktordnung zuwiderlaufende Abreden zu treffen, und gewährleistet die unbedingte Wahrheit des schriftlichen Vertrages. Diese ist für einen laute-

ren Wettbewerb und vor allem auch für seine Nachprüfung unbedingte Voraussetzung.

2. Sämtliche Vereinbarungen müssen in einem Bestell- oder Bestätigungsschreiben schriftlich niedergelegt werden. Diese Bestimmung ist eine Ergänzung zur vorhergehenden. Der Zwang zur Schriftform erleichtert der D.A.T. die Überwachung des Geschäftsgebarens, wozu sie durch die Marktordnung verpflichtet ist.

3. In den Preisvorschriften werden die Bestimmungen der Marktordnung wiederholt und zum Vertragsinhalt gemacht. Die Preise für Personen- und Lastkraftwagen gelten rein netto ab Lieferwerk, die für Krafträder[30]) und Anhänger frei Empfangsstation, ohne Skonto oder sonstigen Nachlaß. Die Lieferungsbestimmungen betonen ausdrücklich, daß sonstige Sondervorteile nicht gewährt werden dürfen.

4. Nebenkosten hat der Käufer zu tragen. Dies ist ebenfalls eine wesentliche Bestimmung der Marktordnung, deren Durchführung bei den Kunden manchmal auf gewisse Widerstände stieß, die durch Aufnahme in die Lieferungsbedingungen leichter zu überwinden sein dürften. Von den Nebenkosten werden folgende ausdrücklich aufgeführt: Verladung und Überführung, Transportversicherung, Zollkosten, Urkundensteuer, zu ihnen gehören aber auch, was leicht übersehen wird, Finanzierungsnebenkosten, wie Wechseleinziehungs- und Diskontspesen.

5. Das Eigentum an dem verkauften Gegenstand verbleibt dem Verkäufer bis zur vollständigen Abdeckung aller aus dem Kaufvertrag entstandenen Verbindlichkeiten. Diese Klausel entspricht der Marktordnung, die in dem Verzicht auf den Eigentumsvorbehalt einen unerlaubten Sondervorteil sieht.

6. Gewährleistungen dürfen für Neuwagen nur innerhalb einer Sechs-Monats-Frist und höchstens bis zu einer Gesamtfahrleistung von 10000 km übernommen werden. Der Umfang der Gewährleistungen wird im einzelnen festgelegt. Auch diese Bedingung bedeutet die Übernahme einer Marktordnungsbestimmung in den Vertrag zwecks Verhinderung unerlaubter Sonderleistungen. Auch für Gebrauchtwagen sind nur die in der Marktordnung vorgesehenen Garantien (bei Vorführwagen bis zum Ablauf der Fabrikgarantie, höchstens aber bis 3 Monate, für vom Erzeuger durch-

---

[30]) Die neuen Einheitsbedingungen kommen im Zuge der weiteren Vereinheitlichung der Marktordnung in der gesamten Kraftverkehrswirtschaft auch für Krafträder zur Anwendung.

reparierte, hochwertige Altwagen eine kurze [4 Monate], für sonstige Altwagen keine Garantie) zulässig.

Diese Einheitsbedingungen, die in Zusammenarbeit zwischen Industrie und Handel, den Überwachungsorganen und den Kraftfahrorganisationen (NSKK. und RDAC.) zustande gekommen sind, haben in allen Punkten die Billigung des Reichswirtschaftsministers und des Preiskommissars gefunden und sind geeignet, den Marktordnungsbestrebungen in der deutschen Automobilwirtschaft eine wirksame Stütze zu sein.

Zusammenfassend möchten wir über die Ordnung des Neuwagengeschäftes nochmals feststellen: Ausgangspunkt des Marktordnungswerkes ist der Grundsatz, daß die Listenpreise Festpreise sind. Der Kraftwagenmarkt ist daher als Markt mit gebundenen Preisen anzusehen. Auf einem so organisierten Markt gilt jede mittelbare oder unmittelbare Preisunterbietung als Nichtleistungswettbewerb und ist daher verboten. Die einzelnen Bestimmungen der Marktordnung dienen vor allem der Verhütung des Nichtleistungs-(Preis-)Wettbewerbes. Sie sind zum Teil sehr eng gefaßt und legen den Händlern erhebliche Beschränkungen in ihrer geschäftlichen Tätigkeit auf. Dies ist zur Zeit noch unvermeidbar. Ein völlig zerrütteter Markt kann nur durch unerbittliche Strenge wieder zur Ordnung zurückgeführt werden. Auch hat die Idee des Leistungswettbewerbes das Geschäftsgebaren durchaus noch nicht so weit durchdrungen, daß auch ohne äußeren Zwang ein systemgerechtes Verhalten immer erwartet werden kann. Hier hat die Marktordnung noch Erziehungsaufgaben zu leisten. Ist es erreicht, daß die Grundsätze des Leistungswettbewerbes allgemeine Richtschnur des geschäftlichen Handelns bilden, dann kann auch die Marktordnung gelockert werden. Auf einem Markt mit gebundenen Preisen werden aber auch dann erhebliche Wettbewerbsbeschränkungen nicht zu entbehren sein, da diese sich aus dem Prinzip des gebundenen Preises zwangsläufig ergeben. *Beim Kraftfahrzeug, als einem geborenen Markenartikel, ist der gebundene Preis der natürliche Preis, darum wird auch der Kraftfahrzeugmarkt einer ziemlich strengen Marktordnung immer bedürfen.*

β) *An- und Verkauf von Altwagen.*

Letztes Ziel der Marktordnung in der deutschen Automobilwirtschaft ist die Verhütung aller Preisunterbietungen. Die Marktordnung muß sich daher auf alle Gebiete erstrecken, von denen derartige Störungen herkommen können. Eine der wichtigsten Gefahrenquellen ist der Gebrauchtwagenmarkt. Durch die Vereinigung von Alt- und Neuwagengeschäft in einem Händlerbetrieb besteht immer die Gefahr, daß durch Überbewertung der in Zahlung zu nehmenden Altwagen der Preis der Neuwagen unterboten wird.

Der Versuch, das Altwagengeschäft zu ordnen, war daher eine wesentliche Wurzel des Marktordnungsgedankens.

Der Verkauf von Altwagen vollzieht sich in drei Formen:

1. unmittelbar zwischen den Verbrauchern mit Hilfe der Zeitungsanzeige;
2. durch den Spezial-Altwagenhandel, der nur den An- und Verkauf und gelegentlich auch die Reparatur von Gebrauchtwagen pflegt;
3. durch den Kraftfahrzeug-Fachhandel, der das Alt- und das Neuwagengeschäft betreibt.

Von diesen drei Teilmärkten wird nur der letztere unmittelbar durch die Marktordnung erfaßt. Nur der Altwagen-An- und -Verkauf des Kraftfahrzeugfachhandels unterliegt der Marktordnung. Die Geschäftstätigkeit des Spezial-Altwagenhandels und der Direktverkehr zwischen den Verkäufern wird in keiner Weise von der Marktordnung berührt[31]).

Die Ordnung des Altwagengeschäftes erfolgt ausschließlich unter dem Gesichtspunkt des Schutzes der Festpreise der Neuwagen. Alle nur dem Altwagenmarkt als Spezialmarkt eigentümlichen Probleme, z. B. das Verschrottungsproblem, bleiben unberührt. Für eine umfassende Reorganisation des Altwagenmarktes wäre eine Erfassung aller Beteiligten notwendig gewesen, was das Ordnungswerk ganz wesentlich erschwert hätte. Auch war ein unabweisbares Bedürfnis hierfür nicht vorhanden, denn der Gebrauchtwagenmarkt ist, im Gegensatz zum Neuwagenmarkt, ein Markt mit freier Konkurrenz, der einer die Marktverfassung ergänzenden Marktordnung nicht bedarf. Daß es auch im Bereich des Altwagenhandels einiges zu ordnen gäbe, kann nicht geleugnet werden. Die Anordnung des Preiskommissars vom 29. 4. 1939 ist ein erster Schritt zur Einbeziehung des Gebrauchtwagenmarktes in die Marktordnung, dem weitere in Kürze folgen werden.

Die Marktordnung für das Altwagengeschäft war bisher eine abgeleitete Ordnung, abgeleitet von der Marktordnung für Neuwagen. Aus dieser Abhängigkeit ergaben sich zugleich die Grenzen des Ordnungswerkes. Der Altwagenmarkt war nur soweit in die Marktordnung einbezogen, wie dies für die Aufrechterhaltung der Ordnung im Neuwagengeschäft erforderlich war. Ein Zusammenhang zwischen diesen beiden Geschäften besteht nur in zwei Punkten:

---

[31]) Während der Drucklegung erging die Anordnung des Preiskommissars vom 29. April 1939 über die Regelung der Verbraucherpreise und Handelsspannen im Geschäftsverkehr mit gebrauchten Kraftfahrzeugen, die für das gesamte Gebrauchtwagengeschäft die Schätzungspflicht einführt und die Höhe der Handelsspanne regelt (s. S. 175).

1. im Ankauf von Altwagen, insbesondere in der Form der Inzahlungnahme bei Neuwagenkäufen,
2. im Verkauf von Vorführwagen.

Nur in diesen beiden Fällen besteht die Gefahr, daß das Gebrauchtwagengeschäft zur Umgehung der Marktordnung für Neuwagen, insbesondere zu Preisunterbietungen benutzt wird. Und zwar ist die Gefahrenquelle stets die unrichtige Bewertung der Altwagen zur Gewährung eines Sondervorteils an den Kunden: die zu hohe Bewertung beim Ankauf, insbesondere bei der Inzahlungnahme von Altwagen, die zu niedrige oder auch unberechtigte Bewertung als Vorführwagen. Für die Marktordnung ergibt sich hieraus zweierlei:

1. für den Wettbewerb relevant ist vor allem der Altwagenankauf. Der Altwagenverkauf kann weitgehend aus der Marktordnung herausgelassen werden. Geregelt sind lediglich der Verkauf von Vorführwagen sowie die allgemeinen Lieferungs- und Garantiebedingungen;

2. die Wertermittlung kann nicht mehr dem Betrieb allein überlassen, sondern muß einer neutralen Stelle übertragen werden, die eine absolut objektive Bewertung vornimmt.

Der Angelpunkt der Marktordnung für Altwagen ist daher die Schätzungspflicht. Alle sonstigen Marktordnungsbestimmungen haben im wesentlichen den Zweck, die Umgehung der Schätzungspflicht unmöglich zu machen und unter Strafe zu stellen.

Die Marktordnung unterscheidet zwei Arten von Altwagen:

1. Altwagen aus erster Hand, das sind Kraftfahrzeuge und Anhänger, „die nach Verlassen ihrer Erzeugungsstätte ausschließlich im Eigentum einer Industrie- oder Handels-Vertragsfirma verblieben sind";
2. Altwagen aus zweiter Hand, das sind Kraftfahrzeuge jeder Art und Kraftwagenanhänger, die sich bereits in Besitz von Selbstverbrauchern befinden oder befunden haben und polizeilich auf diese zugelassen sind oder zugelassen waren.

Die entscheidende Bestimmung für den Verkehr mit Altwagen ist der § 18 der Marktordnung. Er bestimmt:

„Eine Vertragsfirma darf auf Altwagen aus zweiter Hand ein Angebot mittelbar oder unmittelbar erst dann abgeben und solche Altwagen erst dann für eigene Rechnung ankaufen oder in Verrechnung auf einen Neu- oder Altwagen in Zahlung nehmen, wenn eine von der D.A.T. zugelassene Schätzungsstelle den Altwagen in den letzten zwei Wochen urkundlich abgeschätzt hat. Für

Altwagen aus zweiter Hand darf kein höherer Preis als in der Schätzungsurkunde enthalten, in offener oder versteckter Form angeboten oder gewährt werden."

Praktisch bedeutet dieser Paragraph, daß künftighin der Marktwert der Altwagen von einer neutralen Treuhandstelle objektiv ermittelt wird. Der von den Schätzungsstellen festgestellte Taxwert ist ein Höchstwert, der von den Vertragshändlern bei Ankauf höchstens geboten oder bezahlt werden darf. Der Taxwert bildet die zulässige Preisobergrenze. Die Händler sind aber nicht verpflichtet, diesen Preis auch wirklich zu zahlen. Schätzen sie den Verkaufswert des Wagens niedriger ein, so steht es ihnen frei, sich mit dem Verkäufer auf einen geringeren Preis zu einigen oder den Ankauf abzulehnen. Es ist aber das Schicksal aller Höchstpreise, daß sie im Markt wie Festpreise wirken. In der Mehrzahl der Fälle wird daher der Schätzungswert dem tatsächlichen Ankaufspreis gleichkommen.

Die Begrenzung der Ankaufspreise auf den von den Schätzungsstellen festgestellten wirklichen Marktwert[32]) verhütet ein für allemal mittelbare Preisunterbietungen auf dem Wege der Überbezahlung von Altwagen. Die marktordnende Wirkung der Schätzungspflicht wird sich aber nur dann voll entfalten können, wenn ihr alle gebrauchten Fahrzeuge und alle Formen des Ankaufes unterliegen. Darum erstreckt sich die Schätzungspflicht nicht nur auf Vertragsware, sondern auf „Kraftfahrzeuge jeder Art" und Anhänger. Also auch Nichtvertragsware, wie z. B. Motorräder, Zugmaschinen, Dreiradlieferwagen, darf nur zu den von der Schätzungsstelle ermittelten Taxwerten hereingenommen werden. Eine Schätzung ist ferner bei jedem Ankauf vorzunehmen, und nicht nur bei der Inzahlungnahme gebrauchter Wagen im Neuwagengeschäft. Die Schätzungspflicht besteht z. B. auch:

1. für reine Ankaufsgeschäfte. Ihre Einbeziehung war notwendig, um zu verhindern, daß durch zeitliche Trennung des Altwagenankaufs vom Neuwagenverkauf die Schätzungspflicht umgangen würde;

2. für Inzahlungnahme von Altwagen auf Altwagen;

3. für den Ankauf von Schrottwagen.

Grundsätzlich gelten nur zwei Ausnahmen von der allgemeinen Schätzungspflicht:

1. Bei öffentlichen Versteigerungen können Altwagen ohne vorherige Schätzung auf Grund des Zuschlages durch den Gerichtsvollzieher oder Auktionator gekauft werden[33]). Eine Bescheinigung des Gerichtsvollziehers ersetzt hier die sonst erforderliche Schätzungsurkunde.

---

[32]) Über die Grundsätze der Wertermittlung und ihre Technik s. S. 136 ff.

[33]) D.A.T.-Nachrichten v. 15. Mai 1934 Nr. 3.

Für diese Sonderfälle mußte die Schätzungspflicht aufgehoben werden, da sie mit der Technik der Versteigerung unvereinbar und eine ordnungsmäßige Preisbildung durch die Öffentlichkeit des Verfahrens gewährleistet ist. Einen Verstoß gegen die Marktordnung bedeutet es aber, wenn Versteigerungen zur Umgehung der Schätzungspflicht künstlich herbeigeführt werden.

2. Altwagengeschäfte zwischen Automobil-Vertragshändlern unterliegen nicht der Schätzungspflicht, da hier keine Gefahr, ja kaum eine Möglichkeit zum Mißbrauch besteht, und alle unnötigen Verkehrsbeschränkungen vermieden werden sollen. Für Altwagenkäufe bei Nicht-Kraftwagenhändlern, z. B. bei gewerbsmäßigen Altwagen- und Anhängerhändlern, auch wenn letztere Vertragshändler sind, besteht dagegen der Schätzungszwang, denn hier sind Durchstechereien möglich: der Altwagenhändler kauft den ungeschätzten Wagen des Neuwagenkunden zu einem überhöhten Preis an, und der Vertragshändler nimmt ihn dann zu einem noch höheren Preis ab. Solchen unlauteren Machenschaften soll die umfassende Schätzungspflicht einen Riegel vorschieben.

Das Verbot des Ankaufes nicht geschätzter Kraftfahrzeuge bezieht sich aber nicht nur auf die Vertragsbetriebe, sondern auch auf deren Angestellte, die gleich ihnen auf die Marktordnung verpflichtet sind. Will z. B. der Verkäufer eines Vertragshändlers für private Zwecke ein gebrauchtes Motorrad kaufen, so darf auch er hierfür nicht mehr als den von einer Schätzungsstelle festgestellten Taxwert zahlen. Auch hierdurch soll verhindert werden, daß die Altwagenankäufe als Privatangelegenheiten der Angestellten getarnt werden und dadurch die Schätzungspflicht umgangen wird.

Den gleichen Zweck haben die §§ 19 und 20 der Marktordnung. Nach ihnen ist es verboten:

1. Altwagen aus zweiter Hand zum Verkauf auf fremde Rechnung zu übernehmen, eine irgendwie geartete Verkaufshilfe für solche zu leisten, private oder berufliche Altwagenankäufer oder -verkäufer namhaft zu machen (§ 19);

2. sich mittelbar oder unmittelbar an Unternehmungen, die sich mit dem Verkauf gebrauchter Wagen befassen, zu beteiligen oder mit ihnen irgendwie zusammenzuarbeiten, es sei denn, daß diese die Verpflichtungserklärung „H“ gleichfalls unterzeichnet haben.

Auch diese beiden Bestimmungen dienen lediglich dazu, jede Durchbrechung des Prinzips der unbedingten Schätzungspflicht und jede Umgehung der sonstigen Preisschutzbestimmungen unmöglich zu machen.

Die kommissionsweise Übernahme des Verkaufs von gebrauchten Kraftfahrzeugen ist grundsätzlich verboten. Sie war zuerst für hochwertige Wagen mit einem Neuwert von über 12 000 RM. erlaubt, aber diese Ausnahmebestimmung ist als überflüssig und störend wieder aufgehoben worden. Verboten ist auch jegliche andere Verkaufshilfe, insbesondere die Aufgabe von Interessentenanschriften. Gegen diese Bestimmung ist vor allem in der ersten Zeit der Marktordnung sehr häufig verstoßen worden. Sie wurde als sehr lästig empfunden und ihre Notwendigkeit nicht immer eingesehen. Bedenkt man aber, daß jede aufgegebene Interessentenadresse die Adresse eines Strohmannes sein kann, der im Auftrag eines Händlers den Wagen zu einem überhöhten Preis hereinnimmt, so ist es verständlich, daß gerade diese so unscheinbaren Nebenbedingungen besonders streng eingehalten werden müssen[34]).

Aus den gleichen Erwägungen heraus wurde auch die Beteiligung an Altwagen-Spezialgeschäften, die nicht der D.A.T. angeschlossen sind, verboten. Untersagt ist jede mittelbare und unmittelbare Teilhaberschaft: die Beteiligung als stiller Gesellschafter oder auch eine Kapitalbereitstellung in Kreditform fällt hierunter. Die Marktordnung sieht auch darin eine unerlaubte Zusammenarbeit, wenn Altwagenhändler zur Abnahme bestimmter Altwagenkontingente von vornherein verpflichtet werden. Aus Gründen der Marktdisziplin soll eine scharfe Grenze zwischen Vertragshändlern und freien Altwagenhändlern gezogen werden, denn sobald sich hier engere Verbindungen anspinnen, geht die Kontrolle über das Markt- und Betriebsgebaren der Vertragshändler verloren. Es steht aber jedem Vertragshändler frei, sich im Altwagenhandel zu betätigen und sogar Spezialunternehmungen hierfür zu errichten, nur muß er auch sie der Marktordnung unterstellen. Alt- und Neuwagengeschäft bilden dort, wo sie in einem Betrieb zusammengefaßt sind, ein unteilbares Ganzes. Es ist nicht möglich, für die eine Hälfte des Betriebes zur Marktordnung „ja", für die andere aber „nein" zu sagen. Nur bei vollem Eintritt aller für das Marktordnungswerk ist sein Gelingen gewährleistet.

Ging es bei den Altwagen aus zweiter Hand vor allem darum, Sondervorteile durch Überbewertung zu verhindern, so liegen die Verhältnisse bei den Gebrauchtwagen aus erster Hand genau umgekehrt. Gebrauchtwagen aus erster Hand sind vor allem Vorführwagen, fabrikneue Wagen, die im Betrieb des Erzeugers oder des Händlers in Verkehr genommen wurden und deshalb nicht mehr als Neuwagen verkauft werden können, die aber doch sehr dicht an dieser Grenze liegen, so daß große Preisabstriche hierfür kaum gerechtfertigt sind. Das ist aber nicht das Entscheidende. Gefahr droht der Marktordnung von den Vorführwagen dann, wenn sie künstlich geschaffen werden, um die Festpreisbestimmun-

[34]) So hat z. B. das Schiedsgericht der D.A.T. entschieden, daß Verkaufshilfe auch dann gegen die Marktordnung verstößt, wenn kein Neuwagengeschäft dabei beabsichtigt ist. Spruchkammer II. Sitzung v. 21. 7. 1934. D.A.T.-Nachrichten v. 30. 11. 1934 Nr. 5.

gen zu umgehen. Nicht jede Ingebrauchnahme rechtfertigt einen Preisnachlaß, vor allem nicht bei Kraftfahrzeugen, die erfahrungsgemäß ihre Höchstleistungsfähigkeit erst nach einer gewissen Anzahl von Fahrkilometern erlangen. Es würde daher einen unberechtigten Sondervorteil und einen Verstoß gegen die Preisschutzbestimmungen bedeuten, wenn solche Vorführwagen schon nach wenigen hundert Fahrkilometern zu Sonderpreisen in den Handel kämen.

Daher regelt die Marktordnung:

1. die Mindestbetriebsleistungen für die Anerkennung als Gebrauchtwagen und
2. die Mindestbewertung der Vorführwagen.

Für die Mindestbetriebsleistung stellt der § 21 der Marktordnung folgende Normen auf: Als Altwagen aus erster Hand gelten:

1. Personenkraftwagen, die nachweislich mehr als 6000 km gefahren wurden und mehr als drei Monate lang mit schwarzer Nummer polizeilich zugelassen sind;
2. Lastkraftwagen, die sich länger als drei Monate im Eigentum einer „I“- oder „H“-Firma befinden und während dieser Zeit mit roter oder schwarzer Nummer mindestens gefahren worden sind:
   Lieferwagen bis 0,6 l Hubraum und Lastwagen über 3 t Nutzlast mehr als 3000 km,
   Lastwagen bis 3 t Nutzlast mehr als 6000 km,
3. Lastwagenanhänger, die nachweislich mehr als drei Monate in Betrieb gewesen sind.

Erst wenn diese Mindestbetriebsleistungen erreicht sind, dürfen die Wagen als Altwagen zu den hierfür zulässigen niedrigen Preisen verkauft werden.

Den Nachweis, daß die Mindestbetriebsleistungen erfüllt sind, hat der Betrieb zu erbringen. Alle Betriebe haben daher sofort bei Inbetriebnahme eines Vorführwagens die notwendigen Vorkehrungen zu treffen, um später den Beweis antreten zu können. Der Nachweis, daß ein Wagen mindestens drei Monate unter schwarzer oder roter (nur bei Lastwagen) Nummer zugelassen war, ist verhältnismäßig leicht zu führen: bei schwarzer Nummer ergibt sich der Zeitpunkt der Zulassung aus der Zulassungsbescheinigung, bei roter Nummer aber aus der ersten Zulassungskarte, die daher unbedingt aufzubewahren ist.

Schwieriger ist es schon mit dem Nachweis der Mindestfahrleistung. Der Stand des Kilometerzählers am Tage des Verkaufs ist kein einwandfreier Beweis[35]), weil dieser durch Reparatur oder Auswechslung des Zählers bewußt oder unbewußt verändert sein kann. Als anerkanntes Be-

[35]) D.A.T.-Nachrichten v. 1. Sept. 1936 Nr. 11.

weismittel gelten ordnungsgemäß geführte Fahrtenbücher, wie sie für Wagen, die unter roter Nummer laufen, polizeilich vorgeschrieben sind, die aber von den Vertragsfirmen für alle Wagen geführt werden sollten.

Altwagen aus erster Hand unterliegen, wie alle anderen Altwagen, der Schätzungspflicht. Für diese darf „kein niedrigerer Preis als in der Schätzungsurkunde enthalten in offener oder versteckter Form verlangt oder angeboten werden" (§ 22). Für Altwagen aus erster Hand gilt demnach der Schätzungswert als Niederstwert, er darf nicht unterboten werden, während er bei sonstigen Altwagen als Höchstwert anzusehen ist und nicht überboten werden darf. Dieser grundsätzliche Unterschied ist verständlich, denn die Schätzungspflicht für „Erste-Hand-Wagen" soll verhindern, daß diese zu billig verkauft werden, während es sich bei den sonstigen Altwagen darum handelt, daß sie nicht zu teuer angekauft werden.

Die Schätzungspflicht entfällt, wenn der Verkaufspreis mindestens 85% des Bruttoverkaufspreises des entsprechenden neuen Wagens beträgt. Ein Preisnachlaß in Höhe von 15 % wird als eine stets angemessene Entschädigung für die durch die Inbetriebnahme hervorgerufene Wertminderung angesehen. Ist aber eine Schätzung erfolgt und liegt der Taxwert höher als 85 % des Bruttoverkaufspreises, so ist der Händler unbedingt an den höheren Taxwert gebunden und darf nicht auf die sonst zulässige 85 %-Grenze heruntergehen. Das entspricht dem Grundsatz, daß bei Altwagen aus erster Hand der Taxwert immer die Preisuntergrenze darstellt.

Die D.A.T. kann auf Antrag die Erfüllung der Mindestbetriebsleistung erlassen:

1. wenn der zwischen den Vertragsfirmen über die betreffende Marke bestehende Vertretungsvertrag nach übereinstimmender Bekundung beider Parteien endgültig beendet ist,

2. wenn ein fabrikneues Fahrzeug durch Unfall schwere Beschädigung erlitten hat,

3. wenn eine Lieferfirma ein noch in ihrem Eigentum befindliches Fahrzeug mangels Zahlung oder aus einem sonstigen Grunde zurücknimmt und weiterverkaufen will (§ 23).

In diesen drei Fällen kann das Fahrzeug nach ausdrücklicher Genehmigung durch die D.A.T. schon vor Erreichung der Mindestbetriebsleistung unter Listenpreis verkauft werden. Diese Wagen unterliegen aber, genau wie alle anderen Altwagen aus erster Hand, dem Schätzungszwang bzw. dürfen nicht unter 85 % des Listenpreises abgegeben werden.

Abgesehen von diesen Sonderbestimmungen für Altwagen aus erster Hand enthält die Marktordnung keine Preisbildungsbestimmungen. Die Preise müssen natürlich der Anordnung vom 29. 4. 39 entsprechen. Sie sollen nicht unter den Selbstkosten liegen und dürfen nicht mehr als 33⅓ % Handelsaufschlag enthalten. Die Preisbildung auf dem Altwagenmarkt ist in weit höherem Maße von Zufällen abhängig als bei Neuwagen. Vor allen Dingen ist der Absatzdruck, unter dem der Händler handelt, meist viel stärker: im Altwagengeschäft ist häufig mehr Eigenkapital investiert als im Neuwagenlager, das sich schnell umschlagen soll, und auch die Lagerdauer der Altwagen ist begrenzt, da die Zeitspanne zwischen Baujahr und Kauftag bei der Preisbildung eine wesentliche Rolle spielt. Daher dürfte es sich manchmal nicht vermeiden lassen, daß Altwagen unter Selbstkosten abgestoßen werden müssen[36]). Die Marktordnung steht dem nicht entgegen.

Im übrigen unterliegt auch das Altwagengeschäft in vollem Umfang der Marktordnung — mit einer Ausnahme: auf Altwagen (sowohl aus erster als auch aus zweiter Hand) dürfen keine Mengen- und keine Behördenrabatte bewilligt werden. Im übrigen ergibt sich für das Altwagengeschäft aus der Marktordnung u. a. folgendes:

1. auch die Altwagenpreise sind Nettopreise, auf die kein Skonto oder sonstiger Nachlaß gewährt werden darf. Praktisch ist dies nicht von so großer Bedeutung, da bei der Freiheit der Preisstellung immer ein Ausgleich gefunden werden kann, nur nach erfolgtem Geschäftsabschluß darf die Preisminderung nicht erfolgen.

2. Garantien dürfen für Altwagen aus erster Hand nur nach Maßgabe der Marktordnung, für solche aus zweiter Hand überhaupt nicht übernommen werden, mit Ausnahme der Zusicherung „riß- und bruchfrei". Nach der zur Zeit geltenden Durchführungsverordnung des Preiskommissars (Art. 3) ist eine Garantie für gebrauchte Fahrzeuge aus zweiter Hand völlig ausgeschlossen.

3. Bei Kreditgewährung sind die in der Marktordnung vorgeschriebenen Zinsen zu berechnen. Auch die Mindestanzahlung und der Eigentumsvorbehalt müssen berücksichtigt werden.

4. Die Geschäftsabschlüsse müssen auf Grund der Einheitslieferbedingungen erfolgen.

Da im Altwagengeschäft die Vertragshändler in unmittelbarem Wettbewerb mit dem freien Altwagenhandel stehen, war es bisher nicht immer leicht, die Bedingungen der Marktordnung durchzusetzen. Die inzwischen erfolgte allgemeine Regelung des Gebrauchtwagengeschäftes, die bisher allerdings nur in den Grundlinien bekannt ist, dürfte hier wesentliche Erleichterungen bringen. Im Interesse des Publikums war es er-

[36]) In den letzten Jahren des großen Kraftwagenbedarfs lagen die Verhältnisse allerdings ganz anders.

wünscht, daß auch der freie Altwagenhandel sich zur Einhaltung angemessener Geschäftsbedingungen und sauberen Geschäftsgebarens ver- verpflichtete, denn hier herrschen z. T. noch wenig erfreulich Zustände, die geeignet sind, den gesamten Kraftwagenhandel in Mißkredit zu bringen. Es war also an der Zeit, zur Wahrung der Belange des kraftfahrenden Publikums und des Kraftfahrzeughandels das Ordnungswerk, wenn auch mit anderer Zielsetzung, auf den ganzen Gebrauchtwagenmarkt auszudehnen.

γ) Das Schätzungswesen.

Das Kernstück der Marktordnung für den Gebrauchtwagenmarkt ist die Schätzungspflicht. Das Funktionieren der Marktordnung hängt deshalb in hohem Maße von der Güte der Arbeit der neutralen Schätzungsstellen ab. Die Wirtschaft läßt sich nie etwas aufzwingen, was nicht gut ist und nicht ihren Bedürfnissen entspricht. Marktfremde Gebilde stößt sie in kürzerer oder längerer Zeit immer wieder ab. Die Schätzungsstellen sind an sich marktfremde Gebilde. Uns ist kein weiteres Beispiel[37]) bekannt, daß in einem Wirtschaftszweig dem Handel von einer unbeteiligten Stelle die höchstzulässigen Ankaufspreise vorgeschrieben werden, es sei denn vom Staat. Das Experiment der Schätzungsstellen konnte deshalb nur gelingen, wenn sie hochqualifizierte Leistungen aufzuweisen hatten, die von allen Marktbeteiligten anerkannt wurden. Nachdem das Ergebnis einer mehr als fünfjährigen Schätzungstätigkeit vorliegt, so muß man rückhaltlos anerkennen, daß der Versuch geglückt ist und das Schätzungswesen alle Erwartungen erfüllt hat. Der beste Beweis ist der Zwangsanschluß des Spezial-Gebrauchtwagenhandels an die Schätzungsorganisation der D.A.T. durch die Anordnung des Preiskommissars vom 29. 4. 39.

Das ganze Schätzungswesen ruht auf einem Netz von Schätzungsstellen und Nebenstellen, mit denen die D.A.T. das ganze

[37]) Für die mit den Schätzungsstellen verbundene Preismeldepflicht gibt es verschiedentlich Parallelen, nicht aber für ihre Auswertung zu einer so weitgehend verbindlichen Schätzung. Die ersten Ansätze für Preismeldestellen finden sich in USA. nach Erlaß der Sherman-Act. Diese „Open-Price Associations“, deren Zahl auf 450 angegeben wird, hatten ursprünglich den Zweck, Überblick über besonders unübersichtliche Märkte zu gewinnen. Sie wurden später zu verkappten Preiskartellen, so daß auch gegen sie der Gesetzgeber einschritt. Eine Auferstehung erlebten die „Preismeldestellen“ bei den Marktordnungsbestrebungen der Nira-Codes. Sie dienten hier aber der Bekämpfung der Preisschleuderei. Die gemeldeten Preise galten als Mindestpreise, die von den Mitgliedern während einer gewissen Frist nicht unterboten werden durften. In etwa 420 Codes waren solche Preismeldestellen mit zum Teil recht unterschiedlichen Zielen vorgesehen. Vergl. hierzu Lohmann: Die Preismeldestellen — open price associations — in der gewerblichen Marktordnung. Jahrbücher für Nationalökonomie und Statistik 1937, S. 513 ff.

Reich überzogen hat. Man begann 1934 mit 120 Schätzungsstellen und erweiterte das Netz 1938 bis auf 211. Eine weitere Verdichtung schien wegen der leichten Beweglichkeit der Objekte bisher nicht notwendig zu sein, zumal bei der Bemessung der Zahl der Schätzungsstellen auch auf die Schätzer Rücksicht genommen werden muß, deren Einkommen vom Schätzungsanfall abhängig ist. Die Größe des Schätzungsbezirkes muß so bemessen sein, daß dem Schätzer ein Mindesteinkommen gesichert ist. Sie sind in der Regel hauptberuflich als Schätzer tätig; eine andere Tätigkeit in der Automobilwirtschaft ist stets ausgeschlossen. Die Schätzer sind (mit Ausnahme der Berliner, die zur Gefolgschaft der D.A.T. gehören) frei beruflich tätig und stehen zur D.A.T. in einem Vertragsverhältnis. Sie beziehen ihre Einnahmen aus den aufkommenden Schätzungsgebühren. Diese sind durch die D.A.T. einheitlich für das ganze Reich geregelt und betragen:

wenn das Fahrzeug der Schätzungsstelle zugeführt wird	12,—	RM.
für Abschätzungen außerhalb der örtlichen Schätzungsstelle, aber innerhalb der politischen Gemeinde ihres Sitzes	20,—	„
für Abschätzungen außerhalb der politischen Gemeinde des Sitzes der Schätzungsstelle	30,—	„

Für Spezialfahrzeuge werden hierzu Zuschläge bis zu 50 % erhoben, für Kleinfahrzeuge treten Ermäßigungen ein.

Von diesen Gebühren[38]) stehen dem Schätzer 75 % zu, den Rest erhält die D.A.T. als Unkostenbeitrag für ihre Schätzungsorganisation, vor allem für die Bearbeitung der Preismeldungen und die Errechnung der Richtpreise, wozu ein größerer Büroapparat erforderlich ist.

Die Schätzer sind fachlich — kaufmännisch und vor allem technisch — geschulte Leute, die auch auf Grund ihrer Persönlichkeit volle Gewähr bieten für eine pflichtbewußte Durchführung der nicht immer einfachen treuhänderischen Aufgaben. Ihrer Vorbildung nach sind die Schätzer:[39])

Kaufmann mit technischer Bildung aus der Praxis	7
Technische Lehrer	20
Absolventen eines Technikums oder einer Maschinenbaufachschule . .	36
Absolventen einer Technischen Hochschule	47
	110

Soweit der äußere Aufbau der Schätzungsorganisation!

Von marktwirtschaftlich weit größerer Bedeutung ist allerdings das Schätzungsverfahren. Von ihm und den dabei zur Anwendung

---

38) Die Gebühren zahlt der Auftraggeber, also in der Regel der Altwagenverkäufer. Nach der Marktordnung kann bei Inzahlungnahme von Altwagen die einmalige Schätzungsgebühr rückvergütet werden (§ 18c).

39) Geschäftsbericht der D.A.T. für 1938.

kommenden Grundsätzen hängt es ab, ob die von den Schätzungsstellen ermittelten Werte dem „wahren Wert" gleichkommen.

Jede wirtschaftliche Wertung ist zweckorientiert. Der wirtschaftliche Wert ist keine absolute Größe, sondern hängt vom Wertungszweck ab. Man unterscheidet beispielsweise: Bilanz-, Steuer-, Versicherungs-, Einkaufs-, Verkaufswerte, die sich, selbst auf das gleiche Objekt bezogen, in ihrer Höhe alle voneinander unterscheiden. Daher muß jede Wertung im Hinblick auf den Wertungszweck und unter Anwendung der ihm entsprechenden Wertungsgrundsätze erfolgen. Auch die Wertermittlung durch die Schätzungsstellen muß am Wertungszweck ausgerichtet sein. Wertungszweck ist der Verkauf eines gebrauchten Kraftfahrzeuges an bzw. der Ankauf durch einen Händler. Der zu ermittelnde Wert ist demnach der Marktwert, und zwar der Marktwert auf dem Händler-Einkaufsmarkt. Diese Lokalisierung ist wichtig, denn auch die Marktwerte verschiedener Märkte unterscheiden sich in ihrer Höhe. Durch die auf jeder Marktstufe hinzugefügte händlerische Leistung steigt der Marktwert und wird beim Hintereinanderschalten mehrerer Märkte immer höher.

In diesem Zusammenhang sei aber ausdrücklich vor der irrigen Auffassung gewarnt, daß jeder Kostenaufwand werterhöhend wirke. Nicht die betriebsindividuellen, sondern nur die marktnotwendigen Kosten bilden ein konstitutives Wertelement und kommen in der Höhe des Wertes zum Ausdruck. Der Marktwert bildet sich, wie der Name besagt, im Markt. Es ist der Wert, zu dem Güter gleicher Art und Beschaffenheit im Marktverkehr gehandelt werden. Seinen geldmäßigen Ausdruck findet er im Marktpreis. Trotzdem sind Marktwert und Marktpreis nicht identisch, sondern unterscheiden sich darin, daß der Marktpreis etwas Einmaliges, oft Zufälliges ist, während der Wert etwas Konstantes, sich nur in größeren Zeiträumen Veränderndes darstellt. Nicht in jedem Preis kommt daher der Wert eindeutig zum Ausdruck, sondern nur in der dauernden Grundrichtung aller Preise einer längeren Periode. Bei der Schätzung, die eine Wertermittlung ist, kommt es nun darauf an, aus einer Vielzahl zufälliger Preise den stetigen Trend, den Wert herauszufinden.

Als Schätzungsverfahren haben sich stets jene am besten bewährt, die in ihrer Technik der marktmäßigen Preisbildung am nächsten kommen. Jeder Preis beruht letzten Endes auf zwei natürlichen Komponenten: den Kosten auf der Angebots- und dem Nutzen auf der Nachfrageseite[40]). Aus ihnen bildet sich unter Hinzutritt weiterer Preisbildungs-

---

[40]) Geht man noch weiter zurück, so stehen hinter den Kosten die Seltenheit und hinter dem Nutzen die Brauchbarkeit. Vergl. Mellerowicz, Allg. Betriebswirtschaftslehre der Unternehmung, Berlin 1932, S. 80.

faktoren, wie z. B. Angebotsmenge und Einkommen, der Preis. Aber nicht bei jeder einzelnen Preisfeststellung wickelt sich dieser lange und sehr komplizierte Prozeß ab. Dies geschieht im Grunde genommen nur bei der Bildung des ersten, des „Ur-Preises". Und auch diese vollzieht sich nicht mechanisch und als isolierter Vorgang, sondern ist mitten hineingestellt in das Gefüge der bereits vorhandenen Preise aller anderen Güter und Leistungen einer Volkswirtschaft. Im täglichen Verkehr bilden sich die Preise stets in Anlehnung an die bereits „im Markte schwebenden Preise" (v. Gottl-Ottlilienfeld) vorangegangener Geschäftsabschlüsse. Im Einzelfall besteht die Preisbildung darin, daß unter Berücksichtigung der den betr. Fall charakterisierenden Besonderheiten (Güte und Menge der Ware, Verwendungszweck, Kaufkraft) zu dem marktgegebenen Preis Stellung genommen und entschieden wird, ob er unverändert angenommen, erhöht oder gesenkt werden muß.

Aus diesem Zusammenhang der Preise ergibt sich auch allein die Schätzungsmöglichkeit. Während es unmöglich ist, einen Preisbildungsvorgang von Anfang an zu rekonstruieren und künstlich nachzubilden (die meisten Wertelemente sind größenmäßig gar nicht faßbar und der Grad ihrer gegenseitigen Beeinflussung nicht bekannt), bereitet die Schätzung auf Grund vorangegangener Preise verhältnismäßig geringe Schwierigkeiten, wenn der Schätzer über folgende Kenntnisse verfügt:

a) ausreichende Marktkenntnisse und ein Gefühl für die kommende Entwicklung, was zur Erfassung des Preistrends notwendig ist;

b) genügend Fachkenntnisse, die eine Würdigung der Besonderheiten des einzelnen Falles ermöglichen (besonders wichtig bei der Schätzung technischer Objekte).

Die zweite Anforderung ist im wesentlichen eine Persönlichkeitsfrage. Die Güte, d. h. Richtigkeit eines Schätzungsergebnisses hängt sehr stark von der Wahl des richtigen Schätzers ab. Nur eine fachlich geschulte Persönlichkeit, die jahrelang in dem betreffenden Geschäftszweig tätig war und die Eigenarten des Marktes genau kennt, ist fähig, eine einwandfreie Schätzung vorzunehmen. Die Schwierigkeit liegt vor allem darin, das zu schätzende Objekt in aller seiner Eigenart in den Markt hineinzupassen. Es ist nicht damit getan, bekannte Preise einfach auf das Schätzungsobjekt zu übertragen, sondern es kommt darauf an, seine Besonderheiten, seine Vorzüge und Mängel richtig zu beurteilen und die hierdurch bedingten Preisabweichungen richtig zu veranschlagen. Das Schätzen verlangt demnach Spezialkenntnisse, die erst durch Schulung und Übung erworben werden können. Daher findet man auch in den Wirtschaftszweigen, in denen häufig

Schätzungen notwendig werden, hauptberufliche Taxatoren (Versicherungswesen, Grundstücks- und Betriebsmakler, Treuhandwesen, Pfandleihen).

Der notwendige Marktüberblick, insbesondere die statistischen Unterlagen über die Höhe der realisierten Preise, kann nur durch besondere organisatorische Maßnahmen verschafft werden.

So hatte denn auch die D.A.T. bei der Einführung der Schätzungspflicht vor allem folgende Aufgaben zu lösen:

1. Bestellung eines Stabes fähiger und verantwortungsbewußter Schätzer;
2. Bereitstellung der notwendigen Unterlagen zur Erlangung eines vollkommenen Marktüberblickes,
3. Ausarbeitung von Richtlinien für die Durchführung der Schätzung, um ein einheitliches Ergebnis des Schätzungsverfahrens im Reich zu gewährleisten.

Bei der Auswahl der Schätzer mußte vor allem auf das Vorhandensein guter technischer Kenntnisse Gewicht gelegt werden, denn bei der Schätzung von Kraftwagen hängt die Richtigkeit des Schätzungsergebnisses sehr stark von der richtigen Beurteilung des technischen Zustandes der Wagen ab: vorhandene Mängel müssen erkannt, der Grad der Abnutzung richtig eingeschätzt und die Kosten der Wiederherstellung genau bemessen werden. Der Verkäufer und der Händler können den Schätzer zwar dabei unterstützen: der Verkäufer ist nach den Schätzungsbedingungen (§ 4c) verpflichtet, „versteckte Mängel am Fahrzeug dem Schätzer unaufgefordert mitzuteilen"; ein Händler kann ihn bei der Vorkalkulation notwendiger Instandsetzungsarbeiten beraten, aber im wesentlichen ist der Schätzer auf sein eigenes Urteil angewiesen. Und er muß auch ein völlig unabhängiges Urteil haben, sonst ist er zur Bekleidung eines so verantwortungsvollen Amtes nicht fähig.

Die Schätzerfrage ist trotz aller Schwierigkeiten gut gelöst worden, wenngleich von unzufriedenen Auftraggebern und auch vom gewerbsmäßigen Altwagenhandel (von ihm aus sehr durchsichtigen Gründen) die Schätzungsergebnisse oft heftig kritisiert wurden. Ein immer wieder auftretendes Mißverständnis liegt darin, daß die Käufer die Marktwerte des falschen Marktes zum Vergleich heranziehen: sie vergleichen das Schätzungsergebnis mit Preisen, die Bekannte und Freunde für gebrauchte Wagen auf dem Verbrauchermarkt gezahlt haben, während der Schätzer den Wert auf dem Händler-Einkaufsmarkt (also eine Art Engros-Preis) festzustellen hat. Nur die wenigsten Wagen verlassen den Händler-Betrieb in unverändertem Zustand: sie werden überholt und ausgebessert und in einen möglichst guten Verkehrszustand gesetzt, was natürlich mit Kosten verbunden ist, die dann in erhöhten Verkaufspreisen zum Ausdruck kommen.

Darum müssen auch die in der Presse erhobenen Vorwürfe über unangemessene Verdienste im Altwagengeschäft der D.A.T. Händler zurückgewiesen werden. Wenn z. B. der Verfasser eines Artikels in der „Der Deutschen Volkswirtschaft“[41]) einen durchschnittlichen Händlergewinn von 257,— RM. je Wagen herausrechnet, so ist dies eine völlig schiefe Darstellung, denn in dieser Differenz zwischen durchschnittlichen Taxwerten (1193,— RM.) und durchschnittlich erzieltem Verkaufspreis (1450,— RM.) sind alle Reparatur- und Erneuerungskosten einbegriffen. Und es braucht wohl nicht besonders betont zu werden, wie kostspielig die gründliche Überholung eines Kraftwagens oft ist. Es ist auch nicht ohne weiteres angängig, die Preisspannen zwischen mehreren Betrieben oder zwischen Vertrags- und freien Altwagenhändlern zu vergleichen, denn diese sind, eben wegen der Reparaturkosten, zu sehr vom Zufall und von der individuellen Betriebspolitik abhängig. Nicht nur das kraftfahrende Publikum, sondern die gesamte Öffentlichkeit hat aber das größte Interesse daran, daß sich nur unbedingt betriebssichere Fahrzeuge im Verkehr befinden. Dem Altwagenhandel fällt dabei die wichtige Aufgabe zu, dafür zu sorgen, daß überalterte Fahrzeuge völlig aus dem Verkehr gezogen und alle anderen nur in einwandfreiem Zustand wieder zugelassen werden. Diese, wir möchten fast sagen „öffentliche Reparaturpflicht“ beeinflußt natürlich auch das Schätzungsergebnis und wirkt preismindernd.

Die D.A.T.-Schätzungsstellen haben als unbedingt neutrale Einrichtungen stets das Bestreben, bei ihren Taxationen dem wahren Marktwert möglichst nahe zu kommen. Es liegt aber im Wesen der Schätzung, daß subjektive Momente und Fehlermöglichkeiten nicht restlos ausgeschaltet werden können. Die D.A.T. ist daher immer bemüht, durch Schulung der Schätzer Verbesserung der Schätzungsverfahren und Vervollständigung der Unterlagen das Schätzungsergebnis zu verbessern.

Den erforderlichen Marktüberblick verschafft die D.A.T. ihren Schätzern dadurch, daß sie fortlaufend die von ihren Mitgliedern im ganzen Reich erzielten Altwagenpreise sammelt, mathematisch-statistisch bearbeitet und sie ihnen in der aufbereiteten Form von Richtpreisen an die Hand gibt.

Nach der Marktordnung sind alle Vertragshändler verpflichtet, den beim Weiterverkauf eines Altwagens erzielten Verkaufserlös (Rechnungswert) der D.A.T. unverzüglich (am Umsatztag) auf einem von ihr zur Verfügung gestellten Vordruck zu melden (§ 24 der Marktordnung).

---

[41]) Gebrauchtwagen und andere Unerfreulichkeiten. Die Deutsche Volkswirtschaft 1937/9.

Die Meldungspflicht bezieht sich aber nicht nur auf den erzielten Preis, sondern darüber hinaus sind alle Einzelheiten und Umstände anzugeben, die zur Preisbeurteilung wichtig sind, z. B.

1. Typ des umgesetzten Fahrzeuges,
2. Baujahr,
3. Nummern von Fahrgestell und Motor,
4. Art der Karosserie (mit Einzelangaben, da besonders wichtig),
5. Zahl der Sitze,
6. Art und Zahl der Bereifung,
7. Steuerpflicht (soweit noch gegeben),
8. Genaue Angaben, ob der Wagen dem „Normalzustand" (gebrauchsfähig und betriebssicher) entsprach, oder in welchen Punkten er davon nach oben oder unten abwich. Diese Angabe ist besonders wichtig, denn nur auf ihrer Basis lassen sich aus der Vielzahl der Erlösmeldungen die „Normalwerte" herausfinden.

Von der genauen und sorgfältigen Einhaltung der Preismeldevorschriften ist ein ordnungsmäßiger Schätzungsbetrieb abhängig. Darum sind auch Verstöße gegen diese Pflicht mit hohen Strafen bedroht:

bei der ersten Nichterfüllung	30 %	des Verkaufserlöses, mindestens 1000.— RM.;
bei der zweiten Nichterfüllung	60 %	des Verkaufserlöses, mindestens 3000.— RM.;
bei der dritten Nichterfüllung	100 %	des Verkaufserlöses, mindestens 5000.— RM.

Es ist erstaunlich, wie schwer es tatsächlich gewesen ist, die Händler zur Einhaltung dieser so einfachen Pflicht zu erziehen, obwohl ihnen ihre Erfüllung denkbar leicht gemacht wurde. Die Schätzer sind verpflichtet, bei der Ausstellung jeder Schätzungsurkunde zugleich ein „Erlösmeldungsformular" für den betreffenden Wagen mit allen sachlich-technischen Einzelheiten auszufüllen, so daß der Händler beim Wiederverkauf lediglich den erzielten Preis und den Wert evtl. vorgenommener Reparaturen einzusetzen braucht. Nicht einmal dies war immer zu erreichen. Und doch ist die lückenlose Erlösmeldung für das Schätzungswerk von so großer Bedeutung. Das Fehlen einer einzigen Meldung je Händler im Jahr bedeutet das Fehlen von 8000 Preisen. Im Marktüberblick ist das sicherlich eine spürbare Lücke.

Diese Erlösmeldungen aus dem Mitgliedskreis stellen das Urmaterial dar, aus dem die D.A.T. die „Richtpreise" errechnet, die der Ausgangspunkt jeder Altwagenschätzung sind. Den notwendigen Marktüberblick können die Schätzer nicht unmittelbar aus der Vielzahl der eingehenden Erlösmeldungen gewinnen. Diese Zahlenfülle muß aufbereitet und den Schätzern in einer übersichtlichen Form dargeboten werden. Um Preise zur Wertung verwenden zu können, kommt es vor allem darauf an, alles Zufällige aus ihnen auszuscheiden, sie auf das Normale zurückzuführen und so durch den Preisschleier zum eigentlichen Wertkern vorzustoßen. Dies versucht die D.A.T., indem sie auf der Grundlage wissenschaftlicher, mathematisch-statistischer Methoden aus der ganzen Zahl der Erlösmeldungen die „Richtpreise" errechnet. Diese sind Normalpreise für Gebrauchtwagen im Normalzustand. Sie werden den Schätzern in regelmäßigen Zeitabständen in Form von gedruckten „Richtpreislisten" bekanntgegeben. Eine solche Liste enthält immer über 7000 Einzelpreise, unterteilt nach Wagenarten mit genauen Angaben über Typen, Baujahr, Fahrgestellnummer, Steuerpflicht und Steuerfreiheit.

Diese Richtpreise sind Ausgangspunkt jeder Schätzung. Da sie einen Normalzustand des zu bewertenden Fahrzeugs zur Voraussetzung haben, hat der Schätzer zunächst festzustellen, ob und inwieweit das zu schätzende Fahrzeug hinsichtlich Beschaffenheit, Erhaltungszustand, Betriebssicherheit und Ausrüstung (auch alle Ausrüstungsgegenstände unterliegen der Schätzungspflicht und dürfen vom Händler nicht zusätzlich angekauft und bezahlt werden!) von diesem Normalzustand abweicht. Die Prüfung des technischen Zustandes erfolgt durch eine kurze Probefahrt und durch eine gründliche Untersuchung aller Wagenteile, soweit dies ohne Demontage möglich ist.

Aus einem überdurchschnittlich guten Erhaltungszustand, geringen Fahrleistungen und besonders reichhaltiger Ausstattung ergibt sich ein Mehrwert, der in einem Zuschlag zum Richtpreis zum Ausdruck kommt. Ein ungewöhnlich schlechter Zustand, viele Fahrkilometer, Unfallschäden usw. rechtfertigen dagegen Abschläge, die sich in ihrer Höhe nach den voraussichtlichen Instandsetzungskosten zur Wiedererlangung des Normalzustandes richten. Für schrottreife Wagen bedarf es einer Sonderwertung.

Die in den Schätzungsstellen der D.A.T. durchgeführte Schätzung ist also eine durchaus individuelle, auf Inaugenscheinnahme beruhende, den Marktgegebenheiten angepaßte Wertermittlung. Sie hat nichts mit den in anderen Ländern üblichen mechanischen Verfahren gemein, bei denen für jedes Betriebsjahr feste Abschläge vom Neuwagenpreis gemacht werden (Methode Ford) oder zentral ermittelte Richtpreise automatisch auf alle Altwagengeschäfte angewendet werden (französisches System). Den D.A.T.-Schätzern ist immer die Aufgabe gestellt, den „wahren Wert" zu ermitteln, und das ist mit mechanischen Methoden nicht zu erreichen.

Zur Unterweisung ihrer Schätzer hat die D.A.T., in engster Zusammenarbeit mit ihnen, ein Schätzungshandbuch[42]) herausgege-

[42]) Dieses ist im Loseblattsystem herausgegeben, so daß es stets auf dem neuesten Stand gehalten werden kann.

ben, das die Erfahrungen der gesamten Schätzungspraxis von mehr als hundert Schätzern systematisch zusammenfaßt. Außerdem veranstaltet sie regelmäßig Schulungskurse, in denen die Schätzer über Neuerungen unterrichtet und vor allem durch gegenseitige Aussprache an der Verbesserung der Schätzungstechnik fortlaufend gearbeitet wird.

Die Frucht dieser Bemühungen ist eine dauernd wachsende Beliebtheit der Schätzungsstellen beim kraftfahrenden Publikum. Seit Bestehen der D.A.T.-Schätzungsstellen sind mehr als 500000 Kraftwagen in einem Gesamtschätzungswert von 554 Mill. RM. durch D.A.T.-Schätzer taxiert worden.

Schätzungsaufkommen der D.A.T.-Schätzungsstellen 1934/38[43]).

	1934	1935	1936	1937	1938
Gesamtzahl d. Schätzung. St.	78.316	113.625	159.537	153.665	143.820
Gesamt-Schätzungswert in 1000 RM.	84.185	126.618	172.058	170.927	181.222
Durchschn. Tagesleistung St.	258	374	523	504	470

Zur Schätzung wurden den Schätzungsstellen vor allem Personen- und Lastwagen vorgeführt, was bei dem Aufbau der Marktordnung nicht anders zu erwarten ist. Das Schätzungsaufkommen verteilte sich 1936 und 1937 wie folgt:

Schätzungsaufkommen 1936/37.

	1936		1937	
	Fahrzeug-Anteil	Anteil am Ges.-Aufkommen in %	Fahrzeug-Anteil	Anteil am Ges.-Aufkommen in %
Personenkraftwagen	104.267	65.4	96.223	62.7
Lastkraftwagen	16.686	10.4	15.800	10.3
Omnibusse	957	0.6	1.103	0.7
Zugmaschinen und Sattelschlepper	881	0.6	1.062	0.7
Anhänger	3.005	1.9	3.117	2.0
Dreiradkraftwagen	3.457	2.2	3.281	2.1
Krafträder	30.284	18.9	33 079	21.5
	159.537	100.—	153.665	100.—

Der geringe Rückgang der Schätzungsziffern 1937 ist auf eine verringerte Umsatztätigkeit der Vertragshändler in Altwagen zurückzuführen. Gewisse Lieferungsverzögerungen im Neuwagengeschäft haben einen starken Gebrauchtwagenbedarf hervorgerufen, und die leichte Absatzmöglichkeit fördert den unmittelbaren Verkehr zwischen Käufer und Verkäufer. Es beweist aber

[43]) Geschäftsbericht der D.A.T. 1938.

das Vertrauen zur Objektivität der Schätzungsstellen, daß auch diese Geschäfte heute vielfach auf der Grundlage einer D.A.T.-Schätzungsurkunde abgeschlossen werden.

Aus der Marktordnung der deutschen Automobilwirtschaft sind die D.A.T.-Schätzungsstellen nicht mehr hinwegzudenken. Ihrer vorzüglichen Organisation und ihrer zuverlässigen Arbeit ist es zu verdanken, daß es heute für die Vertragshändler ein Altwagenproblem als Marktordnungsproblem nicht mehr gibt. Der Altwagenmarkt bedeutet heute (allerdings unterstützt durch den aufwärts gerichteten Trend der Gesamtwirtschaft) keine Gefahr mehr für die Ordnung des Neuwagenmarktes. Die Einführung der Schätzungspflicht für alle gewerbsmäßigen Altwagengeschäfte hat auch die letzte Lücke in der Marktorganisation geschlossen. In Kürze werden auch jene Mängel verschwinden, die sich bisher aus dem Nebeneinander eines geregelten und eines ungeregelten Markt-Teiles ergaben. Dies ist das Ergebnis einer anerkennenswerten Kartelldisziplin aller an der Marktordnung Beteiligten und einer zielbewußten und um der Sache willen unerbittlich strengen Führung und Kontrolle durch die D.A.T. und ihre Organe.

e) Die Überwachung der Marktordnung.

α) Die Überwachungsorgane.

Jede Marktordnung hat den Zweck, das vom Staat in der Marktverfassung gesetzte Wettbewerbsrecht zu ergänzen und den spezifischen Marktverhältnissen anzupassen. Die wettbewerbsrechtlichen Bindungen einer Marktordnung gehen daher in der Regel über die allgemeinen Rechtsnormen hinaus. Deshalb bedarf jede Marktordnung eigener Überwachungsinstanzen, die die Einhaltung der marktordnenden Bestimmungen kontrolliert. Es liegt an der Unvollkommenheit der menschlichen Natur, daß es zur Aufrechterhaltung jeder Ordnung eines gewissen Zwanges bedarf, ganz besonders aber zur Durchführung einer Ordnung, die zur Beseitigung einer herrschenden Unordnung gesetzt ist. Daher kommt bei jedem Marktordnungsversuch der *Organisation und der Durchführung der Marktüberwachung eine ganz entscheidende Bedeutung* zu.

Auch in die Marktordnung der deutschen Automobilwirtschaft sind eine ganze Reihe von Kontrollinstanzen eingebaut. Die eigentliche *Trägerin der Marktordnung* ist die „*Deutsche Automobil-Treuhand G. m. b. H.* (D.A.T.) *Berlin*. Sie ist in dieser Eigenschaft zugleich auch die *zentrale Marktüberwachungsstelle*.

Ihrer *Rechtsform* nach ist die D.A.T. eine G. m. b. H. mit einem Stammkapital von 75 000,— RM. Einen Geschäftsanteil von 50 000,— RM. besitzt der Reichsverband der Automobilindustrie, einen zweiten in Höhe von 25 000,— RM. der Reichsverband des Kraftfahrzeughandels und -gewerbes[44]). Für ihre Funktionen ist die Rechtsform aber völlig unwesentlich. Im Hinblick hierauf hätte man ebenso gut die Form der AG. oder der Gesellschaft des Bürgerlichen Rechtes wählen können, wie es bei anderen Kartellen häufig geschehen ist. Das Entscheidende ist die Betriebs- und Verwaltungsorganisation, die der besonderen Aufgabe der Marktüberwachung angepaßt sein müssen.

Die D.A.T. als G. m. b. H. ist selbst kein Kartell, vielmehr ein Organ des Kartells und überwacht dessen Durchführung. Das Kartell ist rechtlich eine Gesellschaft bürgerlichen Rechts, die D.A.T. gewissermaßen geschäftsführender Gesellschafter. Der Gesellschaftsvertrag ist die Marktordnung.

Als geschäftsführendes Organ des Kartelles besitzt die D.A.T. folgende Verwaltungsorgane:

Geschäftsführung,
Verwaltungsrat,
Gesellschafterversammlung.

Für ihre speziellen Kontrollfunktionen stehen ihr daneben zur Verfügung:
der Hauptausschuß mit einem besonderen Arbeitsausschuß und Überwachungsausschüsse.

Der Hauptausschuß ist Organ des Kartells. Die Überwachungsausschüsse nehmen eine Zwischenstellung ein, da sie nach der Satzung dem Geschäftsführer beratend zur Seite stehen.

Das daneben stehende Schiedsgericht ist eine unabhängige Spruchstelle zwischen der D.A.T. und deren Vertragsfirmen.

Die Satzungen der D.A.T. sehen für die Organe Aufbau, Arbeitsteilung und Befugnisabgrenzung wie folgt vor:

Der Geschäftsführer ist der gesetzliche Vertreter der G.m.b.H. Er wird vom Verwaltungsrat bestellt. Er führt die Geschäfte der D.A.T. unter eigener Verantwortung. Nur zu besonders einschneidenden Maßnahmen bedarf er der Zustimmung des Verwaltungsrates (z. B. Anlage von Barvermögen, Aufnahme von höheren — über 5000,— RM. — oder langfristigen Krediten, Anstellung höherer Angestellter) oder des Hauptausschusses. Er darf vor allem ohne dessen Einwilligung weder die Marktordnung oder einzelne ihrer Bestimmungen ändern noch Sonderregelungen zu ihrer Durchführung erlassen. Hierzu bedarf es stets der Mitwirkung des Hauptausschusses als der Vertretung der an der Marktordnung Beteiligten.

---

[44]) Trotz des kapitalmäßigen Übergewichts der Industrie ist eine völlige Gleichberechtigung des Handels gesichert, da auf Grund der Satzung und der Geschäftsordnungen der einzelnen Gremien die Industrie den Handel niemals majorisieren kann.

Der richtigen Wahl des Geschäftsführers kommt in einem Kartellverband eine besondere Bedeutung zu, denn ihm obliegt nicht nur die organisatorische Durchführung der Marktordnungsbeschlüsse, sondern er ist überhaupt der natürliche Träger der Verbandsinitiative. Das Gelingen des Marktordnungswerkes ist in hohem Maße eine Frage der Persönlichkeit des Geschäftsführers. Von ihm muß die werbende und überzeugende Kraft ausgehen, die die Mitglieder zum Zusammengehen und zum Einsatz für das gemeinsame Ziel fortreißt, er muß durch sein Wirken die Verbandsdisziplin aufrechterhalten und auf sein diplomatisches Verhalten kommt es an, ob es gelingt, die in jedem Kartell auseinanderstrebenden Kräfte und Meinungen in eine Richtung zu zwingen. Die sonstigen Verwaltungsorgane können ihn hierbei nur unterstützen und ihm Hilfestellungen leisten. Der Impuls für das Wirken des Kartells muß aber immer vom Geschäftsführer ausgehen.

Der Verwaltungsrat hat den Charakter eines Aufsichtsorganes. Die Satzung weist ihm Rechte und Pflichten des Aufsichtsrates einer AG. zu. Demnach hat er die Geschäftsführung der Gesellschaft zu überwachen und sich zu diesem Zweck von dem Gang der Angelegenheiten zu unterrichten. Die oben erwähnten finanziellen und personellen Maßnahmen sind an seine besondere Zustimmung gebunden. Auch hat er bei der Aufstellung der Bilanz und der Gewinn- und Verlustrechnung mitzuwirken. Dieser letzteren Aufgabe, die in Industrie-Aktiengesellschaften sehr wichtig sein kann, kommt bei dem reinen Verwaltungscharakter der D.A.T. keine Bedeutung zu. Als Treuhandgesellschaft verwaltet sie nur Fonds und muß ihre Verwaltungsunkosten aus Mitgliederbeiträgen und ihrem Anteil an den Schätzungsgebühren decken[45]). Als G. m. b. H. unterliegt die D.A.T. keiner Bilanzveröffentlichungspflicht.

Der Verwaltungsrat besteht aus sechs Mitgliedern und ist in Personalunion mit dem Hauptausschuß verbunden. Der Vorsitzende des Hauptausschusses ist zugleich Vorsitzender des Verwaltungsrates, und auch die fünf übrigen Mitglieder gehören beiden Gremien an. Die Verwaltungsratssitze sind zu gleichen Teilen auf die Vertreter von Industrie und Handel verteilt.

---

[45]) Die Kosten der Marktordnung tragen Industrie und Handel gemeinsam. In der Verpflichtungserklärung „H" bzw. „I" übernehmen die Mitgliedsfirmen die Pflicht, für jeden neuen Kraftwagen, der erzeugt oder importiert bzw. an Selbstverbraucher geliefert und berechnet worden ist, 1,— RM. an die D.A.T. zu zahlen. Die Abrechnung erfolgt aus Zweckmäßigkeitsgründen durch die Industrie. Diese führt für jeden von ihr lt. Zulassungsstatistik in Verkehr gebrachten Wagen 2,— RM. an die D.A.T. ab, wovon 1,— RM. auf den beteiligten Händler weiterverrechnet wird. Auf diese Weise ist ohne besondere Kosten auch der nur schwer zu kontrollierende Handelsumsatz miterfaßt.

Der Gesellschafterversammlung kommt entsprechend dem reinen Verwaltungscharakter der D.A.T. nur geringe Bedeutung zu. Sie hat das Recht zur Abänderung des Gesellschaftsvertrages und faßt die Bilanzbeschlüsse. Ihre eigentliche Mitarbeit am Marktordnungswerk besteht aber in der Wahl der Mitglieder des Hauptausschusses.

Der Hauptausschuß ist ein Organ des Kartells. Er „vertritt die Gesamtheit der auf die ‚Marktordnung für die deutsche Automobilwirtschaft‘ verpflichteten natürlichen und juristischen Personen. Sein Wirken ist an den volkswirtschaftlichen Sinn und Zweck dieser Marktordnung gebunden". So umreißt der erste Absatz der Geschäftsordnung des Hauptausschusses seinen Sinn. Als Organ der an der Marktordnung Beteiligten sind die beiden Gruppen Industrie und Handel paritätisch durch je zehn Mitglieder (und je zehn persönliche Stellvertreter) vertreten. Außerdem nimmt ein Angehöriger der Anhängerindustrie die Belange dieses Zweiges der Automobilwirtschaft wahr. Die Geschäftsordnung betont aber ausdrücklich, daß die Mitgliedschaft „ein persönliches Amt" sei, das nicht zur Vertretung einer Firma oder einer örtlichen oder fachlich begrenzten Gruppe dienen soll.

Die Amtsdauer der Ausschußmitglieder beträgt zwei Jahre. Wiederwahl ist zulässig, ein Recht, von dem bisher fast immer Gebrauch gemacht wurde. Dies ist zu begrüßen, denn die Arbeit des Hauptausschusses erfordert erhebliche marktwirtschaftliche und fachliche Kenntnisse, die nur in längerer Mitarbeit erworben werden können. Auch bedeutet es eine wertvolle Unterstützung der Marktordnungsidee, daß ihre Pioniere (und das sind vielfach die Mitglieder des Hauptausschusses) ihr auch weiter ihre tätige Mitarbeit leihen.

Die Geschäftsführung ist bei allen Maßnahmen, die zur Verwirklichung und Vervollkommnung der Marktordnung dienen, an die Einwilligung des Hauptausschusses gebunden. Nach der Satzung bedarf sie seiner Zustimmung:

a) zur Änderung der Marktordnung, und

b) zu Sonderregelungen, die bei Durchführung der Marktordnung notwendig werden.

Die entscheidenden Arbeiten, den Aufbau der ganzen Marktordnung und ihrer Organisation, haben D.A.T. und Hauptausschuß in den ersten Jahren ihrer Tätigkeit geleistet. Der Weiterbau erfolgt nur allmählich, zum Teil in mühsamer Kleinarbeit. Aber der Hauptausschuß ist in Zusammenarbeit mit der Geschäftsführung stets bemüht, das Ordnungswerk zu vervollkommnen und zu festigen. Der dynamische Charakter des Marktes erfordert stete Wachsamkeit und ein sofortiges Anpassen der Marktordnung an veränderte Verhältnisse, denn jede Lücke, die sich bildet, kann zur Gefahr werden für das ganze Ordnungswerk.

In ihren marktordnenden Bestrebungen wird die D.A.T. von ehrenamtlichen Überwachungsausschüssen unterstützt. Für das Gebiet einer jeden Hauptschätzungsstelle wird ein aus drei bis fünf Mitgliedern bestehender Überwachungsausschuß gebildet (z. Z. 107). Seine Mitglieder werden durch die D.A.T. (unter Zustimmung des Verwaltungsrates) aus dem Kreis der ortsansässigen Industriellen und Händler gewählt. Ihre Aufgabe ist die Unterstützung der D.A.T. in allen örtlichen Verbandsangelegenheiten. Sie sollen den Zusammenhang zwischen den Mitgliedern aufrechterhalten, in Dingen der Marktordnung aufklärend, beratend und erziehend wirken, die DAT und die örtlichen Untersuchungsführer nötigenfalls bei der Aufklärung von Marktordnungsverstößen unterstützen, die Verbindung zwischen Verbandsmitgliedern und D.A.T. aufrechterhalten — also kurz gesagt: die D.A.T. am Ort vertreten.

Den Überwachungsausschüssen kommt für das Marktordnungswerk insofern eine große Bedeutung zu, als sie die Atmosphäre schaffen und den Geist pflegen müssen, der Voraussetzung ist für die Aufrechterhaltung der Ordnung. An den Überwachungsausschüssen liegt es, ob sich im Bezirk zwischen den Beteiligten jenes kameradschaftliche Vertrauensverhältnis einstellt, das die „Berufsgenossen" von den „Konkurrenten" unterscheidet, und das allein eine dauerhafte Grundlage für geordnete Wettbewerbsverhältnisse bildet. Es kommt doch nicht allein darauf an, daß Verstöße gegen die Marktordnung geahndet werden, sondern darauf, daß sie gar nicht erst erfolgen und verhütet werden. Hierbei fällt den Überwachungsausschüssen eine wichtige Aufgabe zu. Sie haben ihre Mitglieder zu schulen und zu beraten, nicht nur in der Anwendung der Marktordnung, sondern auch in den sonstigen Grundsätzen einer ordnungsmäßigen Geschäftsführung, sie haben sie aber auch zu warnen, wenn ihre Vertragstreue zu wünschen übrig läßt, und gegebenenfalls die D.A.T. zu vorbeugendem Einschreiten durch eine Betriebsprüfung zu veranlassen. Durch ihren persönlichen Kontakt mit den Mitgliedern sind sie hierzu viel besser befähigt als die zentralen Organe der D.A.T. in Berlin.

Besonderer Organe bedarf die D.A.T. zur Durchführung der ihr durch den Kartellvertrag zugebilligten Strafbefugnisse. Alle Übertretungen der Marktordnung sind unter Strafe gestellt. Die Verhängung der Strafen, deren Zulässigkeit und Höhe in der Marktordnung geregelt ist, erfolgt durch die D.A.T. Bei der Feststellung von Verstößen ist sie in hohem Maße auf die Mitwirkung der Mitglieder angewiesen, denn ihnen vor allem kommen die Übertretungen zur Kenntnis, und sie können auch am besten beurteilen, ob tatsächlich ein strafbares Verhalten zu vermuten ist.

Deshalb ist jedes Kartellmitglied lt. § 52 der Marktordnung verpflichtet, ihm beweiskräftig bekanntwerdende Übertretungen unter Angabe der Beweismittel der D.A.T. sofort zu melden. In dem sich hieran anschließenden Strafverfahren wird häufig eine Untersuchung des Falles: Buch- und Betriebsprüfung, Zeugenvernehmung usw. notwendig, die durch örtliche Untersuchungsführer vorgenommen wird.

In den beiden ersten Jahren der Marktordnung erfolgte die Untersuchung durch Revisoren, Schätzer und andere Beauftragte der D.A.T. Dieses Verfahren hatte aber erhebliche Mängel, da diese Personen mit der Technik der Untersuchungsführung nicht vertraut waren. Daher bemühte sich die D.A.T. um eine Verbesserung des Verfahrens, und 1935 erteilte der Reichsjustizminister die Genehmigung zur Mitwirkung richterlicher Beamter bei der Voruntersuchung. Heute liegt die Voruntersuchung vorwiegend in den Händen von Fachjuristen, die auf Vorschlag der zuständigen Generalstaatsanwälte und Oberlandesgerichtspräsidenten zu örtlichen Untersuchungsführern bestellt werden. Sie arbeiten mit den Betriebsprüfern der D.A.T. Hand in Hand. Etwa 170 Juristen bearbeiteten in den letzten Jahren etwa 80 % aller Straffälle.

Durch die Mitarbeit richterlicher Beamter sind die Voruntersuchungen auf eine viel sicherere Basis gestellt. Die Untersuchungsführer besitzen die notwendigen Erfahrungen und vor allem auch die erforderliche Autorität, die bei der Wahrheitsfindung nicht zu entbehren ist.

In der ministeriellen Erlaubnis zur Mitwirkung von richterlichen Beamten ist ein besonderer Beweis für die Billigung und Förderung zu sehen, die die Marktordnung bei der Regierung und den Behörden findet. In ihr kommt eindeutig zum Ausdruck, daß das Marktordnungswerk der deutschen Automobilwirtschaft mit dem Wollen der Wirtschaftsführung in völligem Einklang steht.

Auch im Schiedsgerichtswesen sind Fachjuristen als Obmänner tätig. Ihre Aufgaben sind aber ganz anderer Art: sie dienen der Rechtsfindung im Rahmen der Marktordnung. Dem Schiedsgericht fällt eine doppelte Aufgabe zu. Es ist:

1. Schlichtungsstelle für die sich aus der Marktordnung ergebenden Streitigkeiten,
2. Berufungsinstanz für alle von der D.A.T. verhängten Vertragsstrafen.

Die Schiedsgerichte treten als Berufungsinstanz in erster Linie in die Öffentlichkeit; deshalb sieht man hierin zumeist ihre Hauptfunktion. Das trifft nicht ganz den Kern der Sache: beide Funktionen müssen zusammen gewertet werden, denn sowohl als Schlichtungsstelle als auch als Berufungsinstanz wirken die Schiedsgerichte rechtsgestaltend und rechtsschöpfend und tragen dadurch wesentlich dazu bei, daß die Marktordnung in dauernder Übereinstimmung mit der Praxis und ihren Bedürfnissen gehalten wird.

Das Schiedsgericht ist in der Marktordnung verankert. Nach § 57 entscheidet über alle Streitigkeiten aus den Verpflichtungserklärungen ein Schiedsgericht. Der ordentliche Rechtsweg ist in diesem Umfang ausgeschlossen. Das heißt aber nicht, daß die Entscheidungen der D.A.T. der Nachprüfung durch die ordentlichen Gerichte entzogen wären. Wir werden später noch zeigen, daß Bürgerliches Gesetzbuch, Zivilprozeßordnung und Kartellrecht eine ganze Reihe unabdingbarer Vorschriften enthalten, die den Gerichten ein sehr weitgehendes Kontrollrecht und den Beteiligten Schutz insbesondere gegen jede willkürliche Verhängung von Strafen gibt.

Organisatorisch zerfällt das Schiedsgericht in vier Spruchkammern, die jeweils mit einem unabhängigen Richter als Obmann (einem vom Landgerichtspräsidenten bestellten Landgerichtsdirektor) und zwei Beisitzern tagen. Die Beisitzer werden nicht von den Fachverbänden, sondern vom Präsidenten der Industrie- und Handelskammer Berlin bestellt. Sie sollen automobilfachkundige, unabhängige Persönlichkeiten sein, die über besondere Erfahrungen auf dem Gebiete des Wettbewerbsrechtes verfügen, sie brauchen aber nicht dem Berufsstand anzugehören.

Es liegt im Wesen einer neutralen Schiedsinstanz, daß die Spruchkammern von der D.A.T. völlig unabhängig sind. Der Spruchkammer gegenüber sind Vertragsfirma und D.A.T. beides Parteien, denen das Schiedsgericht als neutraler Dritter zum Recht verhelfen will. Das Schiedsgericht ist in der Beweiserhebung und in der Beweiswürdigung durchaus frei. Beweiserhebungen finden im Rechtshilfeverfahren vor den ordentlichen Gerichten statt.

Die Arbeit der Spruchkammern ist für das Marktordnungswerk außerordentlich wichtig, einmal weil durch ihre Rechtsprechung die Marktordnung ihre Aus- und Fortbildung erfährt, und zum anderen, weil von ihr außerordentlich viel für die psychologische Einstellung der Beteiligten zur Gemeinschaftsarbeit abhängt. Die D.A.T. als Trägerin der Marktüberwachung muß gegen Verstöße mit Strafen vorgehen, und obgleich sie diese als absolut neutrales Organ der Marktordnungsorganisation verhängt, bekommt sie dadurch den Beteiligten gegenüber einen gewissen Parteicharakter. Da ist es außerordentlich wichtig, daß eine Stelle vorhanden ist, deren Neutralität über allen Zweifeln steht und die als „neutraler Dritter" die letzten Entscheidungen über Strafmaß und Strafhöhe fällt.

Obschon die D.A.T. bemüht ist, bei der Festsetzung der Strafen alle Begleitumstände zu würdigen, ist die Aufgabe der Schiedsgerichte doch eine wesentliche.

Die Berufungsmöglichkeit bei den Schiedsgerichten gibt den Beteiligten die Gewißheit, daß jede Strafe nachgeprüft werden kann. Tatsächlich wird die Hälfte aller Strafen vor dem Schiedsgericht verhandelt; 1934—37 insgesamt 2325 Fälle. Es ist also alles getan, damit nur wirklich gerechte Strafen über die Mitglieder verhängt werden.

Den Spruchkammern kommen nur strittige Strafsachen unter die Hände, Strafsachen, bei denen die Gerechtigkeit der von der D.A.T. verhängten Strafe angezweifelt wird. Es hängt nun sehr viel von ihrer Arbeit und von der Begründung ihrer Entscheidungen ab, ob es gelingt, dieses Mißtrauen des Bestraften zu zerstreuen und trotz der Strafe seinen Willen zur Mitarbeit an der Marktordnung zu erhalten. Diese Aufgabe ist schwer und erfordert viel Takt und Geschick: auf der einen Seite dürfen die Verbandsmitglieder durch die Strafen nicht vor den Kopf gestoßen und dem Verbandsziel entfremdet, auf der anderen Seite darf aber auch die Autorität der D.A.T. nicht untergraben werden. Bei der Begründung der Entscheidungen muß psychologische Feinarbeit geleistet werden, die nur auf das eine Ziel ausgerichtet ist, das Marktordnungswerk zu sichern und dauernd zu verbessern.

β) Vertragsstrafen und Strafverfahren.

Eine Marktordnung, deren letztes Ziel Erziehung zum lauteren Wettbewerb ist, muß die Möglichkeit vorsehen:

1. Ermittlungen über die Vertragstreue der Mitglieder anzustellen,
2. bei Verstößen gegen die Ordnung Strafen zu verhängen.

Jede Marktordnung, der diese Voraussetzungen fehlen, wird nur auf dem Papier stehen. Deshalb hätte auch in der Automobilwirtschaft ein autonomes Reverssystem ohne zentrales Marktüberwachungsorgan nicht zum Erfolg führen können.

Das Strafrecht der D.A.T. ergibt sich aus dem Marktordnungsvertrag, also der Verpflichtungserklärung, durch deren Abgabe sich jedes Kartellmitglied der Strafgewalt der D.A.T. unterwirft. Nach § 53 der Verpflichtungserklärung sind bei Vertragsverletzungen an die D.A.T. die nachfolgenden Vertragsstrafen zu zahlen:

1. im Falle der erstmaligen Festsetzung der Vertragsstrafe . . . . 30 % des Verkaufspreises[46]); mindestens 1000.— RM.;

[46]) Unter „Verkaufspreis" ist bei Errechnung der Vertragsstrafe der Bruttoverkaufspreis des teuersten Fahrzeuges in fabrikneuem Zustand zu verstehen, das zum Gegenstand des in Frage kommenden Geschäftsvorganges gehört. Kommt ein bestimmtes Fahrzeug als Maßstab für die Höhe der Vertragsstrafe nicht in Betracht, so tritt die betreffende Mindestvertragsstrafe ein.

2. falls die Nichterfüllung begangen ist, nachdem bereits eine Vertragsstrafe wegen einer Verletzung der gleichen Vorschrift rechtskräftig festgesetzt war	60 % des Verkaufspreises, mindestens 3000.— RM.;
3. falls die Nichterfüllung begangen ist, nachdem bereits eine zweite Vertragsstrafe wegen einer Verletzung der gleichen Vorschrift rechtskräftig festgesetzt war	100 % des Verkaufspreises, mindestens 5000.— RM.

Bei Übertretungen, die der Marktordnung besonders gefährlich werden können, tritt eine Verschärfung der Strafe durch Erhöhung auf das Dreifache ein, und zwar bei:

a) Abschluß eines Vertretervertrages ohne Vorliegen der Verpflichtungserklärung des Händlers (§ 32),

b) Belieferung von dem Marktordnungsverband nicht angeschlossenen Anhänger- und Aufbau-Fabriken und -Händlern zu Händlerbedingungen,

c) Abschluß eines Vertretervertrages auf vier- und mehrrädrige Kraftfahrzeuge mit Verbrennungsmotoren mit Aufbau- und Anhängerfabriken,

d) Verstoß gegen die Kalkulationsvorschriften für Aufbauten in Sonderausführung[47]).

Diese strafverschärfenden Bestimmungen richten sich vor allem gegen die Industrie, und zwar gegen Verfehlungen gegen die Händlerzulassungsbestimmungen. Sie sind einmal darin begründet, daß hier Fahrlässigkeitsfehler kaum möglich sind, sondern stets böser Wille vorliegen wird, und zum anderen die Strafen der weit größeren Finanzkraft der Industrie angepaßt sein müssen. Es muß aber immer wieder darauf hingewiesen werden, daß das vorliegende Vertragsstrafensystem der Höhe nach in großem Maße auf Billigkeit abgestellt ist.

Auf der anderen Seite hat das Schiedsgericht das Recht, die Strafen aus Billigkeitsgründen herabzusetzen. Der Strafermäßigungsgrund kann dabei in der Tat selbst (Irrtum, Flüchtigkeitsfehler, weniger wichtiger Verstoß) oder auch in der Person des Bestraften, vor allem in seiner finanziellen Schwäche, liegen. Die Strafe soll niemals zur Vernichtung einer Existenz führen, darum muß sie in Höhe und Zahlungsmodus der Leistungsfähigkeit des Beklagten angepaßt werden. Nach der bisherigen Übung des Schiedsgerichtes gilt der durch das gegen die Marktordnung verstoßende Geschäft erzielte Brutto-Nutzen als unterste Grenze der zu verhängenden Geldstrafe. „Die Vertragsstrafen müssen im Regelfalle den Bruttonutzen überschreiten"[48]). Bei der Ein-

---

[47]) Die Preise müssen einen Händlernutzen von mindestens 10 % enthalten, auch wenn kein Händler tätig war. § 38c der Marktordnung.

[48]) Spruchkammer I. Entscheidung v. 27. 2. 1938.

treibung der Geldstrafen ist die D.A.T. bemüht, unnötige Härten zu vermeiden. Die durchschnittliche Abwicklungsfrist der Vertragsstrafen beträgt 40 Wochen[49]).

Die Marktordnung selbst sieht nur Geldstrafen vor, aber ihre Verhängung kann, insbesondere bei Nichtbezahlung, auch ernstere Folgen haben, und zwar:

1. Kündigung des Vertretervertrages durch die vertretene I-Firma und daraus folgend Verlust der Händlereigenschaft (§ 48) und

2. Ausschluß von der Belieferung mit Verbandsware (§ 47).

Letztere Maßnahme kommt einer Sperre nach dem Kartellgesetz gleich, deshalb ist hierzu eine Sperregenehmigung des Reichswirtschaftsgerichtes erforderlich. Bisher sind mehrmalige Verstöße gegen die Marktordnung und nachfolgendes Nichtbezahlen der Vertragsstrafe immer als Zeichen persönlicher Unzuverlässigkeit angesehen worden, und die Sperregenehmigung wurde erteilt.

Die in der Marktordnung vorgesehenen Strafen sind also durchaus geeignet, in wirksamer Weise die Kartelldisziplin aufrechtzuerhalten und das Marktordnungswerk zu schützen.

Geldstrafen haben aber nur so lange einen erzieherischen Wert, wie sie beigetrieben werden können. Deshalb verlangt die Marktordnung von den Verbandsmitgliedern eine Sicherheitsleistung für etwaige Strafen (§ 30i der Marktordnung). Ihre Höhe beträgt (§ 32):

500.— RM. bei der Übernahme der Vertretung der Erzeugnisse Framo, Goliath, Standard, Tempo oder Zündapp, sowie von Anhängern einer Vertragsfirma,

1000.— RM. bei Übernahme der Vertretung anderer Marken.

Die Sicherheit kann geleistet werden in bar oder mündelsicheren Wertpapieren (auf Sperrkonten bzw. in Sperrdepot), selbstschuldnerischen Bürgschaften, Sicherheitswechseln mit mehreren Unterschriften und gegebenenfalls auch durch eine Bürgschaftsversicherung[50]). Diese Ersatzsicherheiten werden vor allem deshalb zugelassen, damit die Betriebsmittel der neu beginnenden Firmen nicht unnötig geschwächt werden. Wie eine Statistik der D.A.T. über die Formen der Sicherheitsleistung erkennen läßt, kommen Bankbürgschaft und Banksperrkonto weitaus am meisten zur Anwendung.

---

[49]) Geschäftsbericht der D.A.T. v. 1937.

[50]) Die Hermes-Versicherungsgesellschaft gewährt derartige Bürgschaftsversicherungen gegen eine Prämie von 25.— RM. p. a. für 1000.— RM.

Formen der Sicherheitsleistung durch D.A.T.-Mitglieder 1935 bis 1938[51]).

	1935	1936	1937	1938
Bankbürgschaften	34,2 %	34,4 %	35,0 %	36,15 %
Banksparkonten	30,0 %	30,5 %	30,6 %	31,73 %
Wertpapierdepot	1,8 %	1,8 %	1,9 %	2,14 %
Privatbürgschaften	15,6 %	14,4 %	14,2 %	13,79 %
Sicherheitswechsel	18,4 %	18,9 %	18,3 %	16,19 %
	100,0 %	100,0 %	100,0 %	100,00 %

Die Sicherheit darf aber nur in Anspruch genommen werden, wenn die D.A.T. hierzu die Einwilligung des Vorsitzenden des Kartellgerichtes vorlegt (§ 32b). Sie stellt also das allerletzte Zwangsmittel dar, das erst dann zur Anwendung kommt, wenn alle gütlichen Versuche, die Vertragsstrafe beizutreiben, vergebens waren. Für den Einzug ergeben sich drei Möglichkeiten:

1. freiwillige Bezahlung evtl. in Teilbeträgen auf Grund von Vereinbarungen mit der D.A.T.,
2. Erwirkung eines vollstreckbaren Titels beim ordentlichen Gericht, durch Vollstreckungserklärung eines Schiedsspruchs und notfalls Pfändung,
3. Rückgriff auf die Sicherheit mit Einwilligung des Kartellgerichtes.

Von letzterer Möglichkeit ist bisher nur selten Gebrauch gemacht worden, aber das Kartellgericht hat die Zustimmung zur Verwertung der Sicherheiten immer erteilt.

Für die Wirksamkeit der Marktüberwachung ist es von entscheidender Bedeutung, daß eine möglichst große Zahl von Verstößen aufgedeckt und durch Bestrafung geahndet wird, und zwar nicht nur wegen der abschreckenden und warnenden Wirkung auf die nicht ganz zuverlässigen, sondern vor allem auch zur Stärkung des Vertrauens der vertragstreuen Mitglieder. Nichts wirkt so dezimierend auf die Verbandsmoral wie das Gefühl, daß wegen Mangelhaftigkeit des Kontrollapparates die unzuverlässigen Elemente aus der Verbandstreue der anderen Nutzen und Gewinn ziehen[52]). Darum muß jeder Marktordnungs-

[51]) Geschäftsberichte der D.A.T. von 1935 bis 1938.

[52]) Nach der Rechtsprechung des Reichsgerichtes liegt in dieser Ausnutzung der Verbandstreue Dritter auch das unlautere Moment bei der Unterbietung von Markenartikelpreisen, was die Anwendung des § 1 UWG. rechtfertigt. „Der Verletzer der lückenlosen Marktpreiskette treibt unlauteren Wettbewerb. Er durchbricht eine ihm bekannte Preisbindung, um sich einen Wettbewerbsvorteil zu schaffen." RGZ. 136/72 ff. Zitiert nach Kartell-Rundschau 1936, S. 713.

verband bestrebt sein, alle Verstöße gegen das Vertragswerk möglichst restlos zu erfassen. Der D.A.T. stehen hierfür zwei Wege offen:

1. Ermittlung durch Buch- und Betriebsprüfungen,

2. Anzeigen der Kartellmitglieder.

In den ersten Jahren der Verbandstätigkeit hat die D.A.T. sich in der Marktüberwachung vor allem auf die gegenseitige Kontrolle der Verbandsmitglieder gestützt, und in erster Linie die durch sie angezeigten Verstöße verfolgt. Mit der Zeit ist sie aber zu der Überzeugung gelangt, daß dieses Verfahren allein nicht ausreicht, um die notwendige Sicherheit zu gewährleisten. Darum hat sie ihren Buch- und Betriebsprüfungsapparat systematisch ausgebaut und führt selbständige Betriebsprüfungen durch:

1. bei der Untersuchung von Anzeigen[53]),

2. bei der Vermutung, daß eine Firma ungerechtfertigten Angriffen der Konkurrenz ausgesetzt ist, zu deren Rehabilitierung,

3. beim Verdacht der Vertragsuntreue,

4. bei auffallend geringer Zahl von Anzeigen in einem Bezirk.

Im Fall 3 und 4 werden nach Möglichkeit alle ortsansässigen Betriebe revidiert, einmal um das Mißtrauen gegen eine Firma zu verbergen, und im anderen Fall, um einen wirklichen Überblick über die Lage im Bezirk zu erhalten, denn eine geringe Zahl von Anzeigen ist durchaus nicht immer ein Zeichen besonderer Vertragstreue, sondern läßt im Gegenteil die Vermutung aufkommen, daß die betreffenden Händler sich in gegenseitiger Übereinstimmung nicht anzeigen.

Das Recht zur Buch- und Betriebsprüfung ergibt sich aus dem § 51 der Marktordnung, in dem sich jede Vertragsfirma der Kontrolle der D.A.T. unterwirft und sich verpflichtet, „der D.A.T. und ihren Beauftragten das Betreten ihrer Geschäftsräume zu gestatten und Einsicht in die in Betracht kommenden Geschäftsbücher und Geschäftspapiere zu gewähren". Die Beeinträchtigung des Kontrollrechtes der D.A.T., insbesondere das Nichtausliefern der Vertragsunterlagen, wird als Verstoß gegen die Marktordnung angesehen und kann bestraft werden[54]).

Wegen der Mangelhaftigkeit der Buchungsunterlagen haben die Buchprüfungen in der ersten Zeit erhebliche Schwierigkeiten bereitet. In einer nicht geringen Zahl von Betrieben fehlte es an einer ordnungsmäßigen Buchhaltung. Hier sah es die D.A.T. für ihre Pflicht an, beratend und

---

[53]) Es wird nicht nur das beanstandete Geschäft in allen Einzelheiten nachgeprüft, sondern der ganze Betrieb, denn in solchen Fällen besteht der begründete Verdacht, daß noch mehr Unregelmäßigkeiten vorgekommen sind.

[54]) Spruchkmmer II. Entscheidung vom 8. Febr. 1938.

helfend einzugreifen und die betreffenden Händler in der Einrichtung eines geordneten Rechnungswesens zu unterstützen. Auch das gehört zu der notwendigen Erziehungsarbeit, denn ohne geordnetes Rechnungswesen keine geordnete Betriebsführung!

Zur Erleichterung der Betriebsprüfung und um auch den Händlern in Streitfällen den Beweis zu ermöglichen, bestimmt ein Nachtrag zur Verpflichtungserklärung „H" (§ 4k, gültig seit dem 1. April 1938): „Sämtliche Vereinbarungen über jeden Verkauf von Vertragsware müssen in einem Bestell- oder Bestätigungsschreiben schriftlich niedergelegt werden." Die Verträge in Verbindung mit den Schätzungsurkunden (die ebenfalls aufzubewahren und keinesfalls dem Kunden zu belassen sind[55]) bilden die Unterlagen der Betriebsführung. Sie ist darauf gerichtet, Verstöße gegen die Marktordnung festzustellen, wozu freilich auch eine Buch- und Bilanzprüfung nötig ist. Im übrigen sind die Prüfer zu strengster Wahrung des Betriebsgeheimnisses verpflichtet. 1936 wurden 111, 1937 sogar 368 Betriebsprüfungen vorgenommen.

Die systematischen Buch- und Betriebsprüfungen der D.A.T. haben darüber hinaus den Zweck, jederzeit den Nachweis der Lückenlosigkeit des Preissystems erbringen zu können.

Bei Strafanträgen wegen unlauteren Wettbewerbes durch Unterbietung von Markenartikelpreisen und bei Anträgen auf Genehmigung von Sperren verlangen die Gerichte regelmäßig den Nachweis der Lückenlosigkeit des Preisschutzsystems. Nach einer Entscheidung des Reichsgerichtes vom 15. 5. 1936 (II 196/35) liegt der Schwerpunkt dieser Beweisführung nicht in der theoretischen Lückenlosigkeit, die darin besteht, daß alle Abnehmer die Verpflichtungserklärung unterzeichnet haben, sondern in der praktischen Durchführung. Die theoretisch vorhandene Lückenlosigkeit würde nur auf dem Papier stehen, „wenn die Kläger nicht zugleich Maßnahmen zur praktischen Durchführung ihres Preisschutzsystems treffen oder treffen können[56]). Systematische Betriebsprüfungen sind sicherlich das beste Mittel, um das Preisbindungssystem zu kontrollieren, und bei ihrer regelmäßigen Durchführung wird die D.A.T. immer in der Lage sein, diesen für das Marktordnungswerk so außerordentlich wichtigen Nachweis zu führen.

Die zweite Methode der Marktüberwachung beruht auf der freiwilligen Mitarbeit der Kartellmitglieder. Es ist natür-

---

[55]) Im Bedarfsfalle stellt die D.A.T. gegen geringe Gebühr ein Doppel aus.

[56]) Kartell-Rundschau 1936/10, S. 713 ff.

lich, daß ihnen zuerst und am häufigsten Verstöße gegen die Marktordnung bekannt werden: sei es, daß die Kunden durch ungeschickte Bemerkungen verraten, welche Sondervorteile ihnen die Konkurrenz angeboten hat, sei es, daß sie bei der Weiterverfolgung entgangener Geschäfte feststellen, daß ihnen der Kunde auf unzulässige Weise entzogen worden ist. Nach der Marktordnung sind alle Vertragsfirmen verpflichtet, alle ihnen beweiskräftig bekanntwerdenden Übertretungen der D.A.T. sofort zu melden. Dabei liegt die Betonung auf dem Wort „beweiskräftig". Es wäre sinnlos, auf jede Vermutung hin den ganzen Untersuchungsapparat der D.A.T. in Bewegung zu setzen und durch unnötige Kontrollen den Geschäftsbetrieb der Mitglieder dauernd zu stören. Die D.A.T. verlangt daher, daß bei jeder Anzeige zugleich die Beweismittel angeboten und angegeben werden. Nur wenn diese ausreichend erscheinen, wird die Angelegenheit weiter verfolgt. Man will auf diese Weise vor allem verhindern, daß unbegründete Denunziationen zu Ermittlungen führen, die den Beklagten beunruhigen, und wenn sie sich häufen, sogar geschäftlich schädigen können. Denn gerade in solchen Fällen sorgt die Konkurrenz immer dafür, daß von den Nachprüfungen immer etwas in die Öffentlichkeit dringt und dem Ruf des betreffenden Händlers schadet.

Häufen sich wissentlich falsche Anzeigen durch ein Kartellmitglied, so kann dieses wegen Verletzung der Marktordnung belangt werden. Außerdem können sich die Verleumdeten mit einer Klage wegen übler Nachrede oder Beleidigung an die ordentlichen Gerichte wenden. Aber dies kann nur ein letzter Ausweg sein. Besser ist vorbeugen: durch strenge Anforderungen an die Vollständigkeit und Beweiskraft der Anzeigen und energische Zurückweisung aller nur auf Vermutung beruhenden Anschuldigungen. Die verhältnismäßig hohe Zahl der in jedem Jahr „eingestellten" Anzeigen legen die Vermutung nahe, daß sehr häufig Bagatellsachen zur Anzeige gelangen. Nach den Geschäftsberichten kamen durch Einstellung zur Erledigung:

1934	1455 Anz.	=	73,5 %
1935	3103 „	=	75,2 %
1936	3180 „	=	66,9 %
1937	1670 „	=	48,7 %[57]).

Die Methode der Anzeigepflicht durch die Mitglieder hat den Vorteil, daß sie zur Erfassung einer größtmöglichen Zahl von Verstößen führt. Die Erstattung wissentlich falscher An-

---

[57]) Der starke Rückgang ist daraus zu erklären, daß der Anteil der auf Grund von Betriebsprüfungen erlassenen Anzeigen, die alle wohlbegründet sind, steigt.

zeigen ist eine Verletzung der Marktordnung und wird mit Vertragsstrafen geahndet. Bisher ist aber kein derartiger Fall vorgekommen.

Es ist daher sehr zu begrüßen, daß die D.A.T. immer mehr zur systematischen Betriebsprüfung übergeht und diese neutrale Überwachungsmethode stärker ausbaut, obschon diese die Anzeigepflicht niemals wird entbehrlich machen können. Ihre Mängel müssen um des allgemeinen Zieles willen in Kauf genommen werden.

Erfolgt eine berechtigt erscheinende Anzeige, so setzt die D.A.T. die betroffene Firma hiervon in Kenntnis unter gleichzeitiger Aufforderung, sich binnen zwei Wochen glaubhaft zu rechtfertigen und „den Sachverhalt unter genauer Angabe aller Einzelheiten und Beifügung aller Unterlagen und erreichbaren sonstigen Beweismittel eingehend zu offenbaren" (§ 52b der Marktordnung). Die D.A.T. kann zur weiteren Aufklärung Feststellungen durch ihre Revisionsabteilung oder den örtlichen Untersuchungsführer treffen lassen. Versucht der Betroffene in der angegebenen Frist keine Rechtfertigung bzw. beantragt er keine Fristverlängerung, so gilt sein Schweigen als Bestätigung[58]). In freier Beweiswürdigung fällt die D.A.T. daraufhin ihr Urteil und teilt das Ergebnis und die Höhe der etwaigen Strafe dem Mitglied mit einer eingehenden Begründung mit.

„Die Vertragsfirma kann die Festsetzung der Vertragsstrafe innerhalb einer Ausschlußfrist von zwei Wochen nach Zustellung des Bescheides in einem eingeschriebenen Brief durch Klage beim Schiedsgericht anfechten"[59]). Durch diesen § 54 der Marktordnung werden alle von der D.A.T. verhängten Strafen der Nachprüfbarkeit durch ein neutrales Schiedsgericht unterstellt. Über die Bedeutung dieser Einrichtung haben wir bereits gesprochen[60]), hier interessiert uns lediglich das Verfahren, das in der Verfassung des D.A.T.-Schiedsgerichtes geregelt ist.

Die Klage ist beim Schiedsgericht (nicht bei der D.A.T.!) in vier Exemplaren, möglichst unter Beifügung der sie begründenden Beweismittel, einzureichen. Gleichzeitig ist ein Kostenvorschuß in Höhe von 10 % des

---

58) Um einen gewissen Zwang zur Rechtfertigung auszuüben, bestimmt die Marktordnung, daß bei versäumter Rechtfertigung die betr. Firma die Kosten des Schiedsgerichtsverfahrens auch bei obsiegendem Urteil zu tragen hat. Es soll dadurch verhindert werden, daß sich die Beschuldigten aus Nachlässigkeit erst vor dem Schiedsgericht zur Sache äußern.

59) Bei Fristversäumnis Antrag auf Wiedereinsetzung in den vorigen Stand nach §§ 233, 234, 236 ZPO., dem stattzugeben ist.

60) Vergl. S. 158.

Streitwertes (Streitwert ist immer die Strafe, gegen die Einspruch erhoben wird), mindestens aber 100,— RM. zu leisten[61]).

Um jedem Verbandsmitglied das Recht zur Anrufung des Schiedsgerichtes sicherzustellen, leistet notfalls die D.A.T. als die Beklagte den Vorschuß.

Das Schiedsgericht hat die Gegenpartei (bei Strafanfechtung immer die D.A.T.) von der Klage zu verständigen und binnen einer angemessenen Frist einen Termin zur mündlichen Verhandlung anzuberaumen. Erscheint eine der Parteien nicht, so kann nach Lage der Akten entschieden werden.

Das Schiedsgericht fällt seinen Spruch in freier Beweiswürdigung und teilt diesen mit Gründen den Parteien schriftlich mit. Damit ist das Verfahren abgeschlossen und die Strafe rechtskräftig.

---

[61]) Die Kosten betragen, wenn die Klage in einem Termin zur Erledigung kommt:

bei einem Streitwert bis zu RM. 150.—	RM. 32.—
bei einem Streitwert bis zu RM. 300.—	RM. 48.—
bei einem Streitwert bis zu RM. 500.—	RM. 64.—
bei einem Streitwert bis zu RM. 800.—	RM. 80.—
bei einem Streitwert bis zu RM. 1000.—	RM. 100.—
bei einem Streitwert über RM. 1000.—	10 % des Streitwertes.

Wird eine Schiedsklage durch eine spätestens am dritten Werktage vor dem Termin bei dem Schiedsgericht eingehende Erklärung zurückgenommen, so ermäßigen sich die Gebühren auf drei Zehntel. Das Gleiche gilt, wenn die volle Vertragsstrafe gezahlt worden ist, Anzeige über diese Zahlung mindestens drei Werktage vor dem Termin zu den Akten gelangt und dadurch sich die Verhandlung zur Hauptsache erübrigt.

Durch die Anordnung eines neuen Termins nach einer Beweisaufnahme oder nach weiterer sachlicher Aufklärung erwächst eine Zusatzgebühr von 50 % der Erstgebühr, höchstens aber von RM. 50.—.

In besonders gearteten Fällen kann die Gebühr durch das Schiedsgericht erhöht und ermäßigt werden.

Außer den Schiedsgerichtskosten hat die für kostenpflichtig erklärte Partei die baren Auslagen des Verfahrens, deren Betrag nach Möglichkeit auch sogleich festzusetzen ist, zu ersetzen (§ 13 der Schiedsordnung).

§ 14: Die außergerichtlichen Kosten werden nicht erstattet, mit folgender Ausnahme:

Wenn die Vertragsfirma in einem Schiedsstreit in der Hauptsache obsiegt und die Gerichtskosten der D.A.T. auferlegt werden, so hat die D.A.T. der Vertragsfirma die Eisenbahnfahrtkosten II. Klasse nach Berlin und zurück für einen ihrer Inhaber oder gesetzlichen Vertreter oder für einen Bevollmächtigten zu erstatten. (Jetzt in anderer Form als § 59b in die Marktordnung übernommen, wonach auch Tagegelder erstattet werden.)

Außerordentlich aufschlußreich ist eine Statistik des Ergebnisses der Schiedsverfahren in den abgelaufenen vier Jahren. Aus ihr ergibt sich, daß in weitaus den meisten Fällen das Schiedsgericht den Standpunkt der D.A.T. geteilt und die Strafen (wenn auch z. T ermäßigt) bestätigt hat. Nur 148 von 2325 (= 6,3 %) Fällen wurden gegen die D.A.T. entschieden. In Anbetracht der absolut unparteilichen Besetzung des Schiedsgerichtes ist dies ein ausgezeichnetes Zeugnis für die sorgfältige Bearbeitung und gerechte Beurteilung, die alle Anzeigen durch die D.A.T. erfahren. Im einzelnen ergibt die Statistik folgendes Bild:[62])

Ergebnisse der Schiedsgerichtsverfahren 1934—1938.

	1934	1935	1936	1937	1938
Vortrag		20	85	422	200
Eingegangene Anfechtungen	197	535	1008	585	649
zugunsten der D.A.T.	78	193	404	600	501
gegen die D.A.T.	4	22	49	73	43
Vergleich in voller Höhe	33	91	53	11	1
Vergleich mit bedingtem Erlaß	21	76	53	9	—
Klagerücknahme	25	67	75	66	41
Strafrücknahme	16	21	37	48	16
in Bearbeitung verblieben	20	85	422	200	247
	197	555	1093	1007	849

Mit der Bestätigung durch das Schiedsgericht werden die durch die D.A.T. verhängten Vertragsstrafen rechtswirksam. Die Schiedsgerichte sind nach der Marktordnung *letzte Berufungsinstanz* in allen Streitigkeiten, die sich aus dem Kartellvertrag ergeben. Auch die ordentlichen Gerichte sind nach allgemeiner Auffassung kein übergeordneter Instanzenzug der Schiedsgerichte. Doch steht ihnen unter bestimmten Voraussetzungen das Recht zu, Schiedsgerichtsurteile nachzuprüfen. Als Revisionsinstanz kommen die *ordentlichen Gerichte* (Landgericht Berlin[63]) mit den ihm übergeordneten Gerichten) und die Kartellabteilung des Reichswirtschaftsgerichtes in Frage. Ihr Prüfungsrecht ist aber nur beschränkt, und zwar das der ordentlichen Gerichte enger als das des Kartellgerichtes.

Die *ordentlichen Gerichte* prüfen lediglich die *formale Zulässigkeit* und das *formal richtige Zustandekommen* des Strafbeschlusses bzw. der Schiedsgerichtsentscheidung. Sie haben da-

[62]) Geschäftsbericht der D.A.T. 1938.

[63]) Dessen Zuständigkeit ist in der Marktordnung für alle Fälle vereinbart.

gegen nicht das Recht, die materiellen Voraussetzungen des Urteils zu revidieren und können auch den materiellen Inhalt des Schiedsspruches nur insoweit nachprüfen, als Verstoß gegen die guten Sitten oder gegen die öffentliche Ordnung eingewendet wird.

Das Kartellgericht dagegen hat das Recht und sogar die Pflicht, den materiellen Inhalt des Schiedsspruches zu kontrollieren. In einer Entscheidung[64]) stellt das Kartellgericht den Grundsatz auf, daß vor Erteilung der Sperregenehmigung wegen dreimaligen Verstoßes gegen die Verpflichtungserklärung „H" es zunächst der Feststellung bedarf, ob der Händler sich tatsächlich der Vertragsverletzung schuldig gemacht hat. Das Kartellgericht ist einer selbständigen Prüfung dieser Frage nicht dadurch enthoben, daß gegen den Antragsgegner rechtskräftige Strafen bereits festgesetzt worden sind. Es läge eine unbillige Einschränkung der wirtschaftlichen Bewegungsfreiheit (nach § 9,2 Kart.-VO.) vor, wenn die Einwilligung in die Verhängung der Sperre auf Grund materiell unzutreffender Schiedssprüche und Straffestsetzungen, mit anderen Worten, auf Grund von Feststellungen erteilt würden, daß der Antragsgegner sich habe Vertragsverletzungen zuschulden kommen lassen, obwohl ihm Verstöße gegen die übernommenen Verpflichtungen überhaupt nicht zur Last gelegt werden können.

Die Nachprüfung der Schiedsgerichtsurteile durch staatliche Gerichte erfolgt in drei Fällen:

1. bei Antrag eines vollstreckbaren Titels zur Beitreibung von verhängten Strafen. Der Schiedsspruch ist nicht wie das Urteil eines Staatsgerichtes ein vollstreckbarer Titel. Die D.A.T. kann Vollstreckungsmaßnahmen erst dann vornehmen, wenn der Schiedsspruch von einem ordentlichen Gericht durch Beschluß oder Urteil für vollstreckbar erklärt worden ist. Vor dieser Vollstreckbarkeitserklärung hat das Gericht beide Parteien zu hören und der Bestrafte hat Gelegenheit, seine Einwendungen gegen den Strafbeschluß vorzubringen — aber nur gegen sein ordnungsmäßiges Zustandekommen, nicht gegen seinen materiellen Inhalt.

2. bei Aufhebungsklage gegen die D.A.T. aus § 1041 ZPO.

3. bei Antrag auf Genehmigung zur Verwertung von Sicherheiten oder einer Sperre vor dem Kartellgericht.

In den beiden ersten Fällen kann Aufhebung nur erfolgen, wenn offensichtliche „Unrechtsurteile" vorliegen, deren Merkmale in den §§ 1041

---

64) Entscheidung vom 22. 3. 1935 K. 3163/34, zitiert nach Kartell-Rundschau 1935, S. 389.

und 580 ZPO. ganz klar umrissen sind. Das Gesetz unterscheidet vier Gruppen von Unrechtsurteilen[65]):

1. Rügen wegen Mangelhaftigkeit des Verfahrens vor dem Schiedsgericht.

Diese kann bestehen

a) in der Unzulässigkeit des Verfahrens (Fehlen eines ordnungsmäßigen Schiedsvertrages zwischen den Parteien, Nichtanhören einer Partei, unvorschriftsmäßige Besetzung des Schiedsgerichtes, Fehlen einer sachlichen Stellungnahme zu dem Vorbringen der Partei),

b) in fehlender Vertretung einer Partei vor dem Schiedsgericht (aber nicht bei ordnungsmäßiger Ladung und schuldhafter Terminversäumnis),

c) Fehlen der Begründung im Schiedsspruch (dagegen nicht bei Verzicht auf Begründung);

2. Rügen wegen einer strafbaren Handlung eines der Beteiligten, z. B. Prozeßbetrug der Gegenpartei durch Vorlage falscher oder gefälschter Beweismittel, Amtsverletzung eines Schiedsrichters (Annahme von Bestechungsgeldern), falsche eidliche Aussage von Gegnern, Zeugen oder Sachverständigen.

Eine wenn auch sehr beschränkte Prüfung des materiellen Inhalts des Schiedsspruches bedingen die beiden letzten Rügen:

3. Die Aufhebung kann verlangt werden, wenn der Schiedsspruch auf dem Urteil eines anderen Gerichtes fußt, das inzwischen aufgehoben wurde. In diesem Punkt kann das ordentliche Gericht ausnahmsweise seinen sachlichen Inhalt prüfen.

4. Aufhebung kann auch verlangt werden, wenn die Anerkennung gegen die guten Sitten oder die öffentliche Ordnung verstoßen würde. Bei der hier vorliegenden Marktordnung kann dieser Rügegrund praktisch nicht vorkommen, da die Kartellaufsicht der Organisation der gewerblichen Wirtschaft und des Kartellgerichtes die Aufnahme unsittlicher oder die öffentliche Ordnung gefährdender Bestimmungen ganz unmöglich macht.

In Zusammenhang mit diesem vierten Rügegrund wurde von Kartellmitgliedern gegen die Vertragsstrafe gelegentlich der grundsätzliche Einwand erhoben, sie seien unzuläßig, da sie in das öffentliche Strafrecht des Staates eingriffen. Man sieht in ihnen einen Verstoß gegen § 1025 ZPO., nach dem verboten ist, Schiedsverträge über

---

[65]) Wendlandt, Die Unanfechtbarkeit der sachlichen Entscheidung des Schiedsgerichtes. D.A.T.-Nachrichten Nr. 5 v. 30. Nov. 1934.

Gegenstände abzuschließen, über die sich die Parteien nicht vergleichen können. Die Rechtsprechung war in diesem Punkte tatsächlich lange Zeit schwankend[66]). Ein Kammergerichtsurteil aus dem Jahre 1925[67]) erklärt die Befugnisse des Schiedsgerichts zur Verhängung von Geldbußen für rechtlich unwirksam, da sie völlig aus der zivilrechtlichen Tätigkeit eines Schiedsgerichtes herausfalle. Der Schiedsvertrag könne sich wohl auf einen Schadensersatz, nie aber auf eine Geldbuße, die keine unmittelbare Beziehung zum Schaden habe, beziehen.

Eine ähnliche Stellung nimmt noch 1935 das Landgericht Frankfurt/Main[68]) ein. Es erklärt Geldbußen, „die der Durchsetzung weitergehender wirtschaftlicher Ziele und kartellmäßiger Bindungen dienen" für unvereinbar mit den Vorschriften von §§ 1042,2 und 1041,1 ZPO.

Diese beiden Urteile meinten, daß es sich bei den Geldbußen der Kartellverträge um Eingriffe in die dem Staat vorbehaltene Strafgerichtsbarkeit handele, die wegen ihres rein pönalen Charakters unerlaubt seien[69]). Aber die Auffassung war durchaus nicht einheitlich, eine ganze Reihe von Gerichten machte sich den von Kisch in der Juristischen Wochenschrift (1935 S. 3495) vertretenen Standpunkt zu eigen, daß das Strafrecht aus der Vereinsautonomie herzuleiten sei. Nach Kisch sind Geldstrafen insoweit zulässig, als sie sich auf dem Boden des Privatrechtes bewegen und nicht die Anmaßung von öffentlicher Strafgewalt in sich schließen. „Solange sich die Zwecke des Vereins und die den Mitgliedern auferlegten Pflichten im Rahmen des Privatrechtes bewegen, sind Maßnahmen, welche die Erfüllung der Mitgliedspflichten sichern sollen, als statthaft anzusehen." Seine Auffassung findet er gestützt durch § 1 Kartell-VO., der kartellmäßige Bindungen durch Vertrag ausdrücklich gestattet. Demnach müsse es auch erlaubt sein, die Durchführung zu erzwingen. Für die weitere Entwicklung wichtig war ferner die Stellungnahme von Körting[70]), der den Standpunkt vertrat, den Strafbestimmungen entsprängen aus „Mitgliedschaftspflichten kraft Unterwerfung unter die Satzung". Da diese Mitgliedschaftspflichten aus dem Gesellschafts- oder Vereinsrecht, also dem Privatrecht ent-

---

[66]) Werneburg, Zur Frage der Rechtswirksamkeit von Schiedsverträgen mit Geldbußevereinbarungen zur Durchsetzung kartellmäßiger Bindungen. Kartell-Rundschau 1936/254.

[67]) Urteil v. 7. Nov. 1925. Jur. Wochenschrift 1926 S. 1600.

[68]) Entscheidung v. 11. 9. 1935 (2/5 S. 199/35).

[69]) Zu diesen Fragen s. insbes. v. Brunn, Grundzüge des Kartellrechts, Berlin 1938 S. 85 ff. und S. 99 ff.

[70]) Schiedsverträge und Geldbußen. Kartell-Rundschau 1936/S. 388.

springen, können auch Strafen, die sie sichern sollen, keine Strafen im Sinne des Strafrechtes sein.

Das Landgericht Berlin macht sich in einer Entscheidung (204 O. H. 340/35) die Ansicht Kischs ausdrücklich zu eigen und erklärt, daß in einem Kartell die zur Ahndung von Verfehlungen vorgesehenen Geldstrafen rechtlich als echte Vertragsstrafen aufgefaßt werden können, und daß keine rechtlichen Bedenken bestehen, daß solche marktregelnden Bestimmungen als Pflichten der Mitglieder begründet und durch Geldstrafen gesichert werden. Die Gerichtspraxis betrachte auch diese Abreden nicht ohne weiteres als unverbindlich, weil der Schutz der einzelnen Mitglieder gegen Mißbrauch und Willkür durch das Nachprüfungsrecht der staatlichen Gerichte nach § 1042 ZPO. ausreichend gewährleistet sei.

1937 hat auch das Reichsgericht anerkannt, daß die Verhängung von Geldstrafen durch Schiedsgerichte zulässig ist[71]). Er führt u. a. aus: Es ist Sache der Auslegung des Wirtschaftsvertrages festzustellen, ob die dort vorgesehene Vertragsstrafe ihrem Wesen nach eine wirkliche Vertragsstrafe oder eine der Parteiabrede entzogene öffentliche Strafe oder Buße oder etwa eine Strafe ist, die sich auf die Selbstverwaltung eines Verbandes gründet. Die Nachprüfung ergibt eine echte Vertragsstrafe[72]). Dies wird damit begründet, daß in vorliegendem Kartellvertrag durchweg die Bezeichnung „Vertragsstrafe" gebraucht wird. Der Vertrag sei im übrigen so genau und juristisch einwandfrei aufgestellt, daß nicht anzunehmen ist, daß sich der Verfasser über den Rechtsbegriff geirrt hat oder seine wahre Absicht verhüllt hätte. Abschreckende Wirkung ist keine der Androhung einer öffentlichen Strafe oder Buße allein eigentümliche Eigenschaft. Auch die Verbandsstrafe und ebenso die Vertragsstrafe sollen durch ihre bloße Androhung von den unter Strafe gestellten Handlungen abschrecken. Mancher Verstoß gegen den Vertrag mag auch den Tatbestand eines Strafgesetzes erfüllen. Allein die Rechtsordnung verbietet nicht, Handlungen, die mit einer öffentlichen Strafe bedroht sind, unter eine auf dem Gebiete des Privatrechtes liegende Strafe zu stellen, sofern die Voraussetzungen für ihre Zulässigkeit sonst ge-

---

[71]) Urteil v. 9. 7. 1937 VII 60/37 zitiert nach Frankfurter Zeitung v. 19. 9. 1937 Reichsausgabe.

[72]) Im vorliegenden Fall handelt es sich um eine von einem Kartellschiedsgericht verhängte Geldbuße wegen Preisunterbietung, bei der die vertragsuntreue Firma die Ablehnung der Vollstreckbarkeitserklärung mit der Begründung beantragte, die Strafe sei eine öffentliche Strafe, die in die Strafjustiz eingreife, und daher unzulässig.

geben sind. Im übrigen kann eine Vertragsstrafe durch den Willen der Parteien neben einen etwaigen Schadenersatzanspruch gestellt werden. Eine Vertragsstrafe kann sogar für einen Fall vereinbart werden, in dem überhaupt kein Schadensersatzanspruch bestehen würde; § 340 Abs. 2 und § 341 Abs. 2 BGB. sehen solche Möglichkeiten vor.

Durch diese Entscheidung hat das Reichsgericht den jahrzehntelangen Streit um die Zulässigkeit von Vertragsstrafen mit vorwiegend strafendem Charakter (also ohne Nachweis eines Schadens) beendet. Es hat ihre Zulässigkeit anerkannt, wenn die Strafen dazu dienen, den Vertragsinhalt zu sichern. Damit ist auch die Zulässigkeit von Schiedsgerichtsurteilen über solche Strafen bestätigt.

Auch Mitglieder der D.A.T. haben in einer Klage vor dem Landgericht Berlin[73]) versucht, die Zulässigkeit der durch das Schiedsgericht bestätigten Vertragsstrafen anzufechten, und zwar mit der dreifachen Begründung:

1. der Vertrag sei unter erheblichem wirtschaftlichem Druck abgeschlossen worden und verstoße daher in seinem ganzen Inhalt gegen die guten Sitten (Knebelungsvertrag);

2. das Schiedsgericht sei nicht unparteiisch, da die Schiedsrichter der Kraftfahrzeugwirtschaft nahestünden,

3. die Strafe sei keine rein privatrechtliche Vertragsstrafe nach §§ 336 ff., sondern eine rein pönale Strafe, die in die Strafbefugnis des Staates eingreife.

Das Gericht hat die Klage auf Aufhebung des Schiedsspruches in allen Punkten abgewiesen und dabei die für künftige Wirkung der Marktordnung wichtigen Ausführungen gemacht:

1. Der Kartellvertrag verstößt nicht gegen die guten Sitten, im Gegenteil, „die Beklagte verfolgt das in jeder Hinsicht billigenswerte Ziel, eine Ordnung des Automobilmarktes unter Zurückstellung aller Eigeninteressen zu schaffen. Dieses Ziel ist nur durch die Erfassung des ganzen Händlerkreises und eine straffe, genau festgelegte Bindung zu erreichen. Es mag sein, daß dies nicht ohne einen gewissen Zwang für den einzelnen durchzuführen ist. Der Zweck der Verträge der Beklagten mit den einzelnen Händlern ist gerade, durch einen Zusammenschluß aller Beteiligten, durch gewisse Opfer im Gemeinschaftsinteresse, die im Automobilhandel vorhanden gewesenen Unzuträglichkeiten zu bekämp-

---

[73]) Urteil vom 21. 6. 1936.

fen und zu beseitigen. So verstanden kann von einer Sittenwidrigkeit des Vertragswerkes der Beklagten keine Rede sein".

2. Bedenken gegen die Unparteilichkeit der bestellten Schiedsrichter bestehen nicht, da sie bestimmungsgemäß von unparteiischen Behörden ausgewählt waren. „Daß diesen Personen an einer unparteiischen und sachkundigen Erledigung des Schiedsstreites gelegen ist, bedarf keiner weiteren Hervorhebung."

3. Der Einwand, daß die Schiedsabrede einen unerlaubten Eingriff der Beklagten in die öffentliche Strafjustiz bedeute, wird zu Unrecht erhoben. „Die durch das Schiedsgericht für Streitigkeiten zwischen der Beklagten und ihren Vertragsfirmen verhängten Vertragsstrafen haben nicht den Zweck der Vergeltung, sondern dienen der Aufrechterhaltung des Organisationszwanges. Die Höhe der Vertragsstrafen ist in dem Revers festgelegt und kann von den Beteiligten übersehen werden." „Es ist nicht einzusehen, weshalb die Unterzeichner der Verpflichtungserklärung „H" nicht sollten versprechen können, für den Fall der Verletzung der übernommenen Verpflichtungen eine privatrechtliche Vertragsstrafe im Sinne der §§ 339 ff. BGB. zu leisten." „Ein Verstoß gegen den § 1025 ZPO. liegt daher in der zwischen den Parteien getroffenen Schiedsabrede nicht, da ein Eingriff in das öffentliche Recht, insbesondere die Strafjustiz des Staates, nicht vorliegt."

Diese Entscheidung des Landgerichts Berlin geht von den gleichen Erwägungen aus und kommt zu den gleichen Schlüssen wie das vorher besprochene Reichsgerichtsurteil vom 9. 7. 1937. Berufung und Revision gegen das landgerichtliche Urteil wurden zurückgewiesen. Es bestehen daher keinerlei Zweifel, daß das im Kartellvertrag der Deutschen Automobilwirtschaft vorgesehene Straf- und Schiedsverfahren mit dem geltenden Recht in Einklang steht und auch vom nationalsozialistischen Staat gebilligt wird.

Eine weitere Stütze findet diese Annahme in der Rechtsprechung des Kartellgerichtes, das schon mehrere Sperregenehmigungen wegen Nichtzahlung von Vertragsstrafen bewilligt hat. Also auch das Kartellgericht erkennt demnach das Strafrecht der D.A.T. im Rahmen des Marktordnungsvertrages an. Es ist sicher, daß ohne die Vertragsstrafen und ohne unerbittliche Anwendung des Strafrechtes das Ordnen des Automobilmarktes nicht gelungen wäre. Die z. T. recht hohen Strafen haben ihre abschreckende Wirkung nicht verfehlt und es möglich gemacht, die vertragstreuen Mitglieder gegen den unlauteren Wettbewerb einzelner zu schützen.

γ) Die Vertragstreue im Spiegel der Vertragsstrafen.

Für die Güte einer Marktordnung gibt es zwei Kennzeichen:

1. den Grad, in dem sich der Markt in allen seinen Teilen ohne Anwendung allzu starken Zwanges nach den marktordnenden Vorschriften richtet. Dieser kommt in der Häufigkeit von Verstößen gegen die Marktordnungsbestimmungen zum Ausdruck;
2. ihre Wirkung auf Umsatzgestaltung und Preishöhe auf dem geordneten Markt.

Hier interessiert uns zunächst nur der erste Punkt. Den zweiten werden wir, seiner gesamtwirtschaftlichen Bedeutung entsprechend, in einem besonderen Abschnitt behandeln.

Entscheidend für die Wirksamkeit einer Marktordnung ist die Vertragstreue der Mitglieder. Nur wenn sich alle Beteiligten streng nach den Vorschriften richten, kann der erwünschte ordnende Effekt erzielt werden. Die Vertragstreue ist aber nicht nur abhängig von dem Ordnungswillen der Marktbeteiligten, sondern in erster Linie von der Angemessenheit der Marktordnungsvorschriften. Häufigkeit und Art der Vertragsverstöße sind daher wichtige Merkmale für die Güte einer Marktordnung. Ist die Zahl der Übertretungen gering, und sind sie ihrer Art nach nebensächlich und von untergeordneter Bedeutung, so ist dies ein Zeichen von der Güte des Ordnungswerkes und seiner Übereinstimmung mit den Marktbedürfnissen. Häufen sich dagegen die Verstöße, so deutet die geringe Vertragstreue auf Mängel in der Ordnung hin, denn selbst bei bestem Willen der Beteiligten läßt sich der Verkehr in das Prokrustesbett einer anorganischen Ordnung auf die Dauer nicht zwängen. Eine aufmerksame Beobachtung der Marktordnungsverstöße, ihrer Zahl und ihrer Art, vermittelt ein eindrucksvolles Bild von Funktionieren der Marktordnung und gleichzeitig von ihren Schwächen.

Für die Fortbildung der Marktordnung kommt daher der Analyse der Verstöße große Bedeutung zu. Sie zeigt zunächst die schwachen Stellen der Ordnung, und es ist dann Aufgabe einer weiteren Untersuchung (die Erhebungen der örtlichen Untersuchungsführer liefern hierfür wichtige Unterlagen), ihre Gründe zu erforschen, die in der Marktordnung selbst, im Verhalten der Beteiligten oder auch des Publikums und in der Lage auf den benachbarten ungeordneten Märkten liegen können. Denn die Marktordnung ist nicht nur eine Frage der Erziehung der unmittelbar Beteiligten, der Industrie und des Handels, sondern auch der Käufer. Setzen sie den Marktordnungsbestimmungen heftigen Widerstand entgegen, so werden sich immer wieder Händler finden, die ihren Wünschen entgegenkommen und ihre vertraglichen Verpflichtungen mißachten. So war es z. B. bei der Marktordnung der Automobilwirtschaft viel leichter, das Großstadtpublikum an die Festpreise zu gewöhnen, als die Käufer auf dem Land. Da in den Großstädten im Einzelhandel der einheitliche Preis ganz allgemein üblich ist, sind hier die Käufer nicht gewöhnt zu „handeln" und zu „feilschen". Auf dem Lande dagegen ist diese Sitte noch vielerorts vorhanden, und daher glauben die Leute, insbesondere so große Objekte nicht kaufen zu können, ohne etwas abzuhandeln. Auf der anderen Seite waren Altwagenschätzungszwang und Höchstpreis in den Großstädten schwerer durchzusetzen, weil hier der vertragslose Altwagenhandel als Mitbewerber auftrat.

Betrachtet man aber die von der D.A.T. festgestellten und geahndeten Verstöße insgesamt, so kommt man zu dem erfreulichen Ergebnis, daß alle Glieder der Automobilwirtschaft der Marktordnung die Treue gehalten haben und die Vertragsmoral eine gute war. Vertragsverletzungen kommen immer vor, sie beruhen nicht einmal immer auf bösem Willen, aber die festgestellten Übertretungen halten sich in einem durchaus normalen Rahmen und lassen das positive Wollen der Mehrzahl aller Beteiligten erkennen.

In den Jahren 1934 bis 1937 wurden von der D.A.T. insgesamt 4890 Strafen verhängt. Diese absolute Zahl besagt aber wenig. Sie wird erst anschaulich, wenn man sie mit anderen in Verbindung bringt, z. B. feststellt, wie viele der Vertragsfirmen vertragsbrüchig wurden und wie oft sie fehlten, oder wie sich die Zahl der Strafen zu der der Zulassungen verhält.

Eine Statistik der D.A.T.[74]) ergibt, daß während des vierjährigen Bestehens der Marktordnung 76 % aller Vertragsfirmen ohne Vertragsstrafe geblieben sind und bei weiteren 21 % ein bis drei Verfehlungen festgestellt wurden. Auch diese Gruppe kann noch zu den ordnungswilligen Elementen gerechnet werden, denn besonders in der Anlaufzeit hat mancher aus Irrtum Fehler begangen. Auch sind in diesen Zahlen die Verstöße mehr formeller Natur mitenthalten, wie Nichtmeldung von Altwagenerlösen, Fehlen des Provisionsscheines bei Vermittlern u. ä. So kann man wohl mit Recht behaupten, daß in den vergangenen vier Jahren 97 % aller an der Marktordnung Beteiligten treu zum Ordnungswerk gestanden und ihre Geschäfte nach den darin aufgestellten Normen geführt haben. Das ist ein anerkennenswertes Ergebnis!

Wie sich die Strafen auf die verschiedenen Gruppen der Automobilwirtschaft verteilen, zeigt nachstehende Tabelle, und zwar ist danach der Anteil der völlig straffreien Firmen beim Handel größer als bei der Industrie; allerdings findet sich unter den Händlern auch die Gruppe der „schwarzen Schafe" mit einer besonders hohen Strafzahl.

---

[74]) Alle Zahlenangaben über Vertragsstrafen zusammengestellt nach den Geschäftsberichten der D.A.T. 1934, 1935, 1936, 1937 und 1938.

Häufigkeit der Vertragsstrafen pro Vertragsfirma.

Vorgänge 1934—1937	Von den 36 Automobil-Erzeugerfirmen mit 149 Filialen		Von den 6923 Automobil-Wiederverkäufern		Von den 61 Anhänger-Erzeugerfirmen mit 28 Filialen		Von den 420 Anhänger-Wiederverkäufern		Von den 71 Aufbauerzeugern		Von der Gesamtzahl aller Vertragsfirmen	
	Anz.	%	Anz.	%	Anz.	%	Anz.	%	Anz.	%	Anz.	%
Es haben bisher keine Strafe verwirkt	127	68.64	5.191	75.0	70	78.65	369	87.85	66	92.95	5.823	75.74
1 „ „	32	17.3	944	13.63	9	10.11	32	7.62	3	4.23	1.020	13.26
2 Strafen „	12	6.5	347	5.01	6	6.74	6	1.43	—	—	371	4.83
3 „ „	6	3.24	203	2.93	3	3.37	2	0.48	—	—	214	2.78
4 „ „	1	0.54	83	1.19	—	—	4	0.95	—	—	88	1.14
5 „ „	2	1.08	51	0.73	1	1.13	4	0.95	1	1.41	59	0.77
6 „ „	4	2.16	35	0.51	—	—	1	0.24	1	1.41	41	0.53
7 „ „	1	0.54	19	0.27	—	—	2	0.48	—	—	22	0.29
8 „ „	—	—	9	0.13	—	—	—	—	—	—	9	0.12
9 „ „	—	—	6	0.09	—	—	—	—	—	—	6	0.09
10 „ „	—	—	6	0.09	—	—	—	—	—	—	6	0.09
mehr als zehn „	—	—	29	0.42	—	—	—	—	—	—	29	0.36
	185	100.—	6.923	100.—	89	100.—	420	100.—	71	100.—	7.688	100.—

Das Bild wird auch nicht wesentlich ungünstiger, wenn man die Vertragsstrafen zum Umsatz ins Verhältnis setzt, wobei der Umsatz an den Zulassungsziffern gemessen wird. Nach Feststellungen der D.A.T. sind in den vier Jahren der Marktordnung nur etwa ½ % aller Geschäfte in nicht voller Übereinstimmung mit der Marktordnung zustande gekommen, und zwar betrug das Verhältnis der Zulassungen zu den Vertragsstrafen:

1934	0,34 %
1935	0,48 %
1936	0,61 %
1937	0,68 %,

d. h. auf einen Straffall entfielen unbeanstandete Umsätze

1934	294,1
1935	208,3
1936	164,0
1937	146,9.

Die Entwicklung dieser Zahlen ist zunächst überraschend und erweckt den Eindruck einer sinkenden Vertragsmoral. Dies trifft aber in Wirklichkeit nicht zu. Vielmehr ist die zunehmende Zahl der Strafen vor allem auf die schärfere Marktüberwachung zurückzuführen. Vor allem haben die systematischen Betriebsprüfungen zur Aufdeckung von Verstößen geführt, die auf dem Wege der Anzeige fast nie zur Kenntnis der D.A.T. gelangt sind, z. B. das Nichtanmelden von Altwagenumsätzen, Fehlen von Provisionsscheinen, Belieferung von Angestellten ohne Verkaufsverbot, zu hohe Rabattgewährung an Großabnehmer, Aufbauerzeuger usw. Das alles sind Tatbestände, die sich nur an Hand von Buch- und Belegprüfungen feststellen lassen und die in den ersten Jahren kaum jemals zu einer Bestrafung geführt haben. Manche dieser Punkte erscheinen auf den ersten Blick nebensächlich. Überlegt man sich aber die Konsequenzen einer allgemeinen Aufhebung der betreffenden Bestimmung für die Marktordnung, so wird man immer wieder zu dem Ergebnis kommen, daß dies ohne Gefahr für das Ordnungswerk nicht möglich ist. Und so lange die Marktordnungsbestimmung gilt, muß sie auch von allen eingehalten werden, und die D.A.T. kann um der Gerechtigkeit willen von einer Ahndung nicht absehen.

Betrachtet man die nachstehende Statistik über die Art der Marktordnungsverstöße, so findet man unsere Annahme bestätigt:

Art der Verstöße gegen die Marktordnung:

	1934/35	%	1936	%	1937	%	1938	%
1. § 18/19: ohne Schätzung oder über Schätzwert erfolgte Inzahlungnahme von Altwagen und verbotene Vermittlung von Altwagen	954	61.47	717	59.49	726	41.2	2985	45.6
2. § 4: Gewährung verbotener Sondervorteile	211	13.60	327	20.75	208	11.8	1021	15.6
3. § 6: Nichteinhaltung der Mindestzahlungsbedingungen	35	2.25	203	12.88	359	20 4	993	15.2
4. § 22: Vorverkauf von Altwagen aus erster Hand . .	115	7.41	109	6.91	102	5.8	415	6.3
5. § 26: Überschreitung der höchstzulässigen Vermittlervergütungen	96	6.19	78	4.95	46	2,6	277	4.2
6. § 30: Belieferung nicht anerkannter Wiederverkäufer	54	3.48	23	1.46	14	0.8	102	1.6
7. § 24: Unterlassung von Verkaufserlösmeldungen	15	0.97	23	1.46	160	9.08	282	4.3
8. § 27: Provisionszahlungen ohne Aushändigung von Provisionsscheinen	15	0.97	17	1.08	39	2.2	102	1.6
9. § 11: Rabattgewährung an nicht nachlaßberechtigte Behörden	18	1.16	5	0.32	3	0.17	30	0.46
10. § 37: Überschreitung der höchstzulässigen Fremdfabrikatrabatte	1	0.06	20	1.27	40	2.27	87	1.3
11. § 7: Tätigung verbotener Gegengeschäfte	15	0.97	4	0.25	10	0,57	41	0.63
12. § 9: Kostenlose Gebrauchsüberlassung von Vertragsware	2	0.13	13	0.82	6	0.34	26	0.39
13. § 13: Überschreitung der zulässigen Pflegegeldsätze .	4	0.26	5	0.32	2	0.11	15	0.22
14. § 16: Mangelnde Kennzeichnung von Auslaufsmodellen	3	0.19	6	0.39	10	0.57	21	0.32
15. § 20: Beteiligung an Altwagenfirmen	6	0.39	2	0.12	6	0,34	41	0.63
16. § 10: Ungerechtfertigte Gewährung von Mengennachlässen	—	—	6	0.39	1	0.06	9	0.13
17. § 14: Belieferung von Angestellten ohne Verkaufsverbot	1	0.06	5	0.32	11	0.62	24	0.37
18. § 51: Verweigerung der Buchkontrolle	—	—	6	0.39	3	0.17	18	0.28
Übertrag:	1545	99.58	1569	99.57	1746	99.10	6490	99.21

Art der Verstöße gegen die Marktordnung:

	1934/35	%	1936	%	1937	%	1938	%
Uebertrag:	1545	99.58	1569	99.57	1746	99.10	6490	99.21
19. § 52: Mangelnde Rechtfertigung	5	0.32	—	—	2	0.11	7	0.11
20. § 25: Ungerechtfertigte Garantiegewährung auf Altwagen	—	—	3	0.19	11	0.62	15	0.22
21. § 38: Belieferung nicht verpflichteter Aufbaufirmen mit Rabatt	1	0.04	2	0.12	1	0.06	25	0.38
22. § 8: Zu hohe Gutschrift für nicht mitgelieferte Teile	1	0.06	1	0.06	2	0.11	5	0.07
23. § 40: Zu hohe Rabattgewährung an Aufbauerzeugerfirmen	—	0.06	1	0.06	—	—	1	0.01
	1552	100%	1576	100%	1762	100%	6542	100%

Es gibt einige Marktordnungsbestimmungen, die gleichsam ihr Rückgrat bilden. Verstöße gegen sie gefährden unmittelbar das Marktordnungswerk. Dies sind vor allem § 4 Gewährung verbotener Sondervorteile (worunter auch die unmittelbare Preisunterbietung fällt) und §§ 18 und 19, die das Altwagengeschäft regeln (Schätzungszwang, Höchstankaufspreise, verbotene Vermittlung von Altwagenverkäufen). Es ist erfreulich, feststellen zu können, daß die Verstöße gegen diese grundlegenden Paragraphen in stetem Rückgang begriffen sind. Die absoluten Zahlen liegen heute, trotz der wesentlich gestiegenen Umsatzziffern, unter denen von 1934/35 und auch ihr Anteil an den Gesamtstrafen ist im Rückgang begriffen.

Das gleiche gilt für die Verstöße, die mit dem Vermittlerwesen zu tun haben. Der Handel macht sich immer mehr frei von der Benutzung selbst der gewerbsmäßigen Vermittler. Wo er sich ihrer noch bedient, zahlt er ihnen höchstens die zulässigen Provisionen. Während in den ersten Jahren Verstöße gegen die Provisionsregelung und das Verbot der Belieferung von Nicht-Vertragshändlern recht zahlreich waren, spielen sie heute kaum noch eine Rolle.

Dagegen ist eine Häufung der Verstöße gegen den § 6 (Mindestzahlungsbedingungen) zu beobachten. Als Erklärung wird hierfür angegeben, daß das Vordringen des Kraftwagens in weniger kaufkräftige Schichten immer häufiger dazu führt, daß ein Kunde den Kaufvertrag zu ordnungsmäßigen Bedingungen abschließt, bei Lieferung aber nicht in der Lage ist, die Mindestanzahlung zu leisten. Leicht läßt sich dann der Händler überreden, den Wagen gegen eine geringere Anzahlung auszuliefern, was zum Konflikt mit der Marktordnung führt. Angesichts der hohen Kreditrisiken ist aber die Einhaltung der vorgeschriebenen Anzahlungen bei weniger sicheren Abnehmern besonders wichtig.

Man könnte hier den Einwand erheben, daß es im Interesse der Motorisierung des Verkehrs erwünscht ist, wenn auch mit geringen Anzahlungen ein Wagen erworben werden kann, und daß es den Händlern selbst überlassen bleiben muß, das tragbare Risiko selbst abzustecken. Eine weitergehende Kreditgewährung bei Berechnung normaler Zinsen bedeutet aber doch einen Nichtleistungswettbewerb. Es gibt aber noch andere Argumente dagegen: der Kauf eines Kraftwagens durch einen Verbraucher, der nicht einmal ein Viertel des Wertes als Anzahlung zu leisten vermag, ist volkswirtschaftlich bedenklich. Es hat in der Regel keinen Zweck, mit Hilfe des Konsumkredites Käufe zu finanzieren, die die normale Kaufkraft der betreffenden Konsumentenkreise überschreiten. Es bedeutet für den einzelnen eine starke Belastung und für die Volkswirtschaft keinen Gewinn.

Derartige Kredite sind erfahrungsgemäß auch mit sehr hohem Risiko belastet, da jede kleine Störung in den Einkommensverhältnissen des überlasteten Kreditnehmers zu Zahlungsstockungen führen muß. Da die Marktordnung neben der ordnenden auch eine erzieherische Aufgabe erfüllt, ist sie bestrebt, die Händler vom Abschluß derartig riskanter Geschäfte abzuhalten. Die Anzahlung von mindestens einem Viertel des Kaufpreises wird dabei gewissermaßen als Prüfstein für die Zahlungsfähigkeit des Käufers angesehen. Wer es nicht fertig bringt, diesen Betrag im voraus zu ersparen, von dem kann kaum erwartet werden, daß er die Abzahlungsraten termingerecht aufbringt. Da diese Marktordnungsbestimmung mit entscheidend ist für eine gesunde Kreditpolitik, der mit Anzahlung gekaufte Kraftwagen, vor allem im Lastwagengeschäft, das einzige Objekt der Kreditsicherung ist, muß auf die Einhaltung dieser Bestimmung größtes Gewicht gelegt werden.

Im übrigen bestätigt die Statistik, daß in den letzten Jahren vor allem solche Verstöße in größerer Zahl bestraft wurden, die bei den laufenden Betriebsprüfungen festgestellt wurden.

Wir haben schon früher darauf hingewiesen, daß die Durchführung der Marktordnung nicht zuletzt auch von der Mitarbeit der Käufer abhängig ist. Jeder Händler wird im eigenen Interesse zunächst das Bestreben haben, das Geschäft nach den Regeln der Marktordnung abzuschließen. Wird er aber vom Kunden immer wieder gedrängt, verbotene Sondervorteile einzuräumen, so läßt er sich womöglich dazu überreden und kommt mit der Marktordnung in Konflikt. Die Erziehung zur Marktordnung muß sich deshalb auch auf die Käufer erstrecken. Sie müssen einmal darüber aufgeklärt werden, welche Zugeständnisse ihnen der Händler nicht machen darf, zum anderen müssen sie aber auch davon überzeugt werden, daß die Marktordnung auch in ihrem eigenen Interesse liegt, da nur auf einem geordneten Markt Preisklarheit und Preiswahrheit herrschen und die Konsumenten vor Übervorteilung geschützt sind. Die D.A.T. hat ihre Werbung für die Marktordnung von Anfang an auch auf das kraftfahrende Publikum abgestellt und kann auch hier beachtliche Erfolge verzeichnen.

Aber die Aufnahmebereitschaft für diese Ideen ist in den verschiedenen Bevölkerungskreisen ganz unterschiedlich. Auf dem Lande und in den kleinen Städten ist offenbar die Versuchung für die Händler, von der Marktordnung abzuweichen, größer, das zeigt nachstehende Aufstellung des Verhältnisses der Strafen zu den Zulassungen in achtzehn Wirtschaftsbezirken.

Häufigkeit der Vertragsverletzungen in 18 Wirtschaftsbezirken.

	Gesamtzulassungen	Vertragsstrafen 1935 insgesamt	1935 in % d. Zulassg.	1936 insgesamt	1936 in % d. Zulassg.
1. Ostpreußen . . .	12.059	56	0.46	93	0.44
2. Groß-Berlin . .	34.609	52	0.15	93	0.17
3. Brandenburg . .	14.604	61	0.42	103	0.41
4. Pommern	11.240	55	0.49	116	0.22
5. Schleswig-Holstein, Mecklenburg . . .	26.992	81	0.30	164	0.37
6. Provinz Sachsen, Anhalt	18.534	80	0.43	144	0.46
7. Hannover, Braunschweig, Oldenburg	27.503	139	0.50	333	0.71
8. Westfalen	22.996	130	0.56	219	0.50
9. Rheinprovinz . .	40.652	154	0.38	308	0.45
10. Hessen	22.679	67	0.29	205	0.54
11. Baden, Pfalz, Saarland	22.266	121	0.54	259	0.68
12. Württemberg . .	17.955	106	0.59	189	0.61
13. Oberbayern, Schwaben . . .	17.775	74	0.42	157	0.51
14. Niederbayern, Oberpfalz	4.561	23	0.50	49	0.62
15. Franken	13.560	72	0.53	169	0.72
16. Thüringen . . .	11.171	75	0.67	125	0.64
17. Sachsen	32.479	127	0.39	240	0.45
18. Schlesien	16.723	79	0.47	162	0 57
Deutsches Reich . . .	368.358	1.552	0.42	3.128	0.50

Die weitaus niedrigste Zahl der Verstöße entfällt auf Groß-Berlin und die übrigen Großstädte, wo der Wettbewerb bekanntlich besonders heftig ist. Da der Großstädter aber an Festpreise und feststehende Verkaufsbedingungen gewöhnt ist, findet er sich mit der Marktordnung sehr leicht ab und bringt seine Händler durch Sonderwünsche nicht in Verlegenheit. Auch sind Händler und Verkäufer in der Großstadt meist besonders gewandt und verstehen es, den Kunden von der Notwendigkeit der Marktordnung zu überzeugen. Ganz anders dagegen in den ausgesprochen landwirtschaftlich-kleinstädtischen Bezirken wie Thüringen (das 1935 den höchsten Strafanteil aufweist) und Franken (das 1936 den Rekord hält), aber auch Niederbayern-Oberpfalz, Baden, Pfalz, Saarland und Westfalen. Die in den einzelnen Bezirken üblichen Handelssitten, die mehr oder weniger allgemeine Verbreitung des einheitlichen Preises sprechen hier mit. Auch der Käufer muß die Marktordnung kennen und wollen, denn er trägt dem Händler die Versuchung ins Haus. Ihn von der Notwendigkeit, der Berechtigung und den Vorteilen des Marktordnungswerkes zu überzeugen, ist die gemeinsame Aufgabe aller Glieder der Automobilwirtschaft und ihres Spitzenorgans, der D.A.T.

3. Die Ordnung des Gebrauchtwagenhandels.

Das Nebeneinander eines geregelten und eines ungeregelten Marktteiles im Handel mit gebrauchten Kraftfahrzeugen bedeutete eine empfindliche Lücke in der Marktordnung der deutschen Automobilwirtschaft. Seit Jahren war man um ihre Beseitigung bemüht. Die Bestrebungen zur Ausdehnung der Marktordnung über den ganzen Marktbereich scheiterten bisher am Widerstand der Spezial-Altwagenhändler, die, begünstigt durch eine lebhafte Altwagenkonjunktur, aus ihrer Freiheit und der gleichzeitigen Gebundenheit ihrer Wettbewerber nicht unerhebliche Vorteile zogen, Vorteile, die z. T. zu Lasten der Vertragshändler, in der Hauptsache aber zu Lasten des kraftfahrenden Publikums gingen. Dies war der eine Grund für die immer wieder erhobene Forderung nach Ausdehnung der Marktordnung auf den gesamten Kraftfahrzeughandel.

Ein anderer schwerer wiegender war die Entwicklung der Preise für gebrauchte Kraftfahrzeuge, die im Widerspruch stand zu der von der Regierung verfolgten Politik der Preisstabilisierung und zur Entwicklung der Neuwagenpreise. Trotz sinkender Neuwagenpreise und allgemeinen Preisstops sind die Preise für gebrauchte Kraftfahrzeuge seit Jahren in ständigem Steigen begriffen. Die am Gebrauchtwagenhandel beteiligten Kreise haben die „Konjunktur", die sich aus mangelndem Angebot bei steigender Nachfrage in Verbindung mit gewissen Lieferschwierigkeiten und langen Lieferfristen im Neuwagengeschäft ergab, ausgeschöpft und nicht unerhebliche, volkswirtschaftlich durchaus nicht immer berechtigte Gewinne erzielt. Der für die gesamte Wirtschaft befohlene Preisstop wurde im Gebrauchtwagenhandel ganz offensichtlich nicht eingehalten. Bei der fehlenden Organisation und bei den undisziplinierten Geschäftsmethoden, die auf einem großen Teil des Gebrauchtwagenmarktes herrschten, war eine durchgreifende Kontrolle und eine Durchsetzung des Preisstops fast unmöglich.

Deshalb sah sich der Reichskommissar für die Preisbildung im April 1939 genötigt, eine Anordnung zu erlassen, die eine Marktordnung für den gesamten Gebrauchtwagenhandel enthält. Ihr Zweck ist, auch auf diesem Markt den von der Regierung befohlenen Preisstop unter allen Umständen durchzusetzen. Dies ist der Grund für das Eingreifen des Preiskommissars. Gleichzeitig schließt aber die Anordnung teilweise die organisatorischen Lücken der bisherigen Marktordnung und ist daher auch für das gesamte Marktordnungswerk von größter Bedeutung.

Die „Anordnung" des Reichskommissars für die Preisbildung über die „Regelung der Verbraucherpreise und Handelsspannen im Geschäftsverkehr mit gebrauchten Kraftfahrzeugen" vom 29. April 1939 (Dtsch. Reichs- und Prß. Staatsanzeiger 1939 Nr. 100) und die hierzu erlassene Anordnung zur Durchführung vom 30. Juli 1939 enthalten Grundregeln für den Verkehr mit gebrauchten Kraftfahrzeugen:

1. Für den Ankauf oder die Inzahlungnahme von gebrauchten Kraftfahrzeugen durch gewerbsmäßige Kraftwagenhändler besteht ein Schätzungszwang.
2. Der Schätzungswert ist der höchstzulässige Ankaufswert für Kraftfahrzeughändler.
3. Die Handelsspanne im gewerblichen Gebrauchtwagenhandel ist begrenzt.
4. Beim Verkauf gebrauchter Kraftfahrzeuge durch Private gelten die Kalkulationsrichtlinien.
5. Die entgeltliche Vermittlung von Gebrauchtwagengeschäften ist verboten, entgeltliche Kommissionsgeschäfte nur den anerkannten Händlern erlaubt.

Für die Marktordnung von entscheidender Bedeutung sind die beiden ersten Grundsätze: die allgemeine Einführung der Schätzungspflicht und die Bestimmung des Taxwertes zum Höchstankaufspreis. Damit wird eine das Marktordnungswerk latent bedrohende Lücke endgültig geschlossen und der Wettbewerb zwischen den beiden Kategorien von Kraftwagenhändlern: den Neuwagen- und Spezial-Gebrauchtwagenhändlern, wieder auf eine einheitliche Ausgangsbasis zurückgeführt. Das aber ist die Voraussetzung eines echten Leistungswettbewerbes.

Künftig wird das gegenseitige „Ausspannen" der Kunden durch überhöhte Ankaufspreise, das vor allem gegen die Vertragshändler häufig zur Anwendung kam, nicht mehr möglich sein. Auch bilden die einheitlichen Ankaufspreise die Voraussetzung für die Bildung angemessener Verkaufspreise und deren Kontrolle. Die Schätzungsurkunden werden in Zukunft die richtigste Unterlage bilden für die Preisüberwachung und die Preisprüfung.

Aus den Anordnungen vom 29. April 1939 und 30. Juli ergibt sich für den Handel mit gebrauchten Kraftfahrzeugen zur Zeit folgende Rechtslage:

Personen, die gewerbsmäßig mit gebrauchten Kraftfahrzeugen handeln, sind verpflichtet, alle Fahrzeuge vor Ankauf oder Inzahlungnahme durch eine von der D.A.T. zugelassene Schätzungsstelle schätzen zu lassen. Sie dürfen keinen höheren als den in der Schätzungsurkunde genannten Preis versprechen oder gewähren.

Als „Händler, die gewerbsmäßig mit gebrauchten Kraftfahrzeugen handeln", gelten:

1. Unternehmer, die den Einzelhandel mit gebrauchten Kraftfahrzeugen bereits vor dem 14. Mai 1933 gewerbepolizeilich angemeldet hatten und seitdem ununterbrochen ausgeübt haben,

2. Unternehmer, die eine Einzelhandelsverkaufsstelle in einer nach dem Gesetz zum Schutze des Einzelhandels vom 12. Mai 1933 gestatteten Weise betreiben, Händler, die entweder die polizeiliche Zulassung zum Handel mit Kraftfahrzeugen im allgemeinen oder mit gebrauchten Kraftfahrzeugen nach dem Einzelhandelsschutzgesetz besitzen, oder solche, die einen Altbetrieb vor dem 1. 1. 1935 erworben haben und daher nicht konzessionspflichtig sind.

3. Einzelhandelsunternehmer, die im Vertrieb von fabrikneuen Kraftfahrzeugen und Anhängern tätig sind, jedoch jeweils nur für die von ihnen in fabrikneuem Zustand vertriebenen Fahrzeugarten.

Die Beschränkung der Handelserlaubnis auf die bei Neuwagenhändlern bisher geführten Fahrzeugarten soll eine unerwünschte Zunahme der Nachfrage nach Gebrauchtwagen verhindern, ohne die Betätigungsmöglichkeit dieser Händlergruppe unbillig einzuschränken. Darum gilt die Beschränkung grundsätzlich nicht für die Inzahlungnahme gebrauchter Fahrzeuge. Nach wie vor kann ein Motorradhändler Personenwagen und ein Personenwagenhändler Lastkraftwagen in Zahlung nehmen und mitveräußern. Nur unmittelbar einkaufen darf der Motorradhändler nur Motorräder, der Lastwagenhändler nur Lastwagen usw. Es steht ihnen aber jederzeit frei, die generelle Zulassung zum Gebrauchtwagenhandel nach dem Einzelhandelsschutzgesetz zu erwerben. Wer als Neuwagenhändler die gewerbepolizeiliche Zulassung als Gebrauchtwagenhändler besitzt, darf mit allen Arten von Gebrauchtwagen handeln. Es ist aber nicht zu erwarten, daß viele Händler diesen Weg beschreiten, da gerade auf diesem Gebiete des Handels die Spezialisierung eine Voraussetzung ist für eine wirtschaftliche Betriebsführung.

Wer die obengenannten Voraussetzungen nicht erfüllt, wird nicht als Gebrauchtwagenhändler anerkannt und darf daher Wagen nur zum Anschaffungspreis weiterverkaufen. Es werden demnach in Zukunft Verschrottungsunternehmen und Reparaturwerkstätten, die bisher häufig auch nebenbei Gebrauchtwagengeschäfte tätigten, diese Betriebskombinationen nur beibehalten können, wenn sie die Zulassung zum Gebrauchtwagenhandel erwerben. Altbetriebe (vor dem 14. 5. 33 errichtet und daher nicht zulassungspflichtig), bei denen der Gebrauchtwagenhandel schon bisher einen wesentlichen Teil des Umsatzes ausmachte, werden auch weiterhin sich im Gebrauchtwagenhandel betätigen dürfen.

Aus der Zugehörigkeit zu einer der drei Gruppen der gewerbsmäßigen Händler ergeben sich wichtige Pflichten und Rechte:

1. für sie gilt beim Ankauf und der Inzahlungnahme gebrauchter Kraftfahrzeuge die Schätzungspflicht.
2. sie allein sind berechtigt, beim Wiederverkauf eine Handelsspanne einzukalkulieren,
3. sie allein dürfen entgeltliche Kommissionsgeschäfte übernehmen.

Privatpersonen dürfen in Zukunft gebrauchte Kraftfahrzeuge nur zu den Anschaffungskosten abzüglich angemessener Abschreibungen verkaufen, können also keinen Handelsgewinn erzielen. Sie dürfen auch für die Vermittlung von Wagenverkäufen keine Provision verlangen oder annehmen.

Durch die „Anordnung" ist der Kreis der gewerbsmäßigen Händler eindeutig bestimmt. Sie bietet eine Handhabe zur Bereinigung des Handelsstandes von allen Pseudo-Händlern, die als Stubenhändler oder Gelegenheitsvermittler das Gewerbe belasten, ohne wirklich wirtschaftliche Leistungen zu erstellen. Eine gleiche Bereinigung ist bei Einführung der Marktordnung im Motorrad- und Neuwagenhandel durchgeführt worden. Sie hat hier sehr viel zur Hebung des Standes und zur Besserung der wirtschaftlichen Lage beigetragen. Es ist zu hoffen, daß die Bereinigungsaktion auch im Gebrauchtwagenhandel zur Beseitigung mancher Mängel führen wird, die dem Ansehen des Gewerbezweiges nicht zuträglich sind.

Die Bereinigung des Handelsstandes und die Zurückführung der Handelsbetriebe auf eine wirtschaftlich gerechtfertigte Zahl ist zugleich eine Existenzfrage. Die gegenüber den Gewinnen der „Konjunkturperiode" wesentlich gesenkten — aber immer noch reichlich bemessenen — Handelsspannen zwingen zur Steigerung des Umsatzes im Einzelbetrieb, da in Zukunft nur auf diese Weise die Kosten gedeckt werden können. Für die Pseudo-

und Zwischenhändler bleibt dann kein Raum mehr. Sie werden der neuen Ordnung weichen müssen.

Ob man sich darauf beschränken wird, dem automatischen Ausleseprozeß, wie er durch die Zulassungs- und Preisbildungsbestimmungen der Anordnung ausgelöst werden wird, seinen Lauf zu lassen, oder ob man später, entsprechend der Regelung in der Marktordnung der deutschen Automobilwirtschaft, ein besonderes Anerkennungsverfahren einführen wird, steht noch nicht fest. Hierzu besteht eine Notwendigkeit zunächst nicht, da der Gebrauchtwagenhandel, im Gegensatz zu dem früheren Zustand zum Neuwagenhandel, unter das Einzelhandelsschutzgesetz fällt und daher zulassungspflichtig ist. Hierdurch werden freilich nur die Neuzulassungen getroffen. Zudem wird das Einzelhandelsgesetz nicht in allem der Eigenart des Gebrauchtwagenhandels gerecht. Hieraus wird sich später wahrscheinlich die Notwendigkeit einer besonderen Auslese herausstellen. Vielleicht werden durch den Wegfall der bisher erzielten Übergewinne zahlreiche Personen aus dem Gebrauchtwagenhandel von selbst ausscheiden. Da die ganze Regelung des Gebrauchtwagenhandels zeitlich bis zum 31. 12. 1939 befristet ist und später durch eine den ganzen Kraftfahrzeugmarkt in räumlicher und sachlicher Beziehung umfassende Ordnung ersetzt werden soll, ist diese Frage zur Zeit von nur untergeordneter Bedeutung.

Neben der Frage, wer schätzungspflichtig ist, ist für das Ordnungswerk von großer Bedeutung, *was* dem Schätzungszwang unterliegt: Zunächst ganz allgemein *gebrauchte Kraftfahrzeuge, die gewerbsmäßig durch Händler angekauft werden.* Nach § 1 der Anordnung vom 29. April 1939 gelten als „gebrauchte Kraftfahrzeuge“:

a) Kraftfahrzeuge jeder Art, die durch Verbrennungsmotor angetrieben werden und nicht an Schienen gebunden sind, soweit sie sich im Besitz von Verbrauchern befinden oder befunden haben oder auf diese zugelassen sind oder zugelassen waren;

b) Kraftfahrzeuganhänger und Beiwagen, die sich im Besitz von Verbrauchern befinden oder befunden haben.

Entscheidend für die Einordnung sind demnach drei Merkmale:

1. *Die Fahrzeugart.* Wichtig ist, daß sich die Anordnung nur auf Kraftfahrzeuge mit *Verbrennungsmotoren* erstreckt, während andere motorisierte Straßenfahrzeuge, z. B. durch Elektrizität oder Dampf angetriebene, dem Schätzungszwang nicht unterliegen. Ausgenommen sind ferner alle Fahrzeuge, die nach § 18 der Straßenverkehrszulassungs-Ordnung *nicht zulassungspflichtig* sind. Dies trifft vor allem zu auf Motorfahrzeuge, die zufolge ihrer Einrichtung zur Leistung von Arbeit, nicht aber zur Beförderung von Personen und Lasten bestimmt sind. Vom Schätzungszwang befreit sind ferner *Zugmaschinen, die infolge ihrer*

besonderen Ausrüstung vornehmlich oder ausschließlich zur Verwendung in landwirtschaftlichen Betrieben bestimmt sind (Ackerschlepper). Ihre Ausnahme ist berechtigt:

a) wegen der geringen Bedeutung dieser Objekte für den Gebrauchtwagenmarkt,

b) wegen der Schwierigkeit ihrer Schätzung infolge ihres Standortes und ihrer geringen Beweglichkeit.

Die Kosten der Schätzung würden hier in keinem Verhältnis zum wirtschaftlichen Effekt stehen, deshalb hat man bei ihnen vom Schätzungszwang abgesehen.

Früher war beabsichtigt, auch die schrottreifen Fahrzeuge vom Schätzungszwang auszunehmen und nur die Bescheinigung einer Schätzungsstelle über die Schrottreife zu verlangen. Davon ist man wieder abgekommen, da man fürchtete, mit dieser Ausnahme eine Lücke zu schaffen, die für die Umgehung des Schätzungszwanges mißbraucht werden könnte, zumal bei der gegenwärtigen Bedarfslage auch schrottreife Fahrzeuge immer noch verwendet anstatt verschrottet werden. Die Schätzungspflicht gilt demnach auch für zu verschrottende Wagen. Selbstverständlich sind bei der Taxation solcher Fahrzeuge von den Schätzungsstellen dem besonderen Zweck angepaßte Wertungsgrundsätze anzuwenden.

2. Die Besitzverhältnisse. Als Gebrauchtwagen gelten, analog der „Marktordnung", nur Fahrzeuge, die sich im Besitz von Verbrauchern befinden oder auf Verbraucher zugelassen waren. Fahrzeuge in erster Hand, also vor allem die Vorführungswagen der Kraftwagenhändler, sind keine Gebrauchtwagen im Sinne der Anordnung. Für sie gelten nach wie vor allein die Bestimmungen der Marktordnungen über den Verkehr mit Vorführwagen.

3. Die Verkaufskontrahenten. Dem Schätzungszwang unterliegen nur solche Kraftwagenan- und -verkäufe, an denen Privatpersonen und Händler beteiligt sind. Dagegen sind Wagen, bei deren Verkauf nur Händler oder nur Privatpersonen beteiligt sind, nicht schätzungspflichtig, doch unterliegen auch sie allen sonstigen Bestimmungen der Anordnung, insbesondere den Vorschriften über die Preisbildung.

Bei der Weiterveräußerung von Gebrauchtwagen zwischen Händlern ist nicht nur keine Neuschätzung erforderlich. Für sie ist außerdem die Preisobergrenze des § 2 Abs. 2 der „Anordnung" vom 29. 4. 1939 aufgehoben. Der ankaufende Händler darf dem verkaufenden einen Preis gewähren, der über dem Schätzungswert liegt.

Diese Ausnahmegenehmigung ist notwendig, um Gebrauchtwagengeschäfte zwischen Händlern überhaupt möglich zu machen, da dem erstkaufenden Händler von dem zweitkaufenden mindestens seine Unkosten vergütet werden müssen. Beim starren Festhalten am Taxwertprinzip wäre dies unmöglich. Gebrauchtwagengeschäfte zwischen Händlern können aber unter Umständen eine wirtschaftliche Notwendigkeit sein, wenn nur mit ihrer Hilfe das Angebot auf dem schnellsten Wege den Stellen des Bedarfs zugeleitet werden kann. Diese Ausgleichfunktion des Handels ist gerade auf diesem Markt mit seinem für einige Objekte zufälligen Angebot von entscheidender Bedeutung und darf nicht unterbunden werden.

Eine Gefahr für die Preisgestaltung entsteht durch die Durchbrechung des Taxwertprinzipes nicht, da eine Überschreitung der in der „Anordnung" festgesetzten Handelshöchstspannen durch Kettengeschäfte unmöglich gemacht ist. Die Handelshöchstspanne darf auch bei der Zwischenschaltung mehrerer Händler nicht überschreitten werden. Die Länge der Handelskette ist künftig für die Höhe des Preises ohne Bedeutung.

Von diesen wenigen Ausnahmen abgesehen, gilt für den Handel mit gebrauchten Kraftfahrzeugen der Schätzungszwang. Nach § 2 Abs. 1 der Anordnung vom 29. 4. 39 dürfen Händler ein Angebot auf gebrauchte Kraftfahrzeuge mittelbar oder unmittelbar nur dann abgeben oder solche Fahrzeuge nur dann auf eigene Rechnung kaufen oder in Zahlung nehmen, wenn das Fahrzeug innerhalb des letzten Monats von einer der von der D.A.T. in Berlin zugelassenen Schätzungsstelle und nach den vom Reichskommissar für die Preisbildung gebilligten Richtlinien abgeschätzt ist. Die Schätzung muß durch Vorlage des Taxbriefes nachgewiesen werden. Der Taxwert bildet den Höchstankaufspreis, der vom Händler höchstens angeboten, versprochen oder gewährt werden darf.

Künftig muß im Gebrauchtwagengeschäft die Schätzungsurkunde Ausgangspunkt aller An- und Verkaufsverhandlungen sein. Ohne Kenntnis des Taxwertes darf der Händler weder direkt noch indirekt ein Angebot machen. Vor allem darf er weder durch Zeitungsanzeigen noch mit Hilfe von Angestellten den Anschein erwecken, als ob er höhere als nach der Anordnung zulässige Preise zahle. Sobald seine Angestellten in seinem Auftrag und in seinem Namen handeln, sind auch sie an die Bestimmungen der „Anordnung" gebunden. Kaufen sie dagegen für eigene Rechnung einen Altwagen, so gelten sie als „Privatpersonen" und unterliegen nicht dem Schätzungszwang und den damit verbundenen Preisbindungen. Das ist ein wesentlicher Unterschied zur Marktordnung, die auch für Privatkäufe der Angestellten von Vertragshändlern den Schätzungszwang vorsieht. Während in der Marktordnung die Angestelltenkäufe eine Möglichkeit geboten hatten, den Schätzungszwang zu umgehen, um den Verkäufer des Altwagens für ein Neuwagengeschäft zu gewinnen, sieht die neue Ordnung diese Gefahr im Spezialaltwagenhandel als nicht gegeben an. Wer als Privatmann kauft, muß auch als Privatmann, also zum Anschaffungspreis, verkaufen.

Damit entfällt aber das Interesse für solche „Privatkäufe“ für die Angestellten. Auch der Händler hat keinen Vorteil davon, wenn er sich seiner Angestellten als Strohmänner bedient, um die Schätzungspflicht zu umgehen, da die Preisbildungsbestimmungen einen Sonderverdienst unmöglich machen.

Für Vertragshändler und ihre Angestellten bleiben die Bestimmungen der Marktordnung in Kraft. Nach ihnen dürfen auch für Privatzwecke Altwagen nur nach vorheriger Schätzung angekauft werden.

Die Schätzung ist durch Vorlage einer Schätzungsurkunde nachzuweisen. Diese hat eine Gültigkeitsdauer von vier Wochen, allerdings nur unter der Voraussetzung, daß das Fahrzeug während dieser Zeit keine über den normalen Verschleiß hinausgehende Wertminderung erfährt. Wird das Fahrzeug in der Zwischenzeit zu anderen als den üblichen Probefahrten benutzt oder treten aus anderen Gründen in der Zwischenzeit erhebliche Abnutzungen oder Beschädigungen ein, so wird eine Neuschätzung notwendig. Wann dieser Fall gegeben ist, ist eine Ermessungsfrage.

Die Gültigkeitsdauer der Schätzungsurkunde ist nach der „Anordnung“ vier Wochen. Nach der Marktordnung läuft sie nur 14 Tage. Aus Gründen der Verkehrserleichterung wird später wohl eine Ausgleichung der Fristen notwendig werden.

Die Schätzungsurkunde ist dem Händler vom Verkäufer gegen Erstattung der Schätzungsgebühr auszuhändigen. Die Gebühr beträgt für:

Personenkraftwagen	RM. 12,—
Lastkraftwagen unter 3 t Nutzlast	„ 12,—
Lastkraftwagen von 3 t Nutzlast	„ 18,—
Kraftomnibusse unter 25 Sitzplätzen	„ 12,—
Zugmaschinen und Sattelschlepper	„ 18,—
Gleiskettenfahrzeuge	„ 18,—
zwei- und mehrrädrige Kraftwagenanhänger und Anhänger mit Sattelschleppern	„ 9,—
einachsige Kraftfahrzeuganhänger	„ 6,—
alle Dreiradkraftwagen	„ 9,—
Motorräder ohne Beiwagen	„ 6,—
Motorräder mit Beiwagen	„ 9,—
Beiwagen allein	„ 6,—

Das Gleiche gilt für den Weiterverkauf von Händler zu Händler (Durchführungsbestimmung Art. II Abs. 5). Da die Schätzungsurkunde die Grundlage für die Preisbildung und die Preiskontrolle bildet, muß sie den Wagen bis zum endgültigen Verkauf an einen Verbraucher ständig begleiten.

Die Taxation der gebrauchten Wagen erfolgt durch die von der D.A.T. zugelassenen Schätzungsstellen nach dem bisher üblichen Verfahren. Die Übertragung der Altwagenschätzung an die D.A.T. ist eine bemerkenswerte Anerkennung für die Leistungen dieser Organisation. Das gilt auch für die unveränderte Übernahme des bisherigen Schätzungsverfahrens.

Die Verantwortung der Schätzungsstellen ist durch die allgemeine Einführung der Schätzungspflicht ungemein gewachsen. Durch die unmittelbare Bindung der Verkaufspreise an die Taxwerte kommt ihnen für die Preisgestaltung eine noch größere Bedeutung zu als bisher. Bei dem früher herrschenden Nebeneinander eines schätzungspflichtigen und eines freien Marktteiles und bei dem Fehlen eines unmittelbaren Zusammenhangs zwischen Taxwert und Altwagenverkaufspreis erfuhren Fehlschätzungen fast stets eine Korrektur: durch Ausweichen des Verkäufers auf den freien Altwagenmarkt oder durch eine entsprechend hohe oder niedrige Handelsspanne beim Weiterverkauf der Wagen. Diese Berichtigung wird in Zukunft weitgehend fortfallen, eine Ursache mehr, um durch Verbesserung und Verfeinerung das Schätzungsverfahren in technischer und wirtschaftlicher Beziehung immer weiter auszubauen.

Dies wird erleichtert werden durch die Verallgemeinerung der Meldepflicht für die Preise gebrauchter Kraftfahrzeuge, die bisher nur für die Vertragshändler galt.

Nach der „Anordnung" vom 30. 6. sind jetzt alle Altwagenverkäufe an Private, ganz gleich, ob sie durch einen Händler oder zwischen Privaten getätigt werden, meldepflichtig. In Zukunft werden die Preise aller Altwagenumsätze an Verbraucher statistisch erfaßt und für Zwecke des Schätzungswesens ausgewertet. Eine Ausnahme machen lediglich die Verkäufe von Privaten an Händler und die Umsätze zwischen Händlern. Diese sind sozusagen „Großhandelsumsätze" und vollziehen sich auf einer anderen Marktstufe. Ihre Miteinbeziehung in die allgemeine Statistik, die ihrem Inhalt nach eine Einzelhandelsumsatz- und Preisstatistik ist, würde deren Ergebnis verfälschen. Nach den Grundsätzen der Statistik ist ihre getrennte Erfassung oder ihre Ausschaltung daher unerläßlich.

Die Preismeldungen haben, im Gegensatz zu der bisher geltenden Ordnung, wo sie an die D.A.T. zu erstatten waren, auf vorgeschriebenen Formblättern bei der Sammelstelle für Nachrichten über Kraftfahrzeuge beim Statistischen Reichsamt zu erfolgen, von wo aus sie der D.A.T. zur Verfügung gestellt werden. Diese „Formblätter", die von den Schätzungsstellen und Preisbehörden unentgeltlich abgegeben werden, bestehen aus verschiedenfarbigen Karten: für Personenkraftwagen = weiße, Nutzfahrzeuge = blaue, Dreiradkraftwagen = rote, Krafträder = gelbe, Anhänger = grüne Karten. Sie sind vom Verkäufer mit dem Antrag auf Umschreibung des Fahrzeuges an die zuständige Zulassungsstelle in doppelter Ausfertigung abzugeben. Durch diese zwangsläufige Verkoppelung der Preismeldung mit einem polizeilichen Verwaltungsakt ist die lückenlose Erfassung aller Altwagenumsätze gewährleistet und für das Vorhandensein vollständiger Unterlagen für das Schätzungswesen Sorge getragen. Damit entfallen auch jene Einwendungen gegen das Schätzungsverfahren der D.A.T., die sich darauf stützen, daß die statistischen Unterlagen für die Errechnung der „Richtpreise" zu lückenhaft seien, um zu richtigen Ergebnissen zu führen.

Die allgemeine Einführung der Schätzungs- und Preismeldepflicht wird in wirksamer Weise ergänzt durch einschneidende Bestimmungen über die Preisbildung von Gebrauchtwagen. Die „Anordnung" enthält zwei grundsätzliche Richtlinien, nach denen die Preise für gebrauchte Kraftfahrzeuge in Zukunft gebildet werden müssen:

1. Bei einem Wiederverkauf von gebrauchten Kraftfahrzeugen durch Händler darf der Handelsaufschlag nicht mehr als 33⅓ % des gesetzlichen Ankaufpreises betragen (§ 3 Abs. 1).

2. Privatpersonen dürfen für Gebrauchtwagen höchstens den Anschaffungspreis abzüglich einer angemessenen Absetzung für Abnutzung und wirtschaftliche Wertminderung verlangen oder annehmen.

Diese beiden Bestimmungen bedeuten einen entscheidenden Eingriff in die bisherigen Marktgepflogenheiten. Bei der derzeitigen Marktlage waren die Handelsspannen vielfach bedeutend höher, und die Altwagenverkäufe durch Private erfolgten gleichfalls zu Preisen, die beträchtlich überhöht waren. Die §§ 3 u. 4 der Anordnung vom 28. 4. 39 schaffen nun eine Handhabe, um den allgemeinen Preisstop auch auf dem Gebrauchtwagenmarkt durchzusetzen und die Preise auf ein angemessenes Niveau zurückzuführen. die Handelsspanne ist grundsätzlich auf 33⅓ % des Ankaufspreises beschränkt. Da neben der Anordnung des Preiskommissars die allgemeinen Bestimmungen der Preisstopverordnung vom 26. Nov. 1936 ihre Gültigkeit behalten, darf der Höchstsatz von 33⅓ % des Ankaufspreises nur dann einkalkuliert werden, wenn der betreffende Händler auch früher im Durchschnitt diesen Satz erzielt hat. Anderenfalls ist er verpflichtet, mit einem niedrigeren Satz zu kalkulieren. Und zwar bestimmt die Anordnung, daß diejenigen Händler, die bisher mit einer Handelsspanne von weniger als 33⅓ %, aber mehr als 25 % arbeiteten, ihre durchschnittliche Handelsspanne beibehalten dürfen, während alle Händler, die niedriger kalkulierten, eine Spanne von 25 % berechnen dürfen. Offenbar hält der Preiskommissar eine Handelsspanne von 25 % zunächst noch für das Minimum, das notwendig ist, um die Betriebe lebensfähig zu erhalten.

Nach dem Wortlaut der Anordnungen und den bisher bekannt gewordenen Auslegungen gilt dieser Kalkulationshöchstsatz für jeden einzelnen Umsatzakt. Dies bedeutet eine Abweichung gegenüber der Entwicklung in anderen Handelszweigen, wo man mehr und mehr dazu übergeht, die vorgeschriebenen Kalkulationssätze als periodische Durchschnittssätze anzusehen. Wie die Erfahrungen gezeigt haben, ist es im Handel unzweckmäßig, die Handelsspannen für das einzelne Geschäft zu fixieren. Das Ziel des Preisstops wird bei Abstellung auf den Durchschnittskalkulationssatz einer Periode ebenso gut erreicht, unter Vermeidung der sonst entstehenden Kalkulationsschwierigkeiten. Wenn die Bindung an die Handelshöchstspanne eine zu starre ist, wird der im Handel übliche „kalkulatorische Ausgleich" unmöglich. Um die bisherige durchschnittliche Handelsspanne, die künftig die Obergrenze des erlaubten Kalkulationszuschlages bildet, zu erreichen, muß der Händler bestrebt sein, diesen Höchstsatz in allen Fällen zu erlangen, während er bisher ertragreiche und weniger einbringliche oder gar Verlustgeschäfte zu kompensieren pflegte. Durch Unterbindung des kalkulatorischen Ausgleiches wird die Preisbildung außerordentlich stark mechanisiert und sehr unelastisch werden. Trotzdem ist im Gebrauchtwagenhandel zur Zeit, vor allem angesichts der recht hohen Handelsspanne und der vorhandenen Mangellage, angebracht, an der Höchstspanne im einzelnen festzuhalten, weil sonst die erstrebte Beschränkung der Verdienste nicht erreichbar wäre.

Die Handelshöchstspanne von 33⅓ % ist eine absolute Obergrenze, die auch dann nicht überschritten werden darf, wenn eine mehrmalige Weiterveräußerung durch den Handel stattfindet (§ 3 Abs. 3). Ein Hochtreiben der Preise durch die Einschaltung einer Vielzahl von Zwischenhändlern (ein typischer Vorgang auf Märkten mit Mangelware) ist somit unmöglich gemacht. Werden auf dem Wege vom ankaufenden Ersthändler bis zum privaten Verbraucher mehrere Händler in Anspruch genommen, so müssen sie sich in die zulässige Handelsspanne teilen. Damit schwindet das Interesse an der Einschaltung unnötiger Zwischenglieder, und der Verbraucherpreis wird unabhängig von der Länge der Handelskette.

Die Kontrolle der Preisbildung erfolgt durch die zuständigen Preisüberwachungsstellen. Ausgangspunkt jeder Preisprüfung ist der Taxbrief, der deshalb den Wagen auf dem ganzen Umsatz begleiten muß. Die Preisüberwachungsstellen können an Hand des Taxbriefes jederzeit nachprüfen, ob die Preisbildung in Übereinstimmung mit den „Anordnungen" erfolgt ist.

Eine besondere Regelung hat die kalkulatorische Behandlung der Instandsetzungskosten erfahren. Es gehört zu den Aufgaben des Gebrauchtwagenhandels, die Altwagen in gutem, betriebssicherem Zustand in den Verkehr zu bringen. Hierzu sind oft recht erhebliche Aufwendungen für Reparaturen notwendig. Diese müssen, wenn sie eine Steigerung des Gebrauchswertes des durchreparierten Wagens im Gefolge haben, im Wiederverkaufspreis rückvergütet werden. Auch Privatpersonen, die den Wagen vor dem Verkauf instandsetzen ließen, haben ein Recht auf Vergütung dieser Aufwendungen. Deshalb bestimmt die Anordnung vom 29. 4. 39, daß nachweisbare Aufwendungen für Instandsetzungen und Verbesserungen, die zum Zwecke der Weiterveräußerung für das Fahrzeug vorgenommen worden sind, zu den üblichen Preisen zusätzlich in Rechnung gestellt werden dürfen (§ 3 Abs. 2). Anrechenbar sind grundsätzlich nur:

1. Reparaturen, die nach erfolgter Schätzung vorgenommen werden. Alle Reparaturen, die vor der Schätzung vorgenommen wurden, sind im Schätzungswert bereits berücksichtigt und dürfen nicht noch einmal zugeschlagen werden.

2. Reparaturen, die aus Anlaß des Verkaufes vorgenommen wurden.

Diese Bestimmung betrifft vor allem Privatverkäufe. Privatpersonen dürfen außer für den Anschaffungswert nur für solche Reparaturen Ersatz verlangen, die ausdrücklich für Verkaufszwecke vorgenommen wurden, nicht aber für alle in der Zwischenzeit erfolgten Reparaturen. Wer große Reparaturen von bleibendem Wert hat vornehmen lassen, tut gut daran, den Wagen schätzen zu lassen und ihn zum Taxwert weiterzuveräußern, weil er nur auf diesem Weg auch länger zurückliegende Reparaturen anteilig rückvergütet erhält. Um eine Umgehung des Preisstops durch unangemessen große und kostspielig durchgeführte Reparaturen, die versteckte Gewinne enthalten, zu unterbinden, beschränken die Anordnungen vom 30. 6. 39 die einkalkulierbaren Reparaturen in drei Richtungen (Art IV Abs. 3):

1. Die Reparaturen müssen der Wiederherstellung der Gebrauchsfähigkeit des Fahrzeuges oder seiner Verbesserung dienen.
2. Sie müssen in einem angemessenen Verhältnis zu seinem Gesamtzustand und -wert stehen.
3. Sie müssen unter größtmöglicher Ersparung von Ersatzteilen, Werkstoffen und Arbeitskräften ausgeführt werden.

Mit anderen Worten: es dürfen nur technisch vertretbare und wirtschaftlich durchgeführte Reparaturen in Anrechnung kommen.

Um den Beweis normaler Kostengestaltung und angemessener Reparaturpreise erbringen zu können, dürfte sich bei vielen Reparaturwerkstätten des Kraftfahrzeuggewerbes noch eine Verbesserung des Rechnungswesens notwendig machen.

Werden im Kraftfahrzeughandel die Überholungsarbeiten nicht im eigenen Betrieb, sondern in einer fremden Werkstatt durchgeführt, so darf auf den Nettopreis des Lieferers ein Zuschlag von 10% erhoben werden. Durch ihn sollen die im

Handelsbetrieb mit der Instandsetzung der Wagen verbundenen Kosten und Risiken abgegolten werden.

Unseres Wissens ist es das erstemal, daß in einer Preisordnung die kalkulatorische Behandlung von Fremdreparaturen geregelt wird. Sie kommen auch in anderen Branchen häufig vor. Bisher war man vielfach im Zweifel, wie sie zu kalkulieren sind. Hier dürfte die Anordnung für die Gebrauchtwagenpreise künftig einen Anhalt bieten.

Erfolgt nach Vornahme der Reparaturen eine Neuschätzung des Fahrzeuges, so dürfen die Reparaturkosten nicht mehr gesondert berechnet werden. Sie sind im nunmhr erhöhten Taxwert einbegriffen.

Ergänzt werden die Preisbildungsbestimmungen durch die verpflichtende Einführung von Einheitsbedingungen für den Verkauf von gebrauchten Kraftfahrzeugen. Beim Verkauf gebrauchter Kraftfahrzeuge dürfen weder günstigere noch ungünstigere Bedingungen, als die Einheitsbedingungen vorsehen, eingeräumt werden. Damit wird jede mittelbare Umgehung der Preisbestimmungen unterbunden, und ein einheitliches Vertragsrecht für den ganzen Wirtschaftszweig geschaffen.

Zur Zeit sind die „Einheitsbedingungen" noch nicht veröffentlicht. Ersatzweise kommen die in der Marktordnung festgelegten „Einheitsbedingungen für den Verkauf von Kraftfahrzeugen, verbindlich für Kraftfahrzeugindustrie und -handel" sinngemäß zur Anwendung. Auch auf dem Gebiet der Geschäftsbedingungen hat demnach die „Anordnung" eine weitgehende Vereinheitlichung für beide Marktgebiete gebracht.

Nach den Einheitsbedingungen müssen künftig alle Gebrauchtwagengeschäfte schriftlich abgeschlossen oder zumindest schriftlich bestätigt werden. Alle Verkäufe müssen ausdrücklich auf der Grundlage der „Einheitsbedingungen" abgeschlossen werden.

Wichtig ist ferner, daß nach den Einheitsbedingungen für gebrauchte Fahrzeuge künftig keine Gewähr mehr geleistet werden darf. Auch in diesem für den Wettbewerb sehr wichtigen Punkt werden künftig freie und D.A.T.-Händler gleichgestellt sein.

Durch die Anordnungen wird aber nicht nur die Preisbildung im Gebrauchtwagenhandel geregelt, sondern sie enthalten auch Bestimmungen über die Preisstellung beim unmittelbaren Verkauf von Privat an Privat. Diese Vorschriften haben ebenfalls den Zweck, für das Zustandekommen angemessener Preise Sorge zu tragen und den Preisstop zu sichern.

Für Privatverkäufe gilt grundsätzlich das Anschaffungswertprinzip. Es darf kein Preis verlangt oder angenommen werden, der höher ist als der Anschaffungspreis, vermindert um einen der Wertminderung entsprechenden Betrag. Die Ermittlung des Anschaffungspreises dürfte in der Mehrzahl der Fälle keine Schwierigkeiten bereiten. Bei fabrikneu erworbenen Fahrzeugen kann zudem an die Stelle des Anschaffungspreises der derzeitige Listenpreis treten.

Schwierigkeiten kann dagegen die Veranschlagung der Abnutzung hervorrufen. Diese soll sich (Anordnung vom 30. 6. 1939, Art. V Abs. 2) auf den Fahrzeugzustand beim Verkauf erstrecken und auch die wirtschaftliche Wertminderung mit einschließen. Häufig dürfte der Laienverkäufer nicht in der Lage sein, diese Bewertung selbst vorzunehmen. Er neigt immer dazu, den Abnutzungsgrad zu unter-, den Wagen selbst zu überschätzen. Darum wird auch er sich zweckmäßigerweise einer Schätzungsstelle bedienen. Geht er bei seinen Preisforderungen von dem durch die Schätzungsstelle ermittelten Taxwert aus, so hat er die Gewißheit, daß er sich in Übereinstimmung mit den Preisbildungsvorschriften befindet.

Erfolgt die Wertermittlung durch eine Schätzungsstelle, so ist der Taxwert dem Preis zugrunde zu legen. Der Verkäufer darf den Taxwert zuzüglich eines Zuschlages von 10 %, durch den die mit dem Verkauf verbundenen Unkosten abgegolten werden sollen, fordern. Beim Verkauf von Privat an Privat haftet für die Angemessenheit des Preises nicht nur der Verkäufer, sondern auch der Käufer. In der Anordnung heißt es ausdrücklich, daß kein höherer Preis verlangt oder gewährt werden darf.

Vollzog sich schon heute ein großer Teil der Privatverkäufe auf der Grundlage von Schätzungsbriefen, so dürften die geltenden Preisbestimmungen zu einer ganz allgemeinen Inanspruchnahme der Schätzungsstellen führen, da nur der hier ermittelte Taxwert und der darauf aufgebaute Preis die unbedingte Gewähr für preisrechtliche Richtigkeit bieten.

Eine besondere Regelung hat der Verkauf gebrauchter Kraftfahrzeuge auf dem Wege der Versteigerung erfahren. Die Technik der Versteigerung und die hierbei zur Anwendung kommenden Preisbildungsprinzipien machen die Anwendung der marktordnenden Bestimmungen, insbesondere die Bindung der Preise an den Taxwert, unmöglich. Analog zur Marktordnung sind daher für Versteigerungen auch die Bestimmungen der Anordnungen, soweit sie die Preisbildung im Handel betreffen, aufgehoben. Die zur Versteigerung gelangenden Fahrzeuge brauchen nicht vorher taxiert zu werden. Sie können auch von den Händlern zu jedem Preis angekauft werden. Vor Weiterverkauf haben die Händler jedoch die Schätzung nachzuholen, da der Wiederverkaufspreis, genau wie bei regulär erworbenen Wagen, auf dem Schätzungswert aufbauen muß. Preisgrundlage bildet entweder der Ankaufspreis oder der Taxwert, je nachdem, welcher von beiden niedriger ist. Auch an ersteigerten Wagen kann heute der Handel keinerlei Sondergewinne mehr erzielen.

Da die Bestimmungen über die Preisbildung beim Verkauf von Gebrauchtwagen durch Private für Versteigerungen nicht aufgehoben sind, diese aber praktisch nicht eingehalten werden können, sind freiwillige Versteigerungen von Kraftfahrzeugen durch Privatpersonen zur Zeit unmöglich. Da sie sich nur auf Zwangsversteigerungen beziehen, kommt den Sonderbestimmungen für den Erwerb von Kraftfahrzeugen im Wege der Versteigerung praktisch keine größere Bedeutung zu.

Verstöße gegen die Ordnung für den Gebrauchtwagenmarkt sind, im Gegensatz zur Marktordnung, die nur Vertragsstrafen kennt, mit öffentlichen Strafen bedroht. Nach § 9 der Anordnung vom 29. 4. 1939 werden vorsätzliche und fahrlässige Zuwiderhandlungen mit Gefängnis und Geldstrafe, letztere in unbegrenzter Höhe, bestraft. Außerdem kann auf Einziehung des erzielten Entgeltes und der Gegenstände, auf die sich die strafbare Handlung bezieht, erkannt werden.

Unterbleibt die Strafanzeige, so haben die Preisüberwachungsstellen das Recht, wegen Verstoßes gegen die Anordnungen Ordnungsstrafen in unbegrenzter Höhe zu verhängen. Daneben kann auf Betriebsschließung (auf Zeit und auf Dauer), Verhängung von Auflagen oder auf an die Person gebundene Betätigungsverbote erkannt werden. Die Strafen bewegen sich im Rahmen des zur Zeit geltenden Preisstrafrechtes.

Obgleich die Anordnungen erst vor wenigen Wochen in Kraft getreten sind, gingen durch die Presse bereits mehrfach Nachrichten über Bestrafungen wegen Verstoßes gegen die Preisvorschriften im Verkehr mit gebrauchten Kraftfahrzeugen. Die Preisüberwachungsstellen scheinen also gewillt zu sein, scharf durchzugreifen und den Anordnungen zu schneller Wirksamkeit zu verhelfen.

Noch ist die Zeit seit dem Erlaß der beiden Anordnungen zu kurz, um über die Wirkung der neuen Regelung des Gebrauchtwagenmarktes ein Urteil fällen zu können. Sieht man aber die neue Ordnung im Rahmen der gesamten Marktordnung der deutschen Automobilwirtschaft, so wird man erkennen, daß sie organisch in diese eingefügt ist und das bisher noch fehlende Schlußglied bildet. Deshalb ist zu erwarten, daß die neue Ordnung nicht nur segensreich wirken wird auf ihrem engeren Anwendungsgebiet, dem Gebrauchtwagenmarkt, sondern daß sie auch geeignet ist, die Marktordnung der gesamten Automobilwirtschaft zu stützen und zu fördern.

IV. Die Wirkung der Marktordnung auf die Lage der deutschen Kraftverkehrswirtschaft.

Der Prüfstein jeder Marktordnung ist ihre Wirkung auf die Lage des durch sie geordneten Wirtschaftszweiges. Allein die Marktentwicklung zeigt in objektiver Weise, ob und bis zu welchem Grade die Marktordnung gelungen ist. Sie bietet den einzigen Anhaltspunkt für eine sachlich richtige Beurteilung und Bewertung des Marktordnungswerkes. Nur eine solche Marktordnung, die zu einer nachweisbaren Steigerung der wirtschaftlichen Leistungsfähigkeit des geordneten Wirtschaftszweiges geführt hat, kann als gut und zweckmäßig anerkannt werden. Als Beurteilungsunterlagen können vor allem Produktions-, Absatz- und Preiszahlen dienen, in denen das wirtschaftliche Geschehen einen besonders markanten Ausdruck findet. Überblicken wir auf diese Weise rückschauend die Entwicklung des Kraftfahrzeugmarktes seit Einführung der Marktordnung, so können wir feststellen, daß *die deutsche Kraftverkehrswirtschaft in den vergangenen fünf Jahren einen ganz unwahrscheinlichen Aufschwung genommen hat*: die Produktions- und Absatzziffern haben sich vervielfacht, die Preise sind gesunken, halten sich aber auf einem für die Erzeuger auskömmlichen Niveau, die Ertragslage der Industrie- und Handelsbetriebe hat sich wesentlich gebessert, kurz gesagt: der ganze Markt zeigt einen Zustand von besonderer Blüte.

Es wäre aber falsch, diese günstige Entwicklung allein der Marktordnung zuzuschreiben. Um sie hervorzubringen, haben eine ganze Anzahl fördernder Momente zusammengewirkt, die jedoch durch die Marktordnung in ihrer günstigen Auswirkung ganz wesentlich gefördert worden sind: die Überwindung der allgemeinen Krise durch die wirtschaftspolitischen Maßnahmen der nationalsozialistischen Regierung, der lang aufgestaute Ersatzbedarf der Wirtschaft, die fortschreitende Motorisierung des Personen- und Güterverkehrs in Verfolg der vom Führer ausgesprochenen Motorisierungsparole, der große Kraftwagenbedarf des Heeres. Sie alle haben dazu beigetragen, eine ausgesprochene Automobilkonjunktur hervorzubringen. Der Bedarf an Kraftwagen war in den letzten Jahren so groß, daß die Automobilindustrie alle Kräfte anspannen mußte, um ihn befriedigen und daneben noch die notwendigen Entwicklungsarbeiten leisten zu können. Perioden aufsteigender Konjunktur mit günstigen Absatzbedingungen sind der Marktordnung natürlicherweise förderlich. Die Einführung der Marktordnung wurde von den Wirtschaftsverhältnissen sehr begünstigt; sie war aber nicht von der starken Aufwärtsentwicklung abhängig, sondern geschaffen und geeignet, einem weiteren Niedergang zu steuern.

Wenn es auch nicht möglich ist, den Anteil der einzelnen Faktoren am Wiederaufstieg der Kraftverkehrswirtschaft im einzelnen nachzuweisen, so muß doch festgestellt werden, daß sich der Aufschwung unmöglich so reibungslos vollzogen hätte und die schwierigen Aufgaben nicht so restlos gelöst worden wären, hätte nicht die Marktordnung der freien Entfaltung der Kräfte den Weg geebnet. Es ist zunächst das Verdienst der Marktordnung, daß sie zu einer klaren Funktionenteilung geführt hat: jedes Glied der Automobilwirtschaft kennt seine Aufgaben und kann sich ihnen mit Einsatz aller Kräfte widmen; sie hat klare Wettbewerbsverhältnisse geschaffen: die Absatzenergie wird nicht mehr in einem unrationellen Kampf um den Kunden verbraucht; der Weg des Produktes vom Erzeuger zum Käufer ist klar abgesteckt, die Kosten des Vertriebes sind auf eine tragbare Höhe gesenkt; die Marktordnung hat ferner das Vertrauen zwischen den Marktparteien wieder hergestellt, was eine notwendige Voraussetzung für die Verwirklichung der Motorisierungsparole ist. Es ist vor allem auch das Verdienst der Marktordnung, daß alle durch die Mengenkonjunktur hervorgerufenen Kosteneinsparungen in der Produktion voll ausgeschöpft und zu Preissenkungen benutzt werden konnten. Sie wurden nicht, wie das bei ungeordneten Marktverhältnissen häufig der Fall ist, durch Kostensteigerung im Vertrieb kompensiert oder von den Betrieben geschluckt. Die Marktordnung erlaubte eine wirkungsvolle Unterstützung der Motorisierungsbestrebungen von der Preisseite her. Ganz zweifellos hat die Marktordnung zu der günstigen Entwicklung der Automobilwirtschaft und zu den erfreulichen Fortschritten in der Motorisierung des deutschen Verkehrs ganz wesentlich beigetragen.

Der Umfang des Aufschwunges wird am besten an einigen statistischen Daten gezeigt. Das erste Schaubild veranschaulicht die Entwicklung der Produktion von Kraftfahrzeugen seit 1933[1]).

In allen Produktionszweigen ist ein stark nach oben gerichteter Trend zu beobachten. Im Verlaufe von 6 Jahren (seit dem Tiefpunkt der Krise im Jahre 1932) hat sich die Produktion von Personenwagen verfünffacht und die von Lastwagen versiebenfacht. Der Gesamtumsatz der deutschen Automobilindustrie ist seit 1932 auf das Fünffache gestiegen (einschließlich Reparaturen und Ersatzteillieferungen), von 295,5 Mill. RM. (1932) auf 1,17 Mrd. (1937)[2]), und 1,26 Mrd. 1938.

---

[1]) Wirtschaft und Statistik. Sonderbeilage 1938 Nr. 3. S. 4.

[2]) Tatsachen und Zahlen aus der deutschen Kraftverkehrswirtschaft 1937 S. 9 und Wirtschaft und Statistik 1938/3 und 1939/3 Sonderbeilagen.

Die stark gesteigerte Kraftwagenerzeugung, die vor allem in den ersten Jahren fast restlos auf dem Binnenmarkt abgesetzt wurde, findet ihren Niederschlag in einer erfreulichen Zunahme des deutschen Kraftfahrzeugbestandes, der sich seit 1933 nahezu verdoppelt hat. 1933 waren 755 251 Kraftfahrzeuge in Verkehr, 1937 war ihre Zahl auf 1 447 251 gestiegen[3]). Entfielen 1933 auf einen Kraftwagen noch 42 Einwohner, so sank diese Zahl bis Ende 1937 auf 24. Damit hat die deutsche Wirtschaft ihren Rückstand in der Motorisierung gegenüber Ländern mit ähnlicher wirtschaftlicher Struktur, in den sie während der Wirtschaftskrise geraten war, wieder aufgeholt. Selbst bei gleicher Motorisierungsquote kann heute die deutsche Kraftverkehrswirtschaft als besser ausgerüstet gelten als die Nachbarländer, da ihr Wagenpark neu und daher besonders leistungsfähig ist.

Wenn auch Produktion und Absatzgestaltung nicht in einer unmittelbaren Beziehung zur Marktordnung stehen, so ist ihre Kenntnis doch wichtig für die Beurteilung des Marktordnungswerkes, denn sie gibt den Hintergrund ab, auf dem sie sich vollzogen hat. Das gilt vor allem für die Betrachtung der Preisentwicklung.

---

[3]) Tatsachen und Zahlen S. 26.

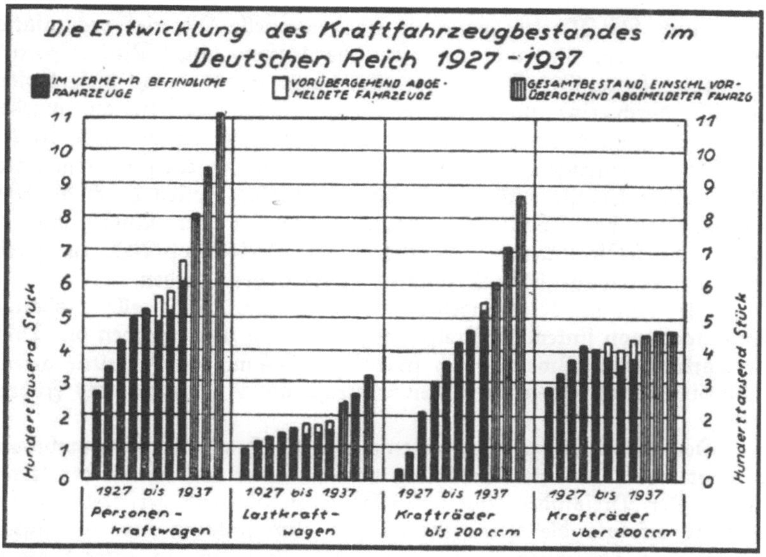

Am Ende der Krise waren die Preise der deutschen Kraftwagen auf einem Tiefstand angelangt, der die Kosten nicht mehr deckte. Industrie und Handel arbeiteten seit Jahren mit Verlusten, die vor allem aus den Kosten der ungenützten Kapazität entsprangen, zu einem guten Teil aber auch Folge der ungenügenden Preishöhe sowie der ungeordneten Betriebsverhältnisse waren. Bei der Gründung der D.A.T. wurde daher in der Öffentlichkeit vielfach die Befürchtung laut, daß die Kraftwagenindustrie die geordneten Marktverhältnisse und die starke Absatzbelebung dazu benutzen würde, die Preise zu erhöhen. Wäre die Automobilmarktordnung ein Kartell nach altem Muster gewesen, das nur den Interessen seiner Gruppe dient, so hätte sie die in der Marktorganisation und in der Marktsituation sicherlich gegebenen Preiserhöhungschancen zweifellos ausgenützt. Dann wäre die Absatzbelebung von einer Preiserhöhung begleitet gewesen, die auf die Umsatzsteigerung und damit auf die Motorisierung hemmend gewirkt hätte.

Die D.A.T. ist aber eine gemeinschaftsgebundene Einrichtung, die nicht im Dienste einer Gruppe, sondern der ganzen deutschen Wirtschaft steht. Sie sah ihre Aufgabe deshalb darin, alles vom Markte fernzuhalten, was den beginnenden Aufschwung stören und die Erreichung des vom Führer gesteckten Zieles verzögern könnte. Zwar hat die D.A.T. keinen unmittelbaren Einfluß auf die Preisstellung durch die Industrie. Sie hat aber in dem ihr gesteckten Rahmen alles getan, um den Preistrend nach unten zu drücken.

Durch die Marktordnung ist eine rationelle Vertriebsorganisation geschaffen worden, die nicht unwesentliche Kosten- und Risikoersparnisse zum Gefolge hatte. Die D.A.T. hat alles daran gesetzt, damit diese Kostenersparnisse durch eine entsprechende Preissenkung, marktwirksam wurden. Auch war es möglich, durch die aus der Marktordnung resultierenden Kostenersparnisse Kostensteigerungen auf anderem Gebiet zu kompensieren. Steigende Weltmarktpreise wichtiger Rohstoffe, erhöhte Kosten durch die Verarbeitung deutscher Werkstoffe, Verbesserungen in der Ausrüstung der Wagen (die selbst unter der Herrschaft der Preis-Stop-VO. zu Preiserhöhungen berechtigt hätten) konnten ausgeglichen werden.

Die deutsche Kraftwagenkonjunktur wurde, wider alle bisherigen Erfahrungen, von sinkenden Preisen begleitet. Und zwar wurden die Preise ohne marktmäßigen Zwang durch freie Entschließung der Industrie gesenkt, die auf diese Weise einen wertvollen Beitrag zum Aufbauwerk des Führers leistete.

Der kartellmäßige Zusammenschluß der deutschen Automobilwirtschaft hat weder zu einer Erhöhung noch zu einer Erstarrung der Preise geführt. Der Preisindex zeigt seit 1933 einen abwärts gerichteten Trend, und zwar erfolgte die Preissenkung zur Unterstützung der auf stärkere Motorisierung gerichteten Bestrebungen der Regierung in erster Linie bei den Klein- und Mittelwagen. Vom Januar 1933 bis Januar 1937 betrug der Preisrückgang:

Kleinwagen bis 1,2 l Hubraum		— 25,7 %
Mittelwagen von 1,2—2 l Hubraum		— 9,4 %
Großwagen von mehr als 2 l Hubraum		— 9,0 %
Personenwagen insgesamt	∅	— 15,7 %

Der Index der Kraftwagenpreise zeigt nachstehenden Verlauf[4]):

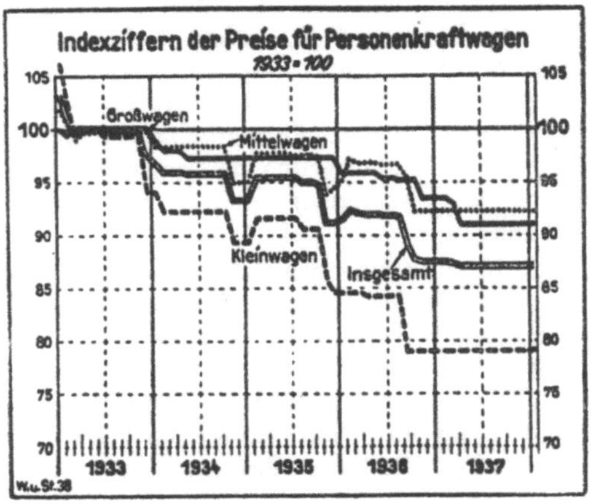

[4]) Wirtschaft und Statistik. Sonderbeilage 1938 Nr. 3

Auch die befürchtete Erstarrung der Preise, die sich im Kartellschutz leicht einstellt, ist ausgeblieben. Die D.A.T. ist eben kein Preiskartell im herkömmlichen Sinne. In der Sphäre der Erzeugung herrscht nach wie vor freier Preiswettbewerb, was am deutlichsten in der Zahl der bei der D.A.T. gemeldeten Preisänderungen zum Ausdruck kommt.

In jedem Jahr gehen etwa eintausend Meldungen über Preisänderungen ein — Preisneumeldungen, Preisänderungen, Ausrüstungsänderungen, Auslaufmeldungen. Ihre hohe Zahl ist der beste Beweis dafür, daß die natürliche Dynamik der Preise unter der Marktordnung nicht verloren gegangen ist.

Ein weiterer Prüfstein für die Güte der Marktordnung ist ihre Wirkung auf die der Ordnung unterliegenden Betriebe. Ziel jeder Marktordnung ist die Beseitigung von Marktstörungen zur Verbesserung der Existenzbedingungen der Unternehmungen des betreffenden Wirtschaftszweiges. Nur wenn die Betriebe auf einem sicheren wirtschaftlichen Fundament ruhen, ist auf die Dauer auch eine ausreichende Marktversorgung gewährleistet.

Im Verlaufe unserer Darstellung haben wir bereits häufig Gelegenheit gehabt, auf die günstige Wirkung einzelner Marktordnungsbestimmungen für die Betriebe hinzuweisen. Durch die Marktordnung sind wichtige Verlustquellen verstopft und Kosten eingespart worden, was von günstiger Wirkung für die Ertragslage der Betriebe war. Im Handel ist es gelungen, Kosten und Handelsspannen aufeinander abzustimmen. Der geordnete Markt bietet wieder die Möglichkeit sicherer Dispositionen. Das alles sind Momente, die die wirtschaftliche Lage der Betriebe günstig beeinflussen und jedem fähigen Unternehmer die Gewähr bieten, daß er bei voller Leistung auch einen vollen Erfolg haben wird. Die Periode, in der in der Automobilwirtschaft auch der fähigste und fleißigste Unternehmer an der Desorganisation des Marktes scheitern mußte, ist vorüber. Die Marktordnung hat die Marktverhältnisse so geregelt, daß jede Leistung ihren Lohn findet.

Das kommt in den Geschäftsergebnissen der Betriebe ganz eindeutig zum Ausdruck. In der Industrie ist die Periode der permanenten Verluste überwunden. Die günstige Beschäftigungslage und die geordneten Marktverhältnisse haben bewirkt, daß auch in der Kraftfahrzeugindustrie endlich wieder Erträge erzielt werden. Im Geschäftsjahr 1933/34 schlägt erstmalig der Verlust- in einen Gewinnsaldo um, und seitdem sind die Gewinne von Jahr zu Jahr gestiegen. Während die Rentabilität der Kraftfahrzeugindustrie (gemessen an der Dividendenhöhe) immer um 4 % unter dem Durchschnitt aller anderen Industrien lag, wird der Abstand seit 1933 immer geringer und 1936/37 übersteigt die Dividendenkurve sogar den Reichsdurchschnitt[5]).

[5]) Wirtschaft und Statistik. Sonderbeilage 1938 Heft 3.

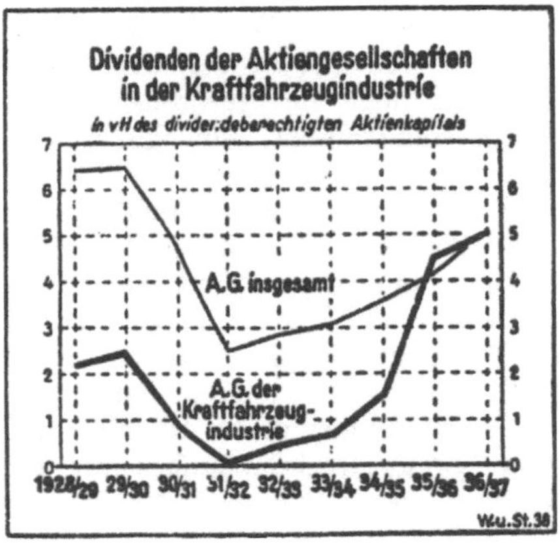

Das gleiche erfreuliche Bild zeigt die **Entwicklung der Konkurse und Vergleichsverfahren.** Größere Zusammenbrüche sind in den letzten Jahren nicht vorgekommen. Wo es doch Schwierigkeiten gegeben hat, da waren sie nicht in den Marktverhältnissen begründet, sondern zumeist noch Nachwehen der schweren Jahre vor der Marktordnung.

Von der Industrie aus gesehen hat die Marktordnung, begünstigt durch den allgemeinen Wirtschaftsaufschwung, alle in sie gesetzten Hoffnungen erfüllt.

Das gleiche gilt auch für den **Handel**, obschon es hier nicht so leicht ist, den Nachweis zahlenmäßig zu führen. Die Handelsbetriebe sind vorwiegend Personalgesellschaften, die keine Bilanzen veröffentlichen. Über die Ertragslage des Handels sind mithin Daten nicht bekannt. Die wenigen Aktiengesellschaften weichen nach Betriebsstruktur und Betriebsgröße so stark vom Durchschnitt ab, daß sie zur Beurteilung nicht herangezogen werden können.

Den einzigen sicheren Anhaltspunkt bietet die Konkursstatistik. Wie wir bereits in anderem Zusammenhang gezeigt haben, sind die Zahlungseinstellungen im Handel seit der Einführung der Marktordnung ganz beträchtlich zurückgegangen. Während 1931 von 1000 Kraftwagen-Handelsbetrieben 54 die Zahlungen einstellten, war das Verhältnis 1936 nur noch 1000:1. Dieser Koeffizient kann für einen Handelszweig als außerordentlich günstig gelten. Auch die stillen zwangsweisen Liquidierungen haben ganz beträchtlich abgenommen. **Einmütig ist der Handel der**

Überzeugung, daß ihm die Marktordnung zum Guten gereicht.

Dem Handel hat die Marktordnung ganz besonders viele Vorteile gebracht. Ihr ist es zu verdanken, daß in der Preisbildung eine klare Scheidung zwischen den Funktionen von Industrie und Handel erreicht wurde, daß die Diskriminierung des Handels gegenüber den fabrikeigenen Verkaufsstellen eingestellt und damit der jahrzehntelange Streit zwischen Fabrikverkaufsstellen und selbständigem Handel beendet wurde. Die Marktordnung bietet Sicherheit für das Festpreissystem, das allein dem Handel eine angemessene und auskömmliche Verdienstspanne garantiert. Sie hat alle Auswüchse des Nicht-Leistungswettbewerbes beseitigt, die eine dauernde Gefährdung der händlerischen Existenz bedeuteten. Erst unter dem Schutze der Marktordnung sind echte, händlerische Leistungen möglich geworden. Das Hasardspiel des ungeregelten Wettbewerbes wurde durch einen echten Leistungskampf abgelöst. Das Schicksal der Handelsbetriebe ist heute nicht mehr vom Zufall abhängig. Der Händler kann wieder planen und auf lange Sicht disponieren, er kann seine Geschäfte in der Gewißheit führen, daß er für seine Leistungen auch einen angemessenen Lohn erhalten wird.

Unter dem Schutze der Marktordnung hat sich der Automobilhandel zu einem voll anerkannten und angesehenen Handelsstand entwickelt, in dem alle wirklich leistungsfähigen Betriebe ein gesichertes Auskommen finden.

Es erhebt sich nun die Frage, wie sich die Verbraucher zur Marktordnung stellen, denn nicht zuletzt in ihrem Interesse ist sie erlassen worden. Die unhaltbaren Zustände bei der Preisbildung und die Unzufriedenheit des Publikums mit den ungeordneten Marktzuständen gaben die letzte Veranlassung zur Einführung der Marktordnung.

Zunächst kann festgestellt werden, daß sich der Verkehr verhältnismäßig schnell an die Bestimmungen der Marktordnung gewöhnt hat. Das war zu erwarten, denn im Grunde genommen enthält die Marktordnung nur die bei geordneten Marktverhältnissen allgemein üblichen Normen des Marktverkehrs. Es war zwar nicht immer leicht, das Publikum daran zu gewöhnen, daß die Zeiten der Preisunterbietung und des „Handelns" vorbei sind, und noch immer werden an die Händler von einzelnen Käufern unbillige Bedingungen gestellt. Aber die Geschlossenheit des Marktverbandes erlaubt ihnen, solche Ansinnen mit Entschiedenheit zurückzuweisen. Die Gefahr, daß ein Konkurrenzhändler dem Drängen des Kunden nachgibt, ist beseitigt. Die Marktordnung ist heute im Verkehr fest verankert. Ihre Bestimmungen werden überall freiwillig, häufig schon völlig unbewußt, eingehalten.

Der besondere Vorteil der Marktordnung für den Verbraucher ist ein doppelter:

1. die festen, von den dafür zuständigen Instanzen kontrollierten Preise bieten dem Käufer unbedingte Sicherheit vor Übervorteilung. Die Marktordnung gewährleistet eine ordnungsmäßige Preisbildung und das Zustandekommen angemessener Preise.
2. Der Kraftwagenkäufer kann sich heute auf einen unbedingt zuverlässigen Kraftwagenhandel stützen. Der Kraftwagenhandel hat sich unter dem Schutze der Marktordnung zu einem leistungsfähigen und wirtschaftlich gesicherten Gewerbe entwickelt, das jede Gewähr bietet für die ordnungsmäßige Durchführung aller händlerischen Aufgaben. Damit ist ein den Käufer schwer belastender Unsicherheitsfaktor in Wegfall gekommen. Aus dem Kraftwagenkauf ergeben sich normalerweise langfristige Geschäftsverbindungen. Der Kraftfahrer hat ein lebhaftes Interesse daran, daß er sich nicht nur beim Kauf, sondern auch bei der Pflege und Unterhaltung des Fahrzeuges, sowie bei zukünftigem Bedarf auf den Handel verlassen kann. Diese Gewißheit hat die durch die Marktordnung eingeführte Händlerauslese gebracht.

Unzuverlässigkeit des Kraftwagenhandels und Unsicherheit in der Preisbildung, das waren die den Kraftwagenkäufer am meisten belastenden Folgen des ungeordneten Marktzustandes. Sie sind durch die Marktordnung restlos beseitigt worden. Die Rückkehr des Vertrauens in die deutsche Kraftfahrzeugwirtschaft findet ihren beweiskräftigsten Ausdruck in den steigenden Absatzziffern dieses Wirtschaftszweiges.

Die Marktordnung der deutschen Automobilwirtschaft findet die einmütige Billigung und Anerkennung der beteiligten Kreise. Durch sie ist es gelungen, einen durch unvollständige Konkurrenz, Entartung des Wettbewerbes und Fehlen einer der Marktform entsprechenden Marktordnung völlig zerrütteten Wirtschaftszweig zu gesunden und neuer Blüte zuzuführen. Und zwar ist dieses Ordnungswerk zum erstenmal in nationalsozialistischem Geist und nach nationalsozialistischen Grundsätzen durchgeführt worden. Der Weg hierzu war: Wiederherstellung des Leistungswettbewerbes.

Der Sinn der Marktordnung der deutschen Automobilwirtschaft ist: Lösung von gehemmten Kräften durch sinnvolle Bindung und Einsatz der neu gewonnenen Energie im Dienste des Volksganzen. Dies ist das Ziel aller gemeinschaftsgebundenen Marktordnungen. Daß es erreichbar ist, dafür hat die Marktordnung der deutschen Automobilwirtschaft, die erste ausschließlich auf Grund privater Initiative freiwillig von den beteiligten Wirtschaftskreisen im nationalsozialistischen Geist durchgeführte Marktordnung, in fünfjähriger Bewährung den Beweis geliefert.

Literaturverzeichnis.

1. Bücher.

Bergdolt, B., Die Sittenwidrigkeit der Preisunterbietung. Diss. Erlangen 1936.

Böhm, Franz, Ordnung der Wirtschaft als rechtsschöpferische Leistung und geschichtliche Aufgabe. Stuttgart 1937.

— Die Wirtschaftsordnung als Zentralbegriff des Wirtschaftsrechts. Mitteilungen des Jenaer Instituts für Wirtschaftsrecht Nr. 31. Jena 1936.

v. Brunn, J. H., Grundzüge des Kartellrechts. Berlin 1938.

Deicke, Heinrich, Die Analyse des deutschen Automobilmarktes und die Beobachtung seiner Tendenzen. Diss. Halle 1931.

Dungs, Wilhelm, Die Entwicklung der amerikanischen und der führenden deutschen Automobilindustrie. Berlin 1926.

Gercke-Kleinrath-Härdrich, Aufstieg oder Untergang von Automobilindustrie und -handel in Deutschland? Berlin 1931.

Horch, August, Ich baute Autos! Vom Schmiedelehrling zum Autoindustriellen. Berlin 1937.

Hunke, Heinrich, Die Marktordnung für die Deutsche Automobilwirtschaft in ihrer volks- und privatwirtschaftlichen Bedeutung im Rahmen nationalsozialistischer Wirtschaftspolitik. Vortrag. Sonderdruck 1937.

Ledermann, Fred, Fehlrationalisierung — der Irrweg der deutschen Automobilindustrie seit der Stabilisierung der Mark. Stuttgart 1933.

Meibes, Otto, Die Deutsche Automobilindustrie. Berlin 1928.

Miksch, Leonhard, Wettbewerb als Aufgabe; die Grundsätze einer Wettbewerbsordnung. Berlin-Stuttgart 1937.

Reichsfachverband des Kraftfahrzeug-Handwerks, -Handels und -Gewerbes, E. V., Berlin, 25 Jahre Verbandsarbeit. Ein Beitrag zur Geschichte der Deutschen Kraftverkehrswirtschaft. Berlin 1935.

Schley, Edgar, Scheinwerfer auf den Kraftfahrzeugabsatz. Marktbeobachtung und Betriebsvergleich in Kraftfahrzeughandel und -gewerbe. Halle 1936.

Stumpf, Hans, Schicksalsfragen des deutschen Automobilhandels. Schriftenreihe des Reichsverbandes des Kraftfahrzeughandels Nr. 10. Berlin 1931.

Thums, Wilhelm, Die Automobilabsatzfinanzierung in Deutschland. Diss. Königsberg 1932.

Forschungsstelle für den Handel beim RWK., Die Kosten des deutschen Einzelhandels 1930—1935. Berlin 1937.

Reichsverband der Automobilindustrie, Tatsachen und Zahlen aus der Deutschen Kraftverkehrswirtschaft. 1933. 1934. 1935. 1936. 1937.

2. Zeitschriftenartikel.

Becker, Th., Auf dem Wege zur Marktgemeinschaft. (Ansätze, Methoden und Ziele praktischer Marktgemeinschaft in der gewerblichen Wirtschaft.) Die nationale Wirtschaft 1936.

Kuhr, Theodor, Begriff und Problem der Marktordnung in der liberalistischen und der nationalsozialistischen Wirtschaftstheorie. Kartell-Rundschau 1936/S. 760.

Lehnich, Oswald, Das Problem der Marktreglung in der nationalsozialistischen Wirtschaft. Schriftenreihe der Wirtschaftskammer Hessen Heft 2.

Müllensiefen, Dr. Heinz, Von der Kartellsonderaufsicht zum Marktregelungsrecht. Deutsche Juristenzeitung 1936/S. 482.

Reinhardt, Leistungsprinzip und Wettbewerb. Dtsch. Juristenzeitung 1935/Heft 5.

Reichert, J. W., Probleme der Marktordnung in der deutschen, englischen und amerikanischen Industrie. Weltwirtschaft 1933/Heft 12.

Vershofen, Kartelle als positive Wirtschaftsgebilde. Die Dtsch. Fertigware 1936/Heft 1.

— Marktordnung durch Marktgemeinschaft. Die nationale Wirtschaft 1935/S. 360.

v. Brunn, J. H., Zur Auslegung marktordnender Bestimmungen insbesondere Verkaufs- und Lieferungsbedingungen regelnder Reversverpflichtungen. Kartell-Rundschau 1935/S. 875.

Eckelt, Der Ausschließlichkeitsvertrag als Mittel zur Ordnung der gewerblichen Wirtschaft. Kartell-Rundschau 1935/S. 635.

Junkerstorff, Kurt, Die privaten Wettbewerbsbeschränkungen als Problem des Wettbewerbsrechtes. Berlin 1934.

Körting, E., Festsetzung von Strafen durch Kartellschiedsgerichte. Kartell-Rundschau 1934/S. 243.

— Zur Frage der Rechtsgültigkeit von Bestimmungen in Verbandssatzungen über die Bildung des Schiedsgerichtes. Kartell-Rundschau 1936/S. 377.

— Zur Frage der Rechtswirksamkeit von Schiedsverträgen mit Geldbußevereinbarungen zur Durchsetzung kartellmäßiger Bindungen. Kartell-Rundschau 1936/S. 388.

Lohmann, Martin, Die Preismeldestellen — open price associations — in der gewerblichen Marktordnung. Jahrbücher f. Nationalökonomie und Statistik. 1937/S. 513.

V. Pilars de Pilar, Der Groß- und Einzelhandel als Kartellträger. Kartell-Rundschau 1936/S. 704.

Tschierschky, S., Markenmonopol, Preiskalkulation und unlauterer Wettbewerb. Kartell-Rundschau 1936/S. 63.

— Der Markenartikelrevers als kartellähnliche Abmachung. Kartell-Rundschau 1932/S. 691.

Bertmann, Der Ersatzteilstreit in der Kraftfahrzeugindustrie. Kartell-Rundschau 1936/S. 683.

Dohrn, Wilh., Der deutsche Personenkraftwagenmarkt nach der Wirtschaftskrise. Weltwirtschaftliches Archiv 1936 Bd. 2 S. 613.

Helzel, Alfred: Das Altwagenproblem. Volkswirtschaftliche Verwendung von Altwagen. Die Dtsch. Volkswirtschaft v. 31. 8. u. 1. 9. 1934.

Institut für Konjunkturforschung, Parole Motorisierung 1934.

— Das zweite Jahr nationalsoz. Kraftverkehrsförderung 1935.

— Der Wille zur Motorisierung. 1935.

— Drei Jahre Motorisierung. 1936.

— Die Kraftfahrzeugkonjunktur im vierten Aufschwungsjahr. Wochenbericht 1936 Sonderbeilage Nr. 19.

— Entwicklung und Erneuerung der Kraftwagenbestände in Deutschland. Wochenbericht v. 22. 8. 1934.

Langelütke, H., Stand und Aussichten der Automobilkonjunktur. Die Deutsche Volkswirtschaft. 1936/S. 143.

Schuhwerk, E., Der Kraftwagen. Jahrbücher für Nationalökonomie und Statistik. 1936/S. 93.

Strohmayer, H. C., Strukturwandel in der Automobilwirtschaft. Deutsche Volkswirtschaft 1936/S. 180.

Trendel, L., Zur Neuordnung der Rechtsbeziehungen im Kraftfahrzeughandel. Zeitschrift der Akademie für Dtsch. Recht 1935/S. 812.

— Neue Formen des Automobilhandels. Wirtschaftsdienst 1931/16.

— Zur Rationlisierung des Kraftfahrzeughandels. Dtsch. Bergwerkszeitung v. 17. Mai 1939 Nr. 113.

Bei Fragen zur Produktsicherheit wenden Sie sich bitte an:
If you have any questions regarding product safety,
please contact:

Walter de Gruyter GmbH
Genthiner Straße 13
10785 Berlin
productsafety@degruyterbrill.com